国家出版基金项目
NATIONAL PUBLICATION FOUNDATION
"十三五"国家重点图书出版规划项目
教育部人文社会科学重点研究基地重大项目

瞿林东◎主编

中国古代史学批评史

第一卷

中国古代史学批评的开端

（先秦秦汉时期）

阎　静◎著

CNS | 湖南人民出版社

主编简介

瞿林东，1937 年 12 月生，安徽肥东人。1964 年本科毕业于北京师范大学历史系；1967 年研究生毕业于该系中国史学史专业，师从著名历史学家白寿彝教授。现为北京师范大学资深教授、历史学院博士生导师。全国古籍整理出版规划领导小组成员、教育部社会科学委员会委员兼历史学部召集人、中国历史研究院学术咨询委员会委员。教育部人文社会科学重点研究基地北京师范大学史学理论与史学史研究中心原主任。主要从事历史学的理论与中国史学史研究，出版《唐代史学论稿》《中国古代史学批评纵横》《中国史学史纲》《中国史学的理论遗产》《史学在社会中的位置》等专著、论集；主编《历史文化认同与中国统一多民族国家》（五卷本）、《中国古代历史理论》（三卷本）、“马工程”教材《中国史学史》、《中华大典·历史典·史学理论与史学史分典》（三卷本）等书；发表《中国史学的遗产、传统和当前发展趋势》《论中国马克思主义史学的史学观》《历史学的理论成就与中国史学史研究的发展》《关于当代中国史学话语体系建构的几个问题》等论文、评论四百余篇。2017 年 9 月，北京师范大学出版社出版《瞿林东文集》（十卷本）。

总　目

总　序

◎瞿林东

一、中国古代史学批评史研究的对象

中国古代史学批评史是一个新兴的学科，我们只有在明确了它的研究对象与研究范围之后，才可能对其学术定位作出某种设想或建议。这就要求我们从什么是中国古代史学批评史谈起。

什么是中国古代史学批评史？顾名思义，它是指在中国古代史学上，那些具有批评意识的史学家、思想家、政治家或其他学人，针对史学发展中出现的各种问题而提出自己的看法。这些看法中既包含相同或相近的意见，也存在分歧和异趣，甚至完全相反的观点。对这些意见、分歧、观点进行互相讨论、辩难的史学活动、史学现象，我们称之为史学批评。史学批评既不是“挑眼”，也不是“吹捧”，不论是相同的意见还是不同的意见，均重在“发现”并提出问题；对问题的阐说，则启发时人与后人，或加以发扬，或引以为戒，这就是史学批评的产生及其意义。如此一个个史学批评个案之间的联系，构成了某一时期或某一时代的史学批评史；一个个时代的史学批评史，构成连续不断的中国古代史学批评史。对中国古代史学批评史进行研究，可以揭示批评者与被批评者的异同，可以概括某一时期或某一时代史学批评的特点，并以此探索、揭示中国古代史学批评史发展的全貌及其规律，进而为提炼出理论问题提供依据。

中国古代史学批评史研究的范围，从纵向上看，大致说来，上起春秋时期，下迄清代；从横向上看，它包括史学家、思想家、政治家及各方面学人对史学的批评，其涉及的文献亦不限于史部，经部、子部、集部也在考察范围之内。我们希望在研究中能够发掘一些有关史学批评的新资料和以往较少涉及的知识领域，尤其希望在研究中提出一些新的问题，并对其作出合理的阐述，从而通过集体的努力，使中国古代史学批评史成为一门外延清晰、内涵丰富、特色鲜明的学科。

那么，怎样为中国古代史学批评史作学科定位呢？第一，从宏观领域来看，中国古代史学批评史属于“中国历史”一级学科范围。第二，从研究内容与特点来看，中国古代史学批评史与中国古代史学史关系密切，离开中国古代史学史，中国古代史学批评史就成了无源之水、无本之木，也就无从谈起；同时，史学批评中提出的问题及相关的论述，都可能涉及理论上的分析，而脱离了史学理论的史学批评，就会成为没有思想、没有内涵的材料堆砌。有鉴于此，可以认为，中国古代史学批评史是“史学理论与史学史”这个二级学科之下的一个三级学科。

为了明确中国史学史的研究与撰述同中国史学批评史的研究与撰述之联系及区别，以凸显中国史学批评史的性质和特点，我们有必要对此作进一步的阐述。概括说来，中国史学史研究，是研究中国史学发展的面貌及其规律；中国史学批评史研究，是研究中国史学史上存在于其间的一个最活跃的内部动因即批评与反思，包含批评的意识、批评的思想、批评的理论与方法及各方面成果（思想成果和著述成果）。尽管史学批评史同史学史存在密切的关联，但毕竟是两个不同的研究对象，因而提出问题的方式和视角不同，撰述的主要内容也有所不同。这一联系与区别，是不应模糊的。

具体说来，史学批评史研究不同于史学史研究之处，主要有以下几点：

第一，具有更为广泛的史料来源。这是因为，史学批评不仅十分关注史家群体的史学观点，而且对于非史家群体之史学观点也十分关注，展示出比一般史学史研究更为丰富的内容和史料来源。

第二，是考察认识史学社会影响力的重要根据。史学成果在受众中的种种反映，一方面成为史学批评研究的对象，另一方面也是史学工作者借以进一步认识史学之社会影响力的根据。

第三，促进史学概念内涵的深化和理论的生成、发展。这是因为，史学批评所展开的范围必然涉及一定程度上的“主题重复”，如春秋时期的“良史”与汉唐时期的“良史”以及宋以后的“良史”，自有内在的联系，但其内涵却大大丰富了，史学批评对此作进一步研究，无疑会促进这一领域的理论研究。又如从司马迁论“古今之变”到郑樵论“会通之义”，再到章学诚论“通史家风”，也是如此，等等。

本书题为《中国古代史学批评史》而未以“评论史”命名，也是意在突出研究者提出问题的方式和视角。记得十几年前，有位记者问我：您的《中国古代史学批评纵横》一书，为什么不用“评论”而用“批评”？我一时语塞，觉得很难回答这个问题，说明自己并不很清楚它们之间有何异同，再说我另有一本论集，书名就是《史学与史学评论》。由于《中国古代史学批评纵横》这本小书受到一些同行尤其是中青年朋友的关注，这些年来，研究史学批评的学人逐渐多了起来，似乎用“批评”一词也就习以为常了，因而很少有人再提出这样的问题。但对于我来讲，却没有放下这个问题，总想对此作一点探究。其间，也翻阅了几本从理论上讨论学术批评的书，有中国学者写的，也有外国学者著作的中译本，但它们都是立足于文学批评而展开的，有的还是从解释学的视角对文学批评作阐说的。更重要的是，它们的讨论多是建立在西方学术文化中所谓“原生质”的、“科学”的“批评”与“评论”概念基础上展开的。这对我提高理论上的认识都有不同程度的帮助，但由于学科的不同，特别是由于文化渊源上的差异，难以获得所需要的借鉴。这就促使我从“传统”中去寻求认识问题的路径。

中国古代学人使用“评论”一词说事，当不晚于魏晋之际。

三国魏人王肃所注《孔子家语》中记述叔孙武叔这个人有个缺点，“多称人之过，而己评论之”①，因而受到颜回劝告。又《三国志》裴注引王隐《晋书》记：“然天下之至慎，其惟阮嗣宗乎！每与之言，言及玄远，而未曾评论时事，臧否人物，真可谓至慎矣。”② 这里说的专就别人之“过”发表评论或一味回避评论，均不可取。与此不同的是，王隐《晋书》还有另外的记载：“刘毅字仲雄，东莱掖人，汉城阳景王后也。亮直清方，见有不善，必评论之，王公大人望风惮之。”③ 这里说的敢于“评论”是赞扬之意。上举数例所谓“评论”，都是指评论时事，评论人之秉性。此外也有说到评论史书的。如葛洪《抱朴子内篇》记：

……而班固以史迁先黄老而后六经，谓迁为谬。夫迁之洽闻，旁综幽隐，沙汰事物之臧否，核实古人之邪正。其评论也，实原本于自然，其褒贬也，皆准的乎至理。不虚美，不隐恶，不雷同以偶俗。刘向命世通人，谓为实录；而班固之所论，未可据也。④

这里说的“评论”，即是关于司马迁及其所著《史记》的评

① 王肃注：《孔子家语》，王国轩、王秀梅译注本，中华书局 2011 年版，第 240 页。

② 陈寿：《三国志》卷一八《魏书·李通传》裴注引王隐《晋书》，中华书局 1959 年版，第 536 页。又见刘义庆：《世说新语·德行》，刘孝标注引，杨勇《世说新语校笺》本，中华书局 2006 年版，第 16 页。

③ 刘义庆：《世说新语·德行》，刘孝标注引，杨勇《世说新语校笺》本，中华书局 2006 年版，第 18 页。

④ 葛洪：《抱朴子内篇》卷一〇《明本》，王明《抱朴子内篇校释》本，中华书局 1985 年版，第 184 页。

论。又如，五代时，刘昫等修《旧唐书》说到唐太宗时重修的《晋书》，这样写道："参考诸家，甚为详洽。然史官多是文咏之士，好采诡谬碎事，以广异闻；又所评论，竞为绮艳，不求笃实，由是颇为学者所讥。"[①]

上述这两则关于史书的评论，前者是肯定的评论，后者是借用时人之语发表了包含负面评价的评论。又有明人郭孔延撰《史通评释》，其序称，"向以己意为之评论，虽未必合作者之意"云云[②]。显然，这是对评论者的评论。

至于中国古代学人使用"批评"一词，至晚见于葛洪所著、邵雍辑佚的《梦林玄解·占梦》："占曰：梦殊砂，为官爵，为文章，为批评，为银财之本，为血气，为良药。"[③] 此处所讲"批评"，没有明确指向，不便妄测。而元代学人是较早从学术的意义上使用"批评"一词的。据钱大昕《补元史艺文志·总集类》著录，有仇远《批评唐百家诗选》一书，其"别集类"著录仇远《金渊集》六卷。[④] 仇远精于诗，时人称为"仇远先生"，《元史·张翥传》记：

翥少时，负其才隽，豪放不羁，好蹴鞠，喜音乐，不以家业屑其意，其父以为忧。翥一旦翻然改曰："大人勿忧，

① 刘昫等：《旧唐书》卷六六《房玄龄传》，中华书局1975年版，第2463页。

② 郭孔延：《史通评释序》，上海古籍出版社2006年版，第1页。

③ 葛洪：《梦林玄解》卷一二《文墨·五色颜料》，宋邵雍纂辑，明陈士元增删，明何栋如重辑，见《续修四库全书》第一〇六四册，上海古籍出版社2002年版，第24页。

④ 参见《二十五史补编》第六册，中华书局1955年版，第8425、8435页。

今请易业矣。”乃谢客，闭门读书，昼夜不暂辍，因受业于李存先生。存家安仁，江东大儒也，其学传于陆九渊氏，翥从之游，道德性命之说，多所研究。未几，留杭，又从仇远先生学。远于诗最高，翥学之，尽得其音律之奥，于是翥遂以诗文知名一时。已而薄游维扬，居久之，学者及门甚众。①

从这一简略的记载，大致可以得知仇远在唐诗研究上的造诣，乃有《批评唐百家诗选》之作，在中国古代学术批评史上留下了自己的印记。

值得注意的是，明代学人在奏疏与书信中亦往往使用“批评”一词。如魏允贞《条陈救弊四事乞赐采纳以弘治道疏》中有这样的话：“分别式样，以授主司，圈点批评，列置卷首，后先及第，海内士人，无不愤叹。”② 这反映了明朝科举考试的弊端。李贽的《寄答留都》写道：“前与杨太史书亦有批评，倘一一寄去，乃足见兄与彼相处之厚也。”③ 陈衎对“批评”的功能有深刻的认识，认为：“所谓批评者，一则能抉古人胸中欲吐之妙，以剖千古不决之疑；一则援引商略，判然详尽，以自见其赅博。”④ 徐芳的《与高自山》一文中更是有这样轻松的话语：“诗文传阅，取笑批评，烂如圈点，互相诒炫。”⑤ 由此可知，在明

---

① 宋濂等：《元史》卷一八六《张翥传》，中华书局1976年版，第4284页。

② 参见陈子龙等辑：《明经世文编》卷三八七，中华书局1962年版，第4195页。

③ 参见张建业主编：《李贽文集》第一卷《焚书一·增补一》，社会科学文献出版社2000年版，第258页。

④ 陈衎：《与邓彰甫》，周亮工纂：《尺牍新钞》卷一，上海杂志公司1935年版，第5页。

⑤ 参见黄宗羲编：《明文海》卷一六二，中华书局1987年版，第1630页。

代的公私文件中，多有“批评”一词的使用。

综观上述所举事例，可以认为，大约在1700年前，中国学人已将“评论”和“批评”的概念置于不同学术领域之中，以此表述和阐说各自的学术见解，并在日常生活中也有所表现。这种现象在元明以后显得更加广泛。由于前人在使用“评论”和“批评”一词时，并未对其作出明确的解释，故难以从实质上划清二者的界限。但中国学人有重视字义和慎于遣词造句的传统①，由此仍可略知“评论”和“批评”的一点区别：“评论”是评量和议论，意在对事物作出适当的评价；“批评”则兼有批点和评论之意，即既包含正面评价也包含负面评价的双重目标，因而具有鲜明的反思意识。从学术的观点来看，“评论”多用于泛指，“批评”则与学术讨论的关系更为密切。

在获知古代学人对“评论”和“批评”有更明确的定义或阐述前，姑作此说。

二、发展大势与主要问题

中国古代史学批评发展大势是怎样的？其间有哪些主要问题是需要展开讨论的？这是本书需要明确的问题。

这里讲的“发展大势”，上起春秋时期，下迄清代，两千五

① 如杜佑自谓：“凡义有经典文字其理深奥者，则于其后说之以发明，皆云‘说曰’。凡义有先儒各执其理，并有通据而未明者，则议之，皆云‘议曰’。凡先儒各执其义，所引据理有优劣者，则评之，皆云‘评曰’。”（《通典》卷四二，中华书局1988年版，第1167页）《说文解字》：“论，议也。”段注：“凡言语循其理得其宜者谓之论。”凡此，均可参考。

六百年的历史。根据我们的理解和撰述工作的需要，可以将中国古代史学批评划分为七个阶段看待。由于中国历史和中国史学发展的连续性特点，这七个阶段是前后衔接、上下贯通的，同时又各具特点。

第一阶段：中国古代史学批评的开端（先秦秦汉时期）。孔子评晋国史官董狐以及孟子和《左传》作者评《春秋》，揭开了中国古代史学批评的序幕。此后，史家修养和史学与社会的关系成为中国史学上人们关注的两个重大问题。司马谈、司马迁父子对《春秋》的评论与继承、发展，班彪、班固父子对司马迁及其《史记》的批评，先后产生了《史记》《汉书》两部宏伟著作。这是中国古代史学批评开端最重要的标志。同时，刘向、刘歆父子校书并对各类历史文献作出评论，分别写出了《别录》和《七略》，为班固《汉书·艺文志》的撰述提供了资料上的准备。东汉末年，汉献帝认为纪传体《汉书》繁冗难读，由是荀悦乃有编年体《汉纪》之作，显示出史学批评对史书撰述的引导作用，从而为这一时期史学批评画上句号。

这时期在史学批评方面提出的主要概念和观念有：良史，书法不隐和史书三要素论（事、文、义），“其文直，其事核，不虚美，不隐恶”的“实录”论，以及立典五志论（达道义，彰法式，通古今，著功勋，表贤能），等等。

第二阶段：中国古代史学批评的初步发展（魏晋南北朝时期）。在史学多途发展的学术背景下，学术思想的活跃推动了史学批评的广泛展开。关于《史记》《汉书》的批评，开这一时期史学批评之先河，同时反映了与前一时期史学批评的衔接；关于《三国志》的批评，则表明时人对它的关注。有关上述三部“正史”的批评，对后世均有一定的影响。同时，史学家们关于“史例”及国史“条例”的讨论，推动了有关史书编撰形式的评论。其中，关于史书起源问题的讨论，可谓时代特点使然，对后世多有启发。值得注意的是，关于史书内容和史家修养的各种批评意见，构成这时期史学批评的主要部分。而刘勰《文心雕龙·史传》篇，在总结此前史学发展历史的基础上，提出了史学发展中的一些重要问题，可视为一篇史学批评史论纲，堪为中国史学批评初步发展阶段的标志性成果。

这时期在史学批评方面提出的主要概念和观念是：素心，信史，烦省，评论，以意为主、以文传意，以及由立典五志论演变而来的书契五善论（达道义，彰法式，通古今，表功勋，旌贤能）和注史四旨论（以补其阙，以备异闻，以惩其妄，有所论辩），等等。

第三阶段：中国古代史学批评的深入发展（隋唐时期）。唐初关注对以往众家晋史与南北朝时期所撰正史的批评，反映了在政治统一局面下历史撰述的新的要求，由此奠定了这一时期史学批评的宏大气势。《隋书·经籍志·史部》对十三类历代史书的评论，是中国史学批评史上最早的和最全面的总结；其史部大序对史官职责的表述，反映了史家对历史撰述的高度重视。关于“史才三长”学说的提出与“良史”观念的发展，增进了人们对史学主体的认识；关于治学宗旨的讨论，凸显了经世致用的史学思想；关于史注家的史学批评意识，在这个时期的《史记》注、《汉书》注和《后汉书》注中，均有所发挥。以上这几个方面，均可视为史学批评深入发展的表现。而作为最有代表性的标志性著作，则是刘知幾的《史通》一书。这部“其为义也，有与夺焉，有褒贬焉，有鉴诫焉，有讽刺焉”① 的书，是一部成系统的史学批评著作，也可以看作是一部提出了许多重要问题的史学理论著作。它的重要性可用一句话概括，这就是刘知幾同时代人徐坚说的：“居史职者，宜置此书于座右。”②

这一时期在史学批评方面提出的主要概念和观念有：直书，曲笔，鉴识，探赜，疑古，惑经，以及史学功用论，史才三长论（才、学、识），史之有例犹国之有法论，史之称美者以叙事为先论，史官辨职论，编年纪传论，师古与随时（稽古与随时）论，行状不实论，等等。

第四阶段：中国古代史学批评的兴盛（五代两宋时期）。从五代后晋开运二年（945）《旧唐书》面世，至宋仁宗嘉祐五年（1060）《新唐书》撰成刊行后，围绕两《唐书》、两《五代史》的修撰与比较而展开的史学批评，受到学人的关注。而《资治通鉴》的撰成则直接促进了史学批评的发展，不论是司马光的自述，还是宋神宗的评论，都产生了很大影响。由此“通鉴学”勃然兴起，朱熹、杨万里的相关评论又昭示了新的史书体裁，即纲目体、纪事本末体的出现。郑樵、李焘的史学批评，前者上承

① 刘知幾：《史通·自叙》，浦起龙《史通通释》本，上海古籍出版社2009年版，第271页。
② 刘昫等：《旧唐书》卷一〇二《刘子玄传》，中华书局1975年版，第3171页。

司马迁，后者接续司马光，进一步丰富了史学之“通”的观念。《册府元龟》国史部总序及各门小序，对史学的由来、社会功用、史官职责、作史原则、撰述流程中的种种情况等作了概括和评论，显示了类书中蕴含的史学批评思想，凸显出“史学事业”的新观念。晁公武称：“日夕躬以朱黄，雠校舛误。终篇，辄撮其大旨论之。”[①] 这是目录学家、文献学家之学术批评思想积累以至形成的艰辛历程。高似孙的《史略》一书，以重视评史书、论史学而显示出自身特色，表明了鲜明的史学批评意识。欧阳修不理会他人对其爱好金石学的嘲讽，坚持《集古录》的研究和撰述；而赵明诚《金石录序》进而申言，“盖史牒出于后人之手，不能无失，而刻词当时所立，可信不疑”，具有“考其异同”的作用；赵明诚夫人李清照在此书后序中写道，此书“是正讹谬，去取褒贬，上足以合圣人之道，下足以订史氏之失者，皆载之，可谓多矣”[②]。综上，类书、目录书和金石之学中包含的史学批评，是这时期史学批评的特点。宋代学人撰写了大量的史料笔记，其中多有自觉的补史意识和史学批评思想，是这时期史学批评走向兴盛的一个重要方面。宋代文学之士关注史学，通观其所批评，往往得失两存，但有胜于无，重在分析和判断。

这时期在史学批评方面提出的主要概念和观念有：公正，议论，记注，疏谬，不实，非才，法世，会通，以及信史论，史学

---

① 晁公武：《郡斋读书志》衢本序，孙猛《郡斋读书志校证》本，上海古籍出版社 2011 年版，第 15 页。

② 赵明诚：《金石录》，金文明《金石录校证》本，广西师范大学出版社 2005 年版，第 1、531 页。

源起论，良史“四足”论（明、道、智、文），纪事本末论，史法论，作史三原则论（事实、褒贬、文采），等等。

第五阶段：中国古代多民族史学发展与史学批评（辽夏金元时期）。中国是一个多民族国家，自秦汉起成为不断发展的统一的多民族国家。因地理条件、历史环境、文明进程的差别，各民族史学的发展迟速不一。由于文字的困难和文献的不足，我们对民族史学尚缺乏较深入的研究。本书第五卷凭借汉文的有关记载，试图在民族史学与史学批评领域作初步的研究，俾使这时期的史学批评占有其特定的位置。应当强调的是，这时期的史学批评既受中原文化的影响，也有各民族的文化基础。民族史学在史学思想、史学批评意识方面，或许在针对性和具体表述上存在一定的差异，但在本质上却是一致的。中国史学上的经典文献、著名史家以及史学观念和史学研究方法等，都是民族史学发展中的评论对象。《辽史·文学传上·萧韩家奴传》记：辽兴宗“又诏译诸书，韩家奴欲帝知古今成败，译《通历》《贞观政要》《五代史》”[①]。这里自然包含萧韩家奴对这些历史著作的评论。同书《列女传》记：“耶律氏，太师适鲁之妹，小字常哥。幼爽秀，有成人风。及长，操行修洁，自誓不嫁。能诗文，不苟作。读《通历》，见前人得失，历能品藻。”[②]《通历》是中唐晚期史家马总所撰的一部简明的编年体通史，耶律常哥读而又能“品藻”，说明对其有深刻的认识。《金史·世宗本纪中》记：“上谓

① 脱脱等：《辽史》卷一〇三《文学传上》，中华书局1974年版，第1450页。
② 脱脱等：《辽史》卷一〇七《列女传》，中华书局1974年版，第1472页。

宰臣曰：‘近览《资治通鉴》，编次累代废兴，甚有鉴戒，司马光用心如此，古之良史无以加也。’”① 同书《世宗本纪下》记：“上谓宰臣曰：‘朕近读《汉书》，见光武所为，人有所难能者。……此其度量盖将大有为者也，其他庸主岂可及哉。’”② 这里所记当指范晔《后汉书》所叙史事。金世宗对《资治通鉴》《后汉书》的评论当不止于此。《元史·仁宗本纪一》记：仁宗为皇太子时“有进《大学衍义》者”，仁宗认为“‘治天下，此一书足矣。’因命……刊行，赐臣下”。③ 这个评论虽有些夸张，但表明了元仁宗对此书的重视。又，《元史·察罕传》记元仁宗同史官察罕有这样一段对话：

> 帝尝问张良何如人。对曰：“佐高帝，兴汉，功成身退，贤者也。”又问狄仁杰。对曰：“当唐室中衰，能卒保社稷，亦贤相也。”因诵范仲淹所撰碑词甚熟。帝叹息良久曰：“察罕博学如此邪！”尝译《贞观政要》以献。帝大悦，诏缮写遍赐左右。且诏译《帝范》。④

上文举出的几个实例，生动地反映出中国历史上的历史文化认同之思想传统的真实存在，同时也反映了与民族史学相关联的记述中史学批评思想的真实存在。

---

① 脱脱等：《金史》卷七《世宗本纪中》，中华书局1975年版，第175页。
② 脱脱等：《金史》卷八《世宗本纪下》，中华书局1975年版，第202页。
③ 宋濂等：《元史》卷二四《仁宗本纪一》，中华书局1976年版，第536页。
④ 宋濂等：《元史》卷一三七《察罕传》，中华书局1976年版，第3311页。

元初，马端临著《文献通考》，其《经籍考》多引“晁氏曰”“陈氏曰”，反映了对前人史学批评的重视。马端临对前人著述抱有宽厚、平实的态度，认为“编简浩如烟埃，著述自有体要，其势不能以两得也”，“时有古今，述有详略”。[①] 这是表明史书体裁不同和时代不同，著述亦自不同，不应苛求前人，显示出实事求是的史学批评方法论。

这时期在史学批评方面提出的主要概念和观念是：“史笔天下之大信”论，“宁可亡人之国，不可亡人之史”论，“自古帝王得失兴废，班班可考者，以有史”论，“事”与“道”关系论，文献论，“理”（义理、事理、文理）“情”（人情）评判标准论，“心术”为修史之本论，等等。

第六阶段：中国古代史学批评的拓展（明时期）。这时期的史学批评，从洪武元年（1368）明太祖朱元璋诏修《元史》，至明末朱明镐《史纠》面世，贯穿了整个明朝的历史。关于前朝正史的修撰与评论，由《元史》上溯元修三史、两《五代史》、两《唐书》，直至《史记》，显示出中国古代史学批评史之连续性的特点。关于修撰本朝史过程中的评论，既表明时人对史学认识的深入，也表明存在各种歧见。随着思想史研究的发展，辩证思维在史学批评领域也有突出的表现。王世贞论国史、野史、家史的得失可谓经典之论，凸显了中国古代史学批评在方法论上的成就。关于刘知幾《史通》的研究和评论在这时期形成第一个

---

① 马端临：《文献通考序》，中华书局2011年版，书首第1页。

高潮，而相关专书的问世，凸显了批评之批评的活力。与此相关的是多种有关史学批评、史学理论的文献整理汇编的成果涌现出来，以及对有关概念的讨论等。以上这几个方面，不仅可以使人们看到明代史学批评的开拓、进展，同时也可以使人们看到以往被长期忽略的一个积极的史学倾向：明代学人对理论的兴趣。正是这几个方面，使人们看到中国古代史学批评发展的前景。

在明代学人所编的目录书中，用“批评”一词冠以书名者，并不是偶然现象，如《批评后汉书》《批评自警编》[①]，前者是批评史书，后者应是就自我修养而作。

尤其值得关注的是，明朝末年，学人在书名上冠以“批评”一词的现象更为普遍。据明崇祯刻本张溥所著《历代史论》中，二编目录附《正雅堂古今书目》所载，冠以“批评”一词的书名有：

批评二十一史全部（嗣出）

批评仪礼经传集解

批评礼书乐书

批评文献通考

批评通志略

批评杜氏通典

---

① 参见祁承㸁：《澹生堂读书记》《澹生堂藏书目》，郑诚整理本，上海古籍出版社2015年版，第355、373页。

批评函史[①]

此外，还有与“批评”相类，但以“批论”或“评选”等为名的书目。

这些批评类书籍的出现在一定意义上并非偶然。在明代科举考试中，考试官须在试卷上写下批语以示去取。这些批语有时即称为“批评”。例如，史书记载，张居正诸子参加科考时，非但请人代考，而且“临场监试官又加意誊朱、分别式样，以授主司圈点批评，列置首卷”[②]。批评试卷成为当时普遍存在的现象。山西人孔天胤因“善批评试卷”[③] 而有所闻名。

或许正是这个原因，这些在书名上常有“批评”字样的书，在《明史·艺文志》中少有著录。尽管如此，前述书目表明，至迟在晚明至明末，学人在治学与撰述中，在书名上冠以“批评”一词，已经不是个别现象了。

这时期在史学批评方面提出的主要概念和观念有：“人恣”与“蔽真”、“人臆”与“失真”、“人谀”与“溢真”，史权，平心，公议，公实，笔正，历史评价无是非论，“经史一物”论，“六经皆史”论，评史著四旨论（据、实、慎、忠），史家修养五要素论（才、学、识、公心、直笔），“务成曩美，毋薄前修”论，等等。

---

① 张溥：《历代史论》二编目录附《正雅堂古今书目》，杭州大学图书馆藏明崇祯刻本。

② 魏允贞：《条陈救弊四事乞赐采纳以弘治道疏》，陈子龙等辑：《明经世文编》卷三八七，明崇祯平露堂刻本。

③ 李乐：《见闻杂记》卷一一，明万历刻、清修补本。

第七阶段：中国古代史学批评的集大成（清时期）。不论从成果上看，还是从思想上和理论上看，这都是中国古代史学批评的集大成时期。开一代学术风气的顾炎武，为有清一代的史学批评确定了新的起点；章学诚继续阐述“六经皆史”的观念，进一步打开了人们从史学的视角评论经书的思路；浦起龙的《史通通释》把《史通》研究推至新的高峰，在史学批评领域产生重大影响。四库馆臣所撰《四库全书总目》史部书“提要”包含了丰富的史学批评思想，值得认真发掘，合理继承。其“史评类”兼收历史评论与史学批评之书，这是需要厘清并分别进行研究的。这时期的考史名家各具风采：有的高擎“商榷”的旗帜，显露出批评的锋芒；有的则于平静和严谨的考史中，轻轻拂去前人著作中的讹误的“灰尘”，为的是显示出这些著作的“真”与“美”；有的则由疑古而批评，意在廓清古史书中的“迷雾”；有的则在考史和批评中，显露出历史理性精神，给治史者诸多启发。中国古代史学理论的集大成者章学诚提出了许多重要见解：以“史德”论补充刘知幾“史才三长”说；以“心术”论提醒治史者对历史的解释要保持在合理的范围之内；以“史意”同“史法”相对待，强调思想的重要；以“撰述”“记注”分史学两大“宗门”，表明“圆神”“方智”各有所长；以“通史家风”阐发中国史学“通古今之变”的传统；以“别识心裁”推重创新精神，显示出中国古代史学理论的多方面成就；等等。这时期，政论家、史论家、文章家和诗人龚自珍，站在通向近代历史之路的门槛，他的“欲知大道，必先为史”[①] 的庄严启示，可视为对中国古代史学成就及其功能最中肯的评论。

从整体的和发展的眼光来看，如果说刘知幾《史通》创造了史学批评的理论体系的话，那么清代的史学批评成就，则全面地、深入地把这一理论体系推进到一个新的阶段。

这时期在史学批评方面提出的主要概念和观念有：史德，史释，释通，通史家风，别识心裁，记注与撰述，史法与史意，尊史，以及“于序事中寓论断”论、“欲知大道，必先为史”论、“史者，垂于来今以作则”论、“史非一家之书，实千载之书，祛其疑，乃能坚其信”“指其瑕，益以见其美”论，等等。

中国古代史学的连续性发展为中国史学批评史提供了丰富的资料，中国古代史学批评史的存在又推动了中国史学的发展，也为中国古代史学理论的积累提供了思想遗产。中国史学就是在这种互动中不断开辟新的发展前景。

中国古代史学批评在其发展过程中，在不同阶段都会提出一些问题，而有些问题也可能是具有普遍性或规律性的，对于这些问题的研究与阐说，我们视之为横向上的会通。在许多问题中，下面这几个问题是比较重要的。

第一，史学批评作为一种史学现象，它产生的原因何在？刘知幾《史通·鉴识》篇认为“物有恒准，而鉴无定识”[②]，这着眼于批评的主体而言，说明不同的批评者对同一事物会有不同的

① 龚自珍：《龚自珍全集》第一辑《尊史》，上海古籍出版社 1975 年版，第 81 页。
② 刘知幾：《史通·鉴识》，浦起龙《史通通释》本，上海古籍出版社 2009 年版，第 189 页。

认识和评论；《史通·探赜》篇又说，“古之述者，岂徒然哉！或以取舍难明，或以是非相乱”[①]，这着眼于批评的客体而言，说明事物本身是复杂的，批评者面对复杂的事物难以确定取舍而作出是非判断。其《曲笔》篇着眼于主体，讲的是另外一些原因，主要指为史者的史风不正以致心术不正；其《采撰》篇着眼于客体，讲的也是另外一些原因，即“异辞疑事”本是客观存在。当然。不论着眼于主体的分析，还是着眼于客体的分析，或许还有更复杂的原因，这是史学批评研究者必须关注的；同样，对史学批评者的批评，也不能不顾及这些复杂的因素。

第二，怎样看待和分析史学批评主体提出问题的主要根源。如班彪、班固父子批评司马迁及其《史记》，是否根源于政治？唐太宗批评众家晋史，是否根源于社会？李大师、李延寿父子批评南北朝所修三部正史，是否根源于历史？刘知幾撰《史通》，把以往史学作为批评对象，是否根源于学术？柳宗元的《非国语》，是否根源于思想？这些原因之间存在怎样的联系？这是史学批评研究者不能不考虑并予以深究的。

第三，怎样看待史学批评的成果及其思想的社会意义、学术意义和理论意义。这是认识史学批评的本质所在，是史学批评史研究者需要运用自身的研究所得加以说明的。举例说来，自东汉以后，人们对司马迁《史记》的评论，如何影响中国人对自身历史的认识？《史记》对中国统一多民族国家的巩固、发展产生

① 刘知幾：《史通·探赜》，浦起龙《史通通释》本，上海古籍出版社2009年版，第194页。

了何等重要作用？司马迁提出的“究天人之际，通古今之变，成一家之言”的著史宗旨，对中国学术的发展具有怎样的学术意义和理论意义？等等。毋庸置疑，对于这些问题的深入阐释，史学批评的意义由此可以看得更加清楚。历史上的“汉书学”“通鉴学”及许多史学名著的批评史，都在不同程度上具有广泛的意义。中国古代史学批评史的研究，要努力发掘和阐说这方面的成果及其意义。

第四，怎样看待史学批评中出现的偏颇。如班彪、班固批评司马迁《史记》“是非颇缪于圣人”[①]。刘知幾《史通·古今正史》篇接受《北齐书·魏收传》的说法，认为魏收的《魏书》“世薄其书，号为‘秽史’”[②]，直至章学诚亦承此说。郑樵在力倡“会通之义”时，极力贬低断代为史，以至斥责班固是“浮华之士也，全无学术，专事剽窃”[③]。叶适《习学记言序目》批评司马迁破坏了古之“史法”，“古史学止于此矣”[④]。吴缜《新唐书纠谬》是为名作，其序文具有理论上的建树，但序文中批评《新唐书》“抵牾穿穴，亦已太甚”“修书之初，其失有八”[⑤]等，似有言过其实之嫌。张岱批评明代史学说：“有明一代，国史失诬，家史失谀，野史失臆，故以二百八十年，总成一诬妄之世界。”[⑥] 王鸣盛《十七史商榷》批评李延寿“学浅识陋”，所撰

---

① 班固：《汉书》卷六二《司马迁传》，中华书局1962年版，第2737-2738页。
② 刘知幾：《史通·古今正史》，浦起龙《史通通释》本，上海古籍出版社2009年版，第339页。
③ 郑樵：《通志总序》，见《通志二十略》，中华书局1995年版，第2页。
④ 叶适：《习学记言序目》卷一九《史记一》，中华书局1977年版，第264页。
⑤ 吴缜：《新唐书纠谬序》，《丛书集成初编》本，中华书局1985年版，第1页。
⑥ 张岱：《石匮书自序》，《琅嬛文集》，岳麓书社1985年版，第18页。

《南史》《北史》“疵病百出，不可胜言”，又说李延寿是“自谓于旧锦机中织出新花样”。[①] 王鸣盛还写了一篇很长的文章批评杜佑所撰《通典》，认为《通典》“既以刘秩书为蓝本，乃自序中只字不及，复袭取官书攘为己有，以佑之笔力，撰集非难，而又取之他人者若是之多，则此书之成亦可云易也”。又说：杜佑“所云‘辄肆荒虚，诚为亿度’者，佑每自蹈之”[②]，等等。类似这样的一些批评，从今天的学术观点看来，是否有偏颇以至错误之处？如有，则不仅需要指出错在哪里，还要指出何以会出现偏颇以致错误的。这就是说，不仅知其然，还要知其所以然，把主观的、客观的原因都考察明白，这样的史学批评史才近于史学发展的真实，才具有学术价值，才能给人以深刻的启示。

中国古代史学批评史上存在的问题不止于此，上面提到的几个问题是我们要多加关注，并力图给以清晰的阐说和中肯的评论的。我们在研究和撰述中，还会遇到其他的问题，均须根据本课题的宗旨和本书撰写的原则，具体问题具体分析，才可作出合理的论述。

三、研究的方法和研究的意义

任何一种科学研究，都应当重视研究的方法和研究的意义，

---

① 王鸣盛：《十七史商榷》卷五三“《新唐书》过誉南北史”条、卷六八“并合各代每一家聚为一传”条，上海古籍出版社 2013 年版，第 630、914 页。

② 王鸣盛：《十七史商榷》卷九〇“杜佑作《通典》”条，上海书店出版社 2005 年版，第 817 页。

方法是通向研究的目标并取得相应成果的途径。从一定意义上讲，方法的正确选择与始终坚持，是科学研究成功的关键。史学史研究如此，史学批评史研究也是如此。

说到研究方法的重要，这使我们想起1948年毛泽东致历史学家吴晗的一封信，信中针对吴晗所著《朱元璋传》写道：

> 大著阅毕，兹奉还。此书用力甚勤，掘发甚广，给我启发不少，深为感谢。有些不成熟的意见，仅供参考，业已面告。此外尚有一点，即在方法问题上，先生似尚未完全接受历史唯物主义作为观察历史的方法论。倘若先生于这方面加力用一番功夫，将来成就不可限量。①

信中用语很严谨，很讲究分寸，说“先生似尚未完全接受历史唯物主义作为观察历史的方法论”，说明《朱元璋传》的作者吴晗先生主观上开始关注历史唯物主义了，所以这里用了“尚未完全”，并在“完全”二字下方加了着重号。这封信给我们的启发是，如果能够自觉地运用“历史唯物主义作为观察历史的方法论”，在这方面多下功夫，那么在研究历史和研究史学方面，定能取得更大的进步和更好的发展。

历史唯物主义方法论对于历史研究具有重要的和广泛的指导意义。这里，我要强调两点，一是对历史的基本认识，二是把所

---

① 毛泽东：《致吴晗》（一九四八年十一月二十四日），中共中央文献研究室编：《毛泽东书信选集》，中央文献出版社2003年版，第284页。

研究的问题置于一定的历史范围内予以考察。

关于对历史的基本认识，恩格斯有这样一段论述：

> 正像达尔文发现有机界的发展规律一样，马克思发现了人类历史的发展规律，即历来为繁芜丛杂的意识形态所掩盖着的一个简单事实：人们首先必须吃、喝、住、穿，然后才能从事政治、科学、艺术、宗教等等；所以，直接的物质的生活资料的生产，从而一个民族或一个时代的一定的经济发展阶段，便构成基础，人们的国家设施、法的观点、艺术以至宗教观念，就是从这个基础上发展起来的，因而，也必须由这个基础来解释，而不是像过去那样做得相反。①

这就说明，人类的历史活动中第一位的是经济活动，上层建筑和意识形态都是在这个基础上得以建立和发展，因而也必须从经济活动的角度去加以解释。史学工作者不仅首先应当懂得这个道理，而且应当在这个理论指导下从事历史研究和史学活动。在这方面，侯外庐先生是我们学习的榜样，他在总结自己的治史道路和治史方法时，首先写道："从历史唯物主义观点来看，思想是存在的反映。历史从哪里开始，思想进程也应从哪里开始。因此，社会历史的演进与社会思潮的发展是相一致的。例如，西周的官学、春秋时代的搢绅之学、战国时代的诸子并鸣之学、两汉

---

① 恩格斯：《在马克思墓前的讲话》（1883 年 3 月 17 日），《马克思恩格斯文集》第三卷，人民出版社 2009 年版，第 1002 页。

的经学、魏晋的玄学、隋唐的佛学、宋明的理学、明清之际的早期启蒙思潮以及近代的各种社会思潮，都是和中国历史自身的演进相联系的。因此，我的具体方法是，在研究社会史的基础上，注重对社会思潮作比较全面的考察，力图把握社会思潮与社会历史的联系及其所反映的时代特点，进而研究不同学派及其代表人物的思想特色和历史地位。”① 概括说来，这段话的核心思想是指出思想史的研究应当以社会史研究为基础，这一方面是使思想史的研究有了社会基础，另一方面也能更好地说明不同历史时期的思想的特点。这是非常明确的和具体的以历史唯物主义方法论为指导，提出了中国思想史研究的方法和步骤。中国史学史、中国史学批评史研究，同样应当以对中国社会史的认识为基础；对于史学史、史学批评史的解释，也应当以对社会史的认识为主要依据。必须承认，史学史研究者和史学批评史研究者在这方面还应当下大功夫、用大气力，把研究工作不断向前推进，而本书的撰述就是一个很好的机会。

把所要研究的对象置于相应的历史范围之内进行考察，这是历史研究与史学研究实事求是的表现，是历史唯物主义方法论的原则之一，即“在分析任何一个社会问题时，马克思主义理论的绝对要求，就是要把问题提到一定的历史范围之内”②。简而言之，这个“绝对要求”，就是强调历史地看待历史的方法。就以中国史学批评史的研究来说，历史上的批评者们所批评的对

① 侯外庐：《侯外庐史学论文选集自序》（上），人民出版社 1987 年版，第 12 页。
② 列宁：《论民族自觉权》，《列宁全集》第二十五卷，人民出版社 1988 年版，第 229 页。

象，大多是历史上的存在；而史学批评史的研究者所研究的批评者，自亦都是历史上的存在。对于前一种“历史上的存在”，我们不能对当时的研究者提出“绝对要求”，此当毋庸置疑；而对于后一种“历史上的存在”，我们作为研究者就应当自觉地遵循这一“绝对要求”。这种区别，正是反映了“要把问题提到一定的历史范围之内”的原则。在这个问题上，马克思主义理论之所以提出“绝对要求”，是因为只有这样才能获得对历史真相至少是近于历史真相的认识；如果离开了这一“绝对要求”，其结果必然是脱离了认识历史真相的路径。史学批评史的研究只有把历史上的批评者置于其所在历史范围之内进行考察，才能获得真知。因此，对于“绝对要求”的“绝对”遵循，就是十分自然的事情了。

在历史唯物主义方法论的指导和运用前提下，我们还要借鉴前人提出来的有益的方法。如刘知幾重视体例而且善言体例，他强调说：“史之有例，犹国之有法。国无法，则上下靡定；史无例，则是非莫准。”[①]《史通》全书尤其是内篇，大多在论述史书的体例和修史的体例，在讲体例的过程中广泛地涉及史学的其他问题。史学批评史的研究也要重视体例：一是判断研究对象的体例和体例思想；二是要求我们自身在撰述中遵循既定的体例，既要关注局部的体例，也要关注局部之体例与全局之体例的协调及其一致性。总之，刘知幾的体例思想是应当借鉴的。此外，刘知

① 刘知幾：《史通·序例》，浦起龙《史通通释》本，上海古籍出版社2009年版，第81页。

幾提倡全面看问题的方法，也是值得借鉴的。刘知幾认为，历史撰述应坚持“爱而知其丑，憎而知其善，善恶必书，斯为实录”[①] 的原则。这种具有一定的辩证思维的方法，在史学批评领域的运用具有特殊的重要性，它是帮助史学批评史研究者避免走向武断和片面的忠诚“卫士”。

再如章学诚关于知人论世的思想和方法，同样是值得借鉴的。他举出人们所熟知的正统问题为例，说明处在不同时期的人，一般都会有当时的认识和处置的方法，这是研究者与批评者所必须注意的。他这样写道：

> 昔者陈寿《三国志》，纪魏而传吴、蜀，习凿齿为《汉晋春秋》，正其统矣。司马《通鉴》仍陈氏之说，朱子《纲目》又起而正之。“是非之心，人皆有之。”不应陈氏误于先，而司马再误于其后，而习氏与朱子之识力，偏居于优也。而古今之讥《国志》与《通鉴》者，殆于肆口而骂詈，则不知起古人于九原，肯吾心服否邪？陈氏生于西晋，司马生于北宋，苟黜曹魏之禅让，将置君父于何地？而习与朱子，则固江东南渡之人也，惟恐中原之争天统也。诸贤易地则皆然，未必识逊今之学究也。是则不知古人之世，不可妄论古人文辞也。知其世矣，不知古人之身处，亦不可以遽论其文也。身之所处，固有荣辱隐显、屈伸忧乐之不齐，而言

① 刘知幾：《史通·惑经》，浦起龙《史通通释》本，上海古籍出版社2009年版，第374页。

之有所为而言者，虽有子不知夫子之所谓，况生千古以后乎？圣门之论恕也，“己所不欲，勿施于人”，其道大矣。今则第为文人，论古必先设身，以是为文德之恕而已尔。①

章学诚的这一段论述，有事实、有分析，不仅指出了陈寿、司马光同习凿齿、朱熹在正统问题的认识上和处置上的不同，而且从历史环境的差异指出二者不同的原因。这样，就做到了不仅知其然而又知其所以然。章学诚把这种思想和方法概括为“论古必恕”。这就是我们前面已经说到的“要把问题提到一定的历史范围之内”。以马克思主义理论的“绝对要求”同中国史学批评史上名家的认识相结合，这个问题的重要性及其方法论意义显得越发清晰和易于理解。

历史是复杂的，史学批评的现象也是复杂的。这就要求我们在研究和撰述过程中，针对具体问题作具体的分析。比如：

——对同一批评对象有所肯定，有所否定。这种情况，在中国史学批评史上所见甚多，如班彪、班固父子评论司马迁《史记》，范晔评论班固《汉书》，都属于这种情况。从他们的批评中，对其肯定与否定之方方面面，都会激起人们的思考，不论赞成或不赞成这些肯定与否定，人们都会凭借自己的认识提出一些根据，这些认识和根据一旦写成文字，流传开来，又会引起更多的人的思考，从而促进了人们对历史、对史学的深入认识。在这

① 章学诚：《文史通义·文德》，叶瑛《文史通义校注》本，中华书局2014年版，第324-325页。

方面，刘知幾的《史通》和王鸣盛的《十七史商榷》，给人们提供了足够的思考空间。从整体面貌来说，这两部书在有所肯定也有所否定方面，显得很突出。如《史通·二体》篇论编年、纪传的长处和短处时，讲得很辩证；其《直书》《曲笔》则是对两种不同的作史态度进行分析；而《杂述》篇又对各种短书小说的文献价值作了全面的评论；等等。这些都给人以深刻的启示。刘知幾说他的《史通》是“商榷古今”，这种“商榷”的理念和态度是极可取的。王鸣盛的《十七史商榷》和赵翼的《廿二史札记》，都是在“正史”范围内进行商榷，是其所是，非其所非，给后人留下了许多启发和许多可以进一步研究、探索的问题。

——对同一批评对象中的缺点，作有根据的否定。这在史学批评现象中也是常见的，从史学史来看，吴缜的《新唐书纠谬》和《五代史纂误》可视为代表作。当然，这决不是说，吴缜的这两部书没有任何缺点，但总的来说，吴缜所“纠”之“谬”、所“纂”之“误”，大多可以成立，有一定的参考价值。

——对比较研究的对象作全面的、辩证的分析。如果说上一种史学批评方法给我们以某种警示，那么这里说的比较研究中的方法，则给我们以深刻的启示。明代史家王世贞比较国史、野史、家史的长短得失时，很客观地考虑到它们各自产生的条件，以及由于这种不同的条件使它们自身各具特点，并对此作了辩证的分析。这不仅在史学批评的方法论上给人们很大启发，而且在理论上也提出了很有价值的结论，至今仍有重要的参考意义。

当然，在史学批评中，也有一些不妥当的，甚至是错误的做法。比如：

有一种情况是，对比较的对象作绝对肯定与绝对否定的评价。比较研究，是开展史学批评的一个必要的和有效的方法。正确的态度，应当是对比较的对象作全面的分析，从而得到较公允的结论。在中国史学上，有的比较研究者，对比较的对象进行评价时陷于绝对肯定与绝对否定的境地，虽然在理论上也有所建树，但毕竟其运用的这种研究方法是一种片面的方法。如郑樵是一位很有成就的史学家，他的《通志二十略》具有重要的开创性意义。但是，我们注意到他那篇影响极大的《通志总序》，对司马迁《史记》作绝对的肯定，对班固《汉书》作绝对的否定，在比较研究的方法上，以及对评论对象的全面认识上，都给人留下了不少遗憾。

还有一种情况是，对同一评论对象从整体上作无根据的全部否定。这在史学批评上也时有所见。北齐魏收《魏书》被斥为“秽史”，唐太宗全部否定当时所见十八家晋史，明代学人不满本朝史学以至于说明朝无史学，等等，都应作具体分析。

这里，还有必要提到章学诚关于“文辞”的见解，尽管这并不是一个直接涉及治史的方法问题，但多少还是和方法有一定的联系。章学诚认为：“文辞非古人所重，草创讨论，修饰润色，固已合众力而为辞矣。期于尽善，不期于矜私也。”[①] 章学

① 章学诚：《文史通义·说林》，叶瑛《文史通义校注》本，中华书局1994年版，第347页。

诚引用春秋时期郑国大夫子产等人重视文辞而共同努力的典故,[①] 所以说这是“期于尽善，不期于矜私”。换言之，孔子说到这件事，正是肯定子产等人的“合众力而为”所带来的成功。这是不是也可视为重视文辞的一种表现？尤其是志同道合的一个群体对同一领域进行研究，其著述真正做到了“合众力而为辞”，同样是值得称道的。而“期于尽善”正是大家共同努力的目标。

进而言之，在中国史学上，“文辞”为古人所重而又期于“矜私”者，并非无人。历来认为，班固是极重文辞的史学家，他认为自己所著《汉书》具有“函雅故，通古今，正文字，惟学林”[②] 的特点，就含有重文辞的因素。《后汉书》作者范晔也是重“文辞”的史学家，他自称“吾杂传论，皆有精意深旨，既有裁味，故约其词句”[③]。范晔的这几句话，当是也包含着讲究“文辞”的意蕴。班、范在这方面的成就，在以下叙述的事实中可以得到证明，即南朝梁人萧统在《文选》序中特意讲道：“至于记事之史，系年之书，所以褒贬是非，纪别异同，方之篇翰，亦已不同。若其赞论之综缉辞采，序述之错比文华，事出于沉思，义归乎瀚藻，故与夫篇什。”[④] 萧统在《文选》的卷四十九和卷五十专设“史论上”和“史论下”，分别收入班固的《汉书·公孙弘传》赞一首，干宝的《晋武帝革命论》一首、《晋

---

① 参见《论语·宪问》，杨伯峻《论语译注》本，中华书局1958年版，第154页。

② 班固：《汉书》卷一〇〇《叙传》，中华书局1962年版，第4271页。

③ 沈约：《宋书》卷六九《范晔传》，中华书局1974年版，第1830页。

④ 萧统编：《文选》，李善注本，中华书局1977年版，第2页。

纪》总论一首，范晔《后汉书·皇后纪》论一首（以上“史论上”），以及范晔《后汉书》“二十八将传论”一首、《宦官传》论一首、《逸民传》论一首，沈约《宋书·谢灵运传》论一首、《恩倖传》论一首，班固《汉书》述《高祖纪》赞一首、述《成纪》赞一首和述“韩、彭、英、卢、吴传”赞一首，范晔《后汉书·光武纪》赞一首。[①] 这不仅表明萧统对“史论”的重视，也包含他对所收入之论、赞的欣赏。近代学人如鲁迅称赞《史记》是“史家之绝唱，无韵之离骚”[②]，梁启超感叹司马光《资治通鉴》把历史写得“飞动”起来[③]，都是大家所熟知的评论。如此看来，章学诚说的“文辞非古人所重”的论断，似非确论。

20世纪70年代末，白寿彝先生主编《中国通史纲要》一书，对文字表述提出一个总的原则：平实。而平实的具体要求是：明白、准确、凝练。明白是基础，准确是关键，凝练是提高。[④] 可以认为：一个学术群体，可以尝试以平实为风格，以明白、准确、凝练为要求，在史学著作的文字表述上，探索一条“合众力而为辞”的新路径。

在中国史学批评史上，还有一种现象也是值得关注的，这就是史学批评者的历史命运及身后影响。如刘知幾撰《史通》，有

---

① 萧统编：《文选》，李善注本，中华书局1977年版，第686—707页。

② 鲁迅：《汉文学史纲要》，见《鲁迅全集》第九卷，人民文学出版社1981年版，第420页。

③ 梁启超：《中国历史研究法补编》，《饮冰室合集》专集之九十九，中华书局1989年版，第27页。

④ 参见瞿林东：《白寿彝与二十世纪中国史学》，高等教育出版社2012年版，第339页。

人“深重其书”，认为“居史职者，宜置此书于座右”[①]。而唐末人柳璨则认为“刘子玄所撰《史通》讥驳经史过当”，于是“纪子玄之失，别为十卷，号《柳氏释史》，学者伏其优赡”。时人“以其博奥，目为‘柳箧子’”[②]。《旧唐书》作者如此称赞柳璨，自亦影响对刘知幾的评价，说刘知幾“工诃古人而拙于用己”[③] 就是“顺理成章”的事情了。然而，经过明代学者郭孔延撰《史通评释》、王惟俭撰《史通训故》和清代学者浦起龙撰《史通通释》，《史通》的学术地位经过学术史的检验而逐步得到提高，为学界所认可。

再如柳宗元著《非国语》，目的在于“救世之谬”。他在《非国语序》中写道：“余惧世之学者溺其文采而沦于是非，是不得由中庸以入尧舜之道，本诸理作《非国语》。”[④] 然而，《非国语》问世后，既有人反其道而行之作《是国语》[⑤]，更有人针锋相对地作《非〈非国语〉》。如宋人江惇礼撰《〈非国语〉论》，苏轼表示赞同说：“鄙意素不然之，但未暇为书尔。”[⑥] 元人虞集之弟槃“尝读柳子厚《非国语》，以为《国语》诚非，而柳子之说亦非也，著《非〈非国语〉》”[⑦]。这些，反映了宋元

---

① 刘昫等：《旧唐书》卷一〇二《刘子玄传》，中华书局 1975 年版，第 3171 页。

② 刘昫等：《旧唐书》卷一七九《柳璨传》，中华书局 1975 年版，第 4669-4670 页。

③ 欧阳修、宋祁：《新唐书》卷一三二《刘知幾传》，中华书局 1975 年版，第 4542 页。

④ 柳宗元：《柳河东集》卷四四，上海人民出版社 1974 年版，第 746 页。

⑤ 脱脱等：《宋史》卷二〇二《艺文志一·春秋类》著录：“叶真《是国语》七卷”，中华书局 1977 年版，第 5058 页。

⑥ 苏轼：《与江惇礼秀才》，见张志烈等主编：《苏轼全集校注·文集八》第十七册，河北人民出版社 2010 年版，第 6264 页。

⑦ 脱脱等：《元史》卷一八一《虞集传附虞槃传》，中华书局 1976 年版，第 4182 页。

学人对《非国语》的指摘。

明人黄瑜在其《双槐岁钞》一书中，归纳上述史事，作《非〈非国语〉》小札，写道：

> 宋刘章尝魁天下，有文名，病王充作《刺孟》、柳子厚作《非国语》，乃作《刺〈刺孟〉》《非〈非国语〉》。江端礼亦作《非〈非国语〉》。东坡见之曰："久有意为此书，不谓君先之也。"元虞槃亦有《非〈非国语〉》，是《非〈非国语〉》有三书也。同邪异邪，岂绍述而剿取之邪？求其书，不可得，盖亦罕传矣。今以子厚之书考之，大率辟庸蔽怪诬之说耳，虽肆情乱道时或有之，然不无可取者焉。①

黄瑜一方面说柳宗元《非国语》"大率辟庸蔽怪诬之说"，另一方面又说《非国语》"肆情乱道时或有之"，但他毕竟承认《非国语》"不无可取者"，比前人已进了一步。

著名历史学家侯外庐先生就《非国语》中的一篇《三川震》的理论价值写道：

> 柳宗元不仅肯定"天地"为物质的自然存在，而且在自然运动问题上提出了"自"的观点，即自然自己运动的观点。……

---

① 黄瑜：《双槐岁钞》卷六，中华书局1999年版，第122页。按：江端礼疑为江惇礼之误。

按“自”这一范畴，取之于道家，王充以来的旧唯物主义者对它作了唯物主义改造，以与“天”意的“故”作（有目的有意志的最初推力）对立起来。柳宗元的这种自然自己的运动观，更含有朴素辩证法因素。在自然界运动的根源问题上，他继承并发展了王充的传统，肯定无穷的阴阳二气在宇宙间不断运动，必然呈现出各种形态（如“动”与“休”、“峙”与“流”等等），它们并不受任何意志力的支配，而是“自动自休，自峙自流”，“自斗自竭，自崩自缺”，这八个“自”的四对命题是超越前人的理论。[①]

这是从思想史上对柳宗元所提出的“自”的范畴之极高的评价，也在一定程度上对柳宗元《非国语》在中国古代思想史和史学批评史上的地位作了明确的肯定。

上述事例表明，史学批评家的“历史命运”往往是曲折多变的。但史学批评史确也表明，凡有价值的史学批评，终究是站得住的，是有生命力的。

四、探索学科话语体系的构建

在本书的撰述过程中，我们要努力探索在唯物史观指导下，为中国史学批评史话语体系的构建作知识上和理论上的积累。

---

① 侯外庐：《柳宗元哲学选集》序，中华书局香港分局1976年版，书首。

首先，是如何对待中国史学遗产问题，这是首要问题。其中道理很简单，因为是讲的中国史学批评史，其话语体系构建的基本素材、内容、概念体系自亦建立在中国史学遗产的基础之上。早在八十多年前，毛泽东在《中国共产党在民族战争中的地位》一文中强调指出：

> 学习我们的历史遗产，用马克思主义的方法给以批判的总结，是我们学习的另一任务。我们这个民族有数千年的历史，有它的特点，有它的许多珍贵品。对于这些，我们还是小学生。今天的中国是历史的中国的一个发展；我们是马克思主义的历史主义者，我们不应当割断历史。从孔夫子到孙中山，我们应当给以总结，承继这一份珍贵的遗产。这对于指导当前的伟大的运动，是有重要的帮助的。[①]

毛泽东是在全面抗日战争初期民族危机深重的历史条件下写下的这段话。今天，在中华民族走向伟大复兴的征程中，我们重温这段话，更加深刻地领会到毛泽东的高瞻远瞩和对中华民族前途的坚定信念。从毛泽东的上述论点来看，重视史学遗产的研究，应是中国史学批评史话语体系构建中的第一个层面，没有这个层面的研究，则上述构建云云，说得严重一点，也只能是纸上谈兵。

① 毛泽东：《中国共产党在民族战争中的地位》，《毛泽东选集》第二卷，人民出版社 1991 年版，第 533-534 页。

其次，从史学遗产研究中揭示或提炼出与相关学科密切联系的概念和观念，是构建该学科话语体系的重要环节。马克思主义认为：

……概念、判断和推理的阶段，在人们对于一个事物的整个认识过程中是更重要的阶段，也就是理性认识的阶段。认识的真正任务在于经过感觉而到达于思维，到达于逐步了解客观事物的内部矛盾，了解它的规律性，了解这一过程和那一过程间的内部联系，即到达于论理的认识。重复地说，论理的认识所以和感性的认识不同，是因为感性的认识是属于事物之片面的、现象的、外部联系的东西，论理的认识则推进了一大步，到达了事物的全体的、本质的、内部联系的东西，到达了暴露周围世界的内在的矛盾，因而能在周围世界的总体上，在周围世界一切方面的内部联系上去把握周围世界的发展。

这种基于实践的由浅入深的辩证唯物论的关于认识发展过程的理论，在马克思主义以前，是没有一个人这样解决过的。马克思主义的唯物论，第一次正确地解决了这个问题，唯物地而且辩证地指出了认识的深化的运动，指出了社会的人在他们的生产和阶级斗争的复杂的、经常反复的实践中，由感性认识到论理认识的推移的运动。[①]

① 毛泽东：《实践论》，《毛泽东选集》第一卷，人民出版社1991年版，第285-286页。

这是马克思主义关于人的认识发展的科学的、精辟的论说。我们的先人不可能达到这样的认识高度，但从人的认识发展规律来看，他们也会自觉或不自觉地提出一些概念和观念，而后人则可根据这些概念和观念并结合自身所处的时代，考察这些概念和观念是怎样被提出来的，这些概念和观念是在怎样的程度上反映了那个时代的社会状况和人们的思想面貌的。

如《左传·宣公二年》记："赵穿攻灵公于桃园。宣子未出山而复。大史书曰：'赵盾弑其君。'以示于朝。宣子曰：'不然。'对曰：'子为正卿，亡不越竟，反不讨贼，非子而谁？'宣子曰：'呜呼！《诗》曰：我之怀矣，自诒伊戚。其我之谓矣。'孔子曰：'董狐，古之良史也，书法不隐。赵宣子，古之良大夫也，为法受恶。惜也，越竟乃免。'"[①] 从史学批评史的视角来看，这一记载中提出的重要概念，一是"良史"，一是"书法不隐"。这两个概念在中国史学史上有很大影响。但是，人们对这两个概念被提出来的历史背景却讨论得不多，以至于产生了种种歧义：有的观点认为，孔子只是表彰董狐"书法不隐"，并未称赞赵盾；有的观点认为，赵盾本是杀死晋灵公的幕后指挥与同党，不应受到赞扬；还有的观点认为，赵盾的罪名不论其"越境"与否，都是免不了的，《左传》这种记载表明《左传》作者见识的低下。[②] 笔者甚至还曾见过一篇未刊稿，认为董狐是在曲笔记载史事，因为赵盾并未"弑君"。上述诸多歧见的出现，多

---

① 《左传·宣公二年》，杨伯峻《春秋左传注》本，中华书局1981年版，第662–663页。

② 参见傅隶朴：《春秋三传比义》，中国友谊出版公司1984年版，第151–154页。

是因为没有对这一事件发生的时代及其特点作出考察，而是就事论事。其实，只要把这一事件放到它所处的春秋时期加以考察，董狐、赵盾、孔子的言行，都可迎刃而解，而这个“刃”就是“礼”。“礼”是当时的社会伦理准则，在“礼”的笼罩之下，董狐反驳赵盾的话是合于“礼”的，孔子赞扬董狐“书法不隐”也是合于“礼”的，孔子惋惜赵盾“为法受恶”则是从另一个角度来维护“礼”的。总之，把《左传》的这一记载置于当时历史条件下来看，自然是合理的。准此，则对于孔子提出的“良史”和“书法不隐”这两个概念就应作历史的看待。这从后人对司马迁的评价中可以看出有关概念内涵的变化。《汉书·司马迁传》记：“然自刘向、扬雄博极群书，皆称迁有良史之材，服其善序事理，辨而不华，质而不俚，其文直，其事核，不虚美，不隐恶，故谓之实录。”① 这里说的“良史”，包含了多种因素，已不同于“礼”笼罩下的“良史”；这里说的“其文直，其事核”等，也不同于“礼”笼罩下“书法不隐”所记载的史事。

然而，问题在于，上述概念在古人那里往往是模糊的，如《周书·柳虬传》记史官柳虬上疏写道：“古者人君立史官，非但记事而已，盖所以为监诫也。动则左史书之，言则右史书之，彰善瘅恶，以树风声。故南史抗节，表崔杼之罪；董狐书法，明赵盾之愆。是知直笔于朝，其来久矣。”② 又如刘知幾《史通·直书》篇写道：“如董狐之书法不隐，赵盾之为法受屈，彼我无

---

① 班固：《汉书》卷六二《司马迁传》，中华书局1962年版，第2738页。
② 令狐德棻：《周书》卷三八《柳虬传》，中华书局1971年版，第681页。

忤，行之不疑，然后能成其良直，擅名今古。”“若南、董之仗气直书，不避强御；韦、崔之肆情奋笔，无所阿容。”[①] 文中还有“征诸直词”“务在审实”等说法。由此可以看出，不论是柳虬还是刘知幾，对于“董狐书法”或“书法不隐”与“直笔于朝”或“征诸直词”之间的界限是模糊不清的。

上述事例表明，概念和观念是重要的，但只有考察清楚它们产生于或应用于一定时代的史学研究与社会条件时，才能显示出其重要性。正因为如此，学科话语体系的构建是一个艰难的过程，也是一个绕不过去的“关口”。

再次，对史学批评史上有关的概念、观念作创造性的转化和创新性的发展，使之构建成合理的体系。[②] 为此，要努力做好两件事。

第一，研究和阐述有关概念、观念提出的社会条件与历史根源。马克思、恩格斯指出：“不是意识决定生活，而是生活决定意识。”[③] 如上所述，对于相同概念、观念应用于不同的历史条件与社会环境，其内涵往往有所不同，故必须研究、阐述清楚，使之有可能进入相关的概念或观念体系。对于不同历史条件和社会环境下提出的概念或观念，自应作同样的研究和阐述，并关注此概念或观念与彼概念或观念的关系，以丰富概念或观念的体系构成。

第二，根据唯物史观关于人的认识发展规律和基本原理，重

---

① 刘知幾：《史通·直书》，浦起龙《史通通释》本，上海古籍出版社 2009 年版，第 179、180 页。

② 参见习近平：《在哲学社会科学工作座谈会上的讲话》，《人民日报》2016 年 5 月 19 日。

③ 马克思、恩格斯：《德意志意识形态》，《马克思恩格斯文集》第一卷，人民出版社 2009 年版，第 525 页。

点考察中国史学批评史上那些具有某种合理因素的概念、观念，对其作出合理的解释，使之焕发出新的生命力。如前述刘知幾引用前人的观点用以评论史书，指出：“夫史官执简，宜类于斯。苟爱而知其丑，憎而知其善，善恶必书，斯为实录。”① 这是包含了朴素辩证思想的观念。又如杜佑在评论前人的有关争论时，强调不可“将后事以酌前旨”，认为那是“强为之说”的做法。②这是包含了历史地看待历史的思想，可以看作朴素的历史主义观念。再如章学诚在讲到历史撰述如何处理“天”与“人”的关系时，这样写道：“盖欲为良史者，当慎辨于天人之际，尽其天而不益以人也。尽其天而不益以人，虽未能至，苟允知之，亦足以称著述者之心术矣。而文史之儒，竞言才、学、识，而不知辨心术以议史德，乌乎可哉?”③ 这可以看作是怎样处理历史撰述中史学家的主观意识与客观历史的关系，而其核心是尽可能反映客观（尽其天）又尽可能不加入人的主观（不益以人）；同时章学诚又指出，尽管达不到这样的境界，只要努力这样去做，也可以说是懂得著述的要求了。只有做到这种程度，才可称为史德。章学诚的这个观念，用今天的话来说，就是如何理解和处理历史撰述中的主、客体关系。

上述这些事例，在不同程度上都具有一定的合理因素，也都可以在唯物史观指导下给予合理的阐述，使其融入当今的史学研

---

① 刘知幾：《史通·惑经》，浦起龙《史通通释》本，上海古籍出版社2009年版，第374页。

② 参见杜佑：《通典》卷三一《职官十三·王侯总序》，中华书局1988年版，第850页自注。

③ 章学诚：《文史通义·史德》，叶瑛《文史通义校注》本，中华书局2014年版，第258页。

究而获得新的生命力。

准此，如果我们在上述几个层面用大气力、下大功夫，并不断取得成就，即是为创新性发展打下坚实的基础。

应当着重说明的是，概念和观念固然是学科话语体系构建中不可缺少的要素，但我们在认识、解说、运用它们的时候，应当用学科发展的历史以至社会发展的历史加以说明，而不是用它们来说明学科发展的历史以至社会发展的历史。这样，就可避免一种理论上的错误，即恩格斯所批评的那样："不是概念应当和对象相适应，而是对象应当和概念相适应了。"① 在中国史学批评史上，刘知幾认为司马迁《史记》为项羽立本纪、为陈涉立世家不合于体例，即意在历史应当适应于体例，而不是体例应当适应于历史，就是类似这种理论上的错误。同时，我们还应当关注恩格斯提出的如下这一观点，即："从我们接受了进化论的时刻起，我们关于有机体的生命的一切概念都只是近似地与现实相符合。"② 这里，恩格斯说的是自然科学方面的问题，在哲学社会科学领域也可以作为参考。如在中国史学批评史上很早就出现了"信史""实录"这样的概念，它们反映了中国史学求真的优良传统，但若以此为依据，认为"信史"绝无错误，"实录"绝无不实之处，这就过于绝对了；反之，如若发现"信史"也有错误记载、"实录"也有不妥之处，就认为无"信史""实录"可

① 恩格斯：《反杜林论》，《马克思恩格斯选集》第三卷，人民出版社 2012 年版，第 473 页。

② 恩格斯：《恩格斯致康拉德·施米特》（1895 年 3 月 12 日），《马克思恩格斯选集》第四卷，人民出版社 2012 年版，第 668 页。

言，这就走向历史虚无主义了。可见，对于类似这样的概念，应持有合理的认识和批判。总之，学科话语体系构建，既要大胆探索，又必须谨慎推进。

*　　*　　*

关于中国史学批评史的研究，现在尚处于起步阶段，我们的认识水平，也处于起步阶段，尤其是史学批评史研究的历史意义、社会意义、学术意义和理论意义，我们现在只有一点粗浅的认识，它的深刻的意义和重要价值，都有待于进一步的发掘、梳理和阐述。一方面我们在研究中要注意从宏观上把握史学批评的大势和发展中提出的重大问题，另一方面也要重视对于个案的分析判断。这样可以使全局同局部相联系、宏观与微观相联系，庶几写出一部比较深入的中国史学批评史。

2017 年 8 月初稿

2019 年 6 月改定

目　录

前　言

一、时代特点与史学面貌

先秦时期是中国史学的兴起时期，是中国史学的源头所在。从有确切的文字记载的历史来看，这一时期主要经历了殷商、西周和春秋战国几个阶段。从总体上来说，这是一个大变动的历史时代，无论是经济基础、政治格局，还是思想文化以及社会各领域，都在这一时代有着明显变化。伴随着这一历史过程，史学从王朝官府萌生，继而突破王朝的藩篱而在更广泛的范围内丰富与发展。先秦时期史学发展的步履与面貌可以简要梳理如下：殷商、西周时期，王朝已经设置史官。史官承担着广泛的职责，其中记言、记事的职责使他们成为最早的史学活动的主体。这时出现了官文书与史诗形式的历史记载，开始孕育着史学的萌芽。西周末年至春秋时期，随着生产力的发展以及政治形势的变化，周王室和许多诸侯国出现了编年体形式的国史，一般统称为“春秋”，这也标志着严格意义上的史书的出现。围绕着国史的撰写，周王室与各诸侯国涌现出许多史官，对于史学的兴起发挥了重要作用。春秋末年，周王室日益衰微，反映在意识形态上是礼崩乐坏。伟大的思想家、教育家孔子以私人身份据鲁史而撰写的《春秋》，成为中国史学上第一部私人撰述的史书，为此后历史撰述的发展开创了新的格局。继孔子《春秋》之后，战国时期出现了多种形式的私人历史撰述，诸如《左传》《国语》《公羊传》《穀梁传》《战国策》《世本》等，历史知识也得到了更为广泛的传播和运用。这些，反映了史学勃然兴起的面貌，也为后世史学的发展积累了丰富的资料。

秦汉时期是中国史学的成长时期。从历史上来看，这一时期主要经历了秦、西汉和东汉三个皇朝。从总体上来说，这是一个大一统的历史时期。其间，政治大一统格局的建立与巩固，统一的多民族国家的形成与发展，意识形态领域儒家独尊地位的确立以及对外经济文化交流的开拓与加强，凡此种种，都为史学的发展提供了更为广阔的舞台。在这一新的时代下，秦汉时期的史学继先秦时期出现了划时代的发展，这主要表现在史书编撰和历史文献学领域。第一，西汉前期，司马迁撰写了中国史学上第一部纪传体通史《史记》，在史学领域里实现了“成一家之言”，开创了中国史学发展的空前规模。第二，东汉时期，班固所撰《汉书》与荀悦所撰《汉纪》，分别以纪传体和编年体的形式反映西汉一代皇朝史事，奠定了中国史学上皇朝史撰述的基本格局。第三，这一时期出现了中国历史上第一次大规模的整理皇家图书工作，刘向、刘歆父子分别撰写的《别录》和《七略》，为历史文献学的发展树立了良好的范例。秦汉史学发展中的这些辉煌的成就，对中国史学的发展产生了深远的影响。

二、史学批评的开端

先秦秦汉时期是为中国古代史学批评的开端。随着先秦秦汉时期史学的兴起和成长，史学批评开始滋生并逐渐走向自觉。从西周末期以及春秋时期士大夫们对古老史诗的引用和咏诵之中，中国古代最早的史学批评开始萌芽。春秋后期，孔子的“良史”之论，真正揭开了中国古代史学批评的序幕。史官职守与史家修养问题也由此成为史学批评范围内的重要内容，并贯穿于中国古代史学批评发展的始终。因孔子作《春秋》而引发了孟子的评论以及《左传》《公羊传》《穀梁传》从不同的视角所展开的评论，把《春秋》推到了史学批评的显著位置，也构成了先秦时期史学批评的主要内容。降至两汉，史学批评在更广泛的范围内展开并呈现出新的面貌。无论是纪传体通史《史记》，还是皇朝史《汉书》和《汉纪》，它们在史学批评方面都取得了一定的成就。其中，司马迁评孔子《春秋》，班彪、班固父子评司马迁《史记》，荀悦论历史编撰等，成为两汉史学批评发展中最为重要的问题。此外，两汉史学批评的发展还反映在刘向、刘歆父子的文献整理活动中。《别录》与《七略》蕴含着史学批评的模式与思想，正式开启了文献目录之书与史学批评的关联，也进一步开拓了中国古代史学批评发展的空间。还须注意的是，在中国古代史学批评的开端时期，不可忽视思想家这一群体。无论是先秦诸子，还是两汉思想家，他们对《诗》、《尚书》、孔子《春秋》以及司马迁《史记》的评论，丰富着这一时期史学批评发展的内涵，并初步显现出思想家与史学批评之间的辩证发展关系，这种关系在后世史学的发展中继续得以深化。

以上是先秦秦汉时期史学批评演进的基本脉络和主要内容。从总体来看，孔子与司马迁是史学批评开端时期最为重要的两位史家。一方面，他们本身在史学批评方面有着重要建树，奠定了史学批评发展的基础，对后世产生了深远影响。另一方面，他们的相关撰述引起时人以及后世学人的极大关注与评论，不仅构成了各自时期史学批评发展的一条主线，而且成为史学批评的一个生长点，继续推动着后世史学批评的发展。

第一章　诗的时代与史学批评的渊源

西周、春秋时代，是历史上突出的礼与诗的时代，礼鲜明地体现在人们的行为之中，凡事皆讲礼；诗则更多地反映在人们的言论与思想中，引《诗》赋《诗》成为当时社会的风尚。《诗》中的史诗蕴含着历史的内容与价值，在这一时代普遍性的用诗风尚中，孕育了中国古代最早的史学批评的萌芽。

第一节　《诗》之史的品格

一、反映一定历史时期的社会面貌

《诗》是中国古代最早的一部诗歌总集，收录了自西周初年至春秋中叶（约前 11 世纪—前 6 世纪）约五百年间的三百零五篇作品。《诗》包含风、雅、颂三个部分，其中《国风》一百六十篇，《小雅》七十四篇，《大雅》三十一篇，《周颂》三十一篇，《鲁颂》四篇，《商颂》五篇。《国风》以抒情为主，基本上是周王室东迁以后王朝和各诸侯国的作品；《雅》《颂》以咏事为主，除《鲁颂》《商颂》为春秋时人创作外，基本上都是西周时期的作品。对于《诗》，文学史及文学批评史领域的研究很多。但从《诗》的性质来看，它也具有史的品格，或可以反映历史，或可以说明现实。历代学人对此已有所认识，清章学诚在前人基础上从理论上加以说明，提出了“六经皆史”[①] 说。近人郭沫若、吕振羽等，都将《诗》作为研究上古史的重要史料。可以说，《诗》之为史已经成为史学界的共识。

《诗》之史的品格，首先主要表现在《风》《雅》《颂》中反映历史面貌和社会生活的篇章，它们可以作为史诗看待。

《大雅》的史诗特征最为突出，它较为完整地记述了西周诸王行事，大致反映了周王室东迁以前各个历史阶段的传说和历史。如《生民》篇叙述了周族始祖后稷一生的主要事情。《公刘》篇记述了公刘率民迁豳、相土安民的过程。《绵》篇歌咏了古公亶父由豳迁岐、经营周原从而奠定周族基业的功绩，诗中写道：

古公亶父，来朝走马，
率西水浒，至于岐下。
爰及姜女，聿来胥宇。
周原膴膴，堇荼如饴。
爰始爰谋，爰契我龟。

① 章学诚：《文史通义·易教上》，叶瑛《文史通义校注》本，中华书局1985年版，第1页。

曰止曰时，筑室于兹。[①]

这是一幅描述古公亶父迁岐、视察地形、规划占卜、营建房屋的图画。《皇矣》《大明》《文王有声》等篇歌咏王季继续经营先王留下的事业、文王取得伐密伐崇的胜利以及建都丰邑、武王迁都镐京和牧野伐纣的事迹，如《大明》写道：

殷商之旅，其会如林。
矢于牧野，维于侯兴。
上帝临女，无贰尔心。
牧野洋洋，檀车煌煌。
驷騵彭彭，维师尚父，时维鹰扬。
凉彼武王，肆伐大商，会朝清明。

这是描述武王誓师牧野、讨伐商纣的历史画面。此外，《下武》《假乐》等篇歌颂了成、康以下“绳其祖武”“率由旧章”的升平时期。《桑柔》篇指责了厉王的独断专行以及对国人的残酷剥夺，以致造成祸乱，诗人发出了“乱生不夷，靡国不泯。民靡有黎，具祸以烬。于乎有哀，国步斯频”的哀叹。《江汉》《常武》《崧高》《烝民》《韩奕》等篇反映了宣王平定淮夷的战事以及封申伯于谢邑、派仲山甫修建东城和封韩侯于燕的重要举

① 《诗·大雅·绵》，周振甫《诗经译注》本，中华书局2002年版，第402-403页。

措，歌咏了宣王时的中兴。《瞻卬》《召旻》篇揭露了幽王时的衰败，诗人感叹道“人之云亡，邦国殄瘁”，“我相此邦，无不溃止”。从史学的观点来看，《大雅》以诗歌的形式勾勒了西周的兴衰史，正如白寿彝先生所说：“如果按着歌咏对象的时代先后排列起来，《大雅》可以反映出来宗周兴衰的一个大致轮廓。”①

《雅》《颂》中有一些反映西周政治、经济等社会史的篇章。如描述封国、征伐和狩猎习武的篇章有《大雅》的《崧高》《韩奕》《江汉》《常武》，《小雅》的《采薇》《出车》《六月》《采芑》《车攻》《吉日》等，其中《崧高》和《韩奕》歌咏了申伯和韩侯受民、受疆土、筑城、立庙等封土建国的过程。歌咏农事的篇章有《周颂》的《思文》《臣工》《噫嘻》《丰年》《载芟》《良耜》，《小雅》的《楚茨》《信南山》《甫田》《大田》等，其中《载芟》和《良耜》生动描述了“千耦其耘”“播厥百谷”“载获济济”的耕地、播种和丰收的农事过程。② 这都足以表明：“雅、颂是史诗，它的价值不能小看，有很多有关周代社会的生产关系、劳动情况等重要记载，在别处找不到的，在《周颂》里却有一些。”③ 可见，《诗》在反映历史面貌方面有不可替代的作用。

从史学的观点来看，《国风》的历史价值不如《雅》《颂》，但其中也有一些反映人民生活状况和社会习俗的篇章，具有史诗的性质。如《豳风·七月》篇，具体描写了一年十二月的各种

---

① 白寿彝：《中国史学史》第一卷，上海人民出版社 2006 年版，第 133 页。

② 以上关于《雅》《颂》的内容等，参考白寿彝：《中国史学史》第一卷，上海人民出版社 2006 年版，第 133 页。王宗石编著：《诗经分类诠释》，湖南教育出版社 1993 年版。

③ 白寿彝：《史记新论》，求实出版社 1981 年版，第 15-16 页。

物候以及人们从事生产的全过程，包括耕种、植桑养蚕、染织、狩猎、筑场、酿酒、凿冰等。诗中反映了当时的农业发展情况，如种植谷物的品种及农业技术等，还反映出生产者与统治者在衣、食、住等方面的鲜明对比。有学者指出："诗中物候，与《月令》《夏小正》大都符合，据专家近年实地考察，证明和现在陕西西部气候相同。"① 可以认为，此诗对于研究周代社会具有重要的历史价值。又如《魏风·伐檀》和《魏风·硕鼠》等篇，字里行间流露出生产者对于统治者的不满与反抗，有助于了解当时的阶级关系。

总的来看，《诗》从一个方面所反映出来的西周至春秋时期的社会面貌，具有其真实性和生动性，这正是史诗的特征。

二、史学价值

《诗》之史的品格，还表现在它所具有的史学价值，即在中国史学的兴起时期促进了历史编纂学的发展，以及蕴含着鲜明的历史鉴戒思想。

史诗是继甲骨文、金文、《尚书》等文字记载之后，在史学兴起时期的另一种表现形式。从史书编撰的角度来看，史诗的体裁在后来没有得到继承和发展，但其中包含着一些新的因素，对于后来出现的一些历史体裁有创始的意义。一是传记体。《诗》中的一些篇章专记一人，如《大雅·生民》篇叙述了周族始祖

---

① 王宗石编著：《诗经分类诠释》，湖南教育出版社1993年版，第353页。

后稷神奇诞生、发展农业、定居部地以及首创祭天的主要事迹；《大雅·公刘》篇记述了公刘率领民众迁至豳地、视察地形、营造馆舍、建立国家的整个过程。这两篇歌咏古代英雄人物的传说，“在体例上是上继远古传说的遗风，下开历史传记的端绪”[①]。这种传记体的体裁在以前的甲骨文、金文、《尚书》中是没有的，反映了史书编撰上的一个新发展。二是纪事本末体。《诗》中的一些篇章专记一事，如《大雅·崧高》篇记述了周宣王封申伯于谢邑，并命召公为之经营准备的事情经过；《大雅·韩奕》篇记述了韩侯受周宣王册封，并娶汾王外甥女一事；《大雅·江汉》篇叙述了周宣王平定淮夷叛乱并命召伯虎经营淮夷各地的事情经过等。这种专记一事的体裁也表现在《尚书》的《金縢》《顾命》中，蕴含着纪事本末的因素。三是历史评论的形式。《诗》中的一些篇章是对先王品德、功业的赞美与歌颂，这在《颂》中有突出的反映。《毛诗序》讲：“颂者，美盛德之形容，以其成功，告于神明者也。”[②] 如《周颂》的《思文》篇高度评价了周始祖后稷推广农业、万民得利的伟大功业；《维清》与《维天之命》篇讲“维清缉熙，文王之典”，“于乎不显，文王之德之纯”，着重赞美了文王崇高至美的德行；《昊天有成命》篇讲“成王不敢康，夙夜基命宥密。于缉熙，单厥心，肆其靖之”，充分肯定了周成王的勤勉造就了国家的安宁。是否可以这样认为，《颂》中对于先王的歌咏，具有历史评论的性质，对于后世史书中

① 白寿彝：《中国史学史》第一卷，上海人民出版社2006年版，第135页。
② 《毛诗序》，《十三经注疏》本，中华书局1980年版，第272页。

的历史评论形式，如《左传》的“君子曰”、《史记》的“太史公曰”等，有创始的意义，可以看作“历史论赞的远祖”[①]。

从历史思想的角度来看，《诗》中的一些篇章蕴含着鲜明的历史鉴戒思想，如《大雅·荡》讲“殷鉴不远，在夏后之世”，《大雅·文王》讲“殷之未丧师，克配上帝。宜鉴于殷，骏命不易”。这些诗句提出了要以夏、殷灭亡的历史为鉴戒，反映了当时统治者对于历史与现实关系的一种认识，并主张从历史中总结经验教训。这种思想也见于《尚书》的诸多诰文之中，如《尚书·周书·召诰》提到的“我不可不监于有夏，亦不可不监于有殷”。这种历史鉴戒思想成为史学兴起的一种标志，对后世历史思想的发展产生了深远影响。

当然，我们应当注意到，《诗》中的史诗，半是诗歌，半是史篇，从严格的历史记载的要求来说，它们有很多的缺陷，如没有明确的时间，写得笼统而夸张，而且包含着许多传说色彩等。但史诗作为史学兴起的最初表现形式之一，它所具有的史学价值，对史学的发展产生了重要作用。诚如瞿林东先生所说：“在史学萌芽时期，当各种历史记载还很不完备的时候，史诗作为一种独立的创作形式（世界上拥有古老文明传统的民族或国家多曾经出现过这种创作形式）不仅在一定的程度上反映了历史的面貌，而且也可以同其他形式的历史记载（如《尚书·周书》《逸周书》中的有关篇章以及金文）相互印证、相互补充，成为

---

① 白寿彝：《中国史学史》第一卷，上海人民出版社2006年版，第135页。

当时历史记载不可缺少的一部分。在多民族共同创造的中华文明史上，有些民族后来创作了规模宏大的史诗，成为研究这些民族历史发展和史学发展的重要文献。《雅》《颂》和后来出现的各个民族的史诗，在中国史学发展上都具有自己的历史价值。”① 从这个意义上说，古老的史诗的史学价值，正是它的天然属性所在。

第二节　引《诗》寓意折射出来的史学批评

一、引诗论为政之道

西周、春秋时期，《诗》在当时的社会生活中非常普及。人们在讨论问题时，在谈论时政时，或者在评论人物时，往往都要引《诗》以引申这种讨论、谈论、评论之意。这在战国早期的私人历史撰述《左传》和《国语》中有着突出的反映。② 《左

① 瞿林东：《中国史学史纲》，北京出版社 1999 年版，第 127–128 页。

② 在先秦文献中，《左传》引《诗》赋《诗》最多，并受到历代学人的关注。清人顾栋高在《春秋大事表》中列有《左传》赋《诗》二十八例。（参见顾栋高：《春秋大事表》卷四七《春秋左传引据诗书易三经表》，吴树平、李解民点校本，中华书局 1993 年版，第 2555–2561 页）清人赵翼指出：《国语》引诗凡三十一条，《左传》引诗共二百十七条。（参见赵翼：《陔余丛考》卷二“古诗三千之非”，上海古籍出版社 2011 年版，第 23 页）今人朱自清统计：“《左传》所记赋诗，见于今本《诗经》的，共五十三篇：《国风》二十五，《小雅》二十六，《大雅》一，《颂》一。引诗共八十四篇：《国风》二十六，《小雅》二十三，《大雅》十八，《颂》十七。重见者均不计。再将两项合计，再去其重复的，共有一百二十三篇：《国风》四十六，《小雅》四十一，《大雅》十九，《颂》十七，占全诗三分之一强，可见《诗三百》当时流行之盛之广了。”（参见朱自清：《诗言志辨》，安徽师范大学出版社 2016 年版，第 62 页）其他相关的研究论著如下：季冰：《左传中赋诗通则的探索》，《清华周刊》1933 年第 10 期。孔慧云：《左传用诗初探》，《郑州大学学报》（哲学社会科学版）1997 年第 4 期。杨向时：《左传赋诗引诗考》，中华丛书编审委员会 1972 年版。曾勤良：《左传引诗赋诗之诗教研究》，文津出版社 1993 年版；等等。其中曾勤良之书遵循《左传》一书编年记事的顺序，依次论列了春秋鲁国十二公（隐、桓、庄、闵、僖、文、宣、成、襄、昭、定、哀）引《诗》、赋《诗》之处，共统计为二百五十六条，并列为简表：凡《诗》篇名及内容、出自《左传》某年所引、所赋，以及《诗》之含义等，极便于读者阅读和理解。

传》除记述春秋时人的引诗风尚外，其作者（当不必视为一时一人）也往往以“君子曰”的形式引诗论事以张扬其义。就西周、春秋时人以及《左传》“君子曰”引用《诗》的类型来说，大致有两种情况：一是引用《诗》的本义，将《诗》所述及的历史人物的德行或史事等看作一种历史经验或历史鉴戒，或在肯定《诗》所述及的历史事实的基础上将《诗》作为一种格言或准则，从而借以佐证或提升其所发之论；二是脱离《诗》的本义，将诗句所述引申发挥，或断章取义，或以诗为喻，据以表情达意，即所谓“诗言志”①。就前一种情况而言，它不仅是《诗》之史的品格的表现，也从一个侧面反映了时人以《诗》为史的观念。在这种观念下，人们引诗论政明理，并用以指导修身与治世，蕴含着丰富的教化思想。这种思想包含着人们对于《诗》之社会功用、社会价值的感受与认识，可以视作关于《诗》的一种史学批评。

总体来看，西周、春秋时人以及《左传》“君子曰”引诗为教的思想，最为重要的两个方面涉及为政之道与人生修养。先来看为政之道，具体包括要求执政者以德治民、以史为鉴、知人善任等。比如《国语·周语上》所载祭公谋父引《诗》劝谏周穆王勿征犬戎、以德治民一事：

穆王将征犬戎，祭公谋父谏曰：“不可。先王耀德不观

① 《尚书·尧典》，王世舜《尚书译注》本，四川人民出版社1982年版，第18页。

兵。夫兵戢而时动，动则威，观则玩，玩则无震。是故周文公之《颂》曰：‘载戢干戈，载櫜弓矢。我求懿德，肆于时夏，允王保之。’先王之于民也，懋正其德而厚其性，阜其财求而利其器用，明利害之乡，以文修之，使务利而避害，怀德而畏威，故能保世以滋大。”①

这里，祭公谋父所引诗出自《周颂·时迈》，诗的主旨歌颂了周武王定国之后息战争、施德政，以保天下。按祭公谋父所讲，此诗反映了周武王的德政，可以作为周穆王施政的指导原则，因此祭公谋父引此诗用以佐证说明“先王耀德不观兵”及以德治民的道理。这可以看作是祭公谋父对于《诗》之鉴戒作用的认识。

又如《国语·周语上》所载芮良夫引诗劝谏周厉王效法先王德政而勿用荣夷公一事。因荣夷公好专利并得到周厉王的宠信，芮良夫深刻论述了专利的危害，指出：

夫荣公好专利而不知大难。夫利，百物之所生也，天地之所载也，而或专之，其害多矣。天地百物，皆将取焉，胡可专也？所怒甚多，而不备大难，以是教王，王能久乎？夫王人者，将导利而布之上下者也，使神人百物无不得其极，

① 所谓“周文公之《颂》”，据韦昭注：“文公，周公旦之谥也。《颂》，《时迈》之诗也。武王既伐纣，周公为作此诗，巡守、告祭之乐歌也。”（参见《国语·周语上》，韦昭注本，上海古籍出版社 1978 年版，第 2 页）

犹日怵惕，惧怨之来也。故《颂》曰："思文后稷，克配彼天。立我蒸民，莫匪尔极。"《大雅》曰："陈锡载周。"是不布利而惧难乎？故能载周，以至于今。今王学专利，其可乎？匹夫专利，犹谓之盗，王而行之，其归鲜矣。荣公若用，周必败。①

这里，芮良夫所引诗句分别出自《周颂·思文》以及《大雅·文王》，诗句主要歌颂了周始祖后稷以及周文王赐福于天下万民的崇高德行，故而奠定、成就了周王朝的基业，直至于今。芮良夫引用两诗，意在劝谏周厉王应以先王之德行为榜样，"导利而布之上下者"而勿学专利。他尖锐地指出："荣公若用，周必败。"公元前841年，国人因不满周厉王的与民争利的"专利"政策及残酷剥削，起而暴动，周厉王仓皇逃跑，最终死于彘（今山西省霍州市），周王室走向衰微。芮良夫的预言被历史所验证。

再如《国语·周语下》所载太子晋引诗劝谏周灵王以夏、商灭亡为鉴戒一事。史载，周灵王时，王城北的谷水与王城南的洛水争抢水道，侵凌王宫，灵王欲堵塞谷水。对此太子晋坚决反对，并极力劝谏。他讲到了古之圣王行事遵循天地法度的道理，列举了历史上有关治理河水的正反两个方面的例子，如共工氏和有崇伯鲧因堵塞河水而招致天灾人祸，大禹因疏浚河道而受到上

① 《国语·周语上》，韦昭注本，上海古籍出版社1978年版，第12-13页。

天的嘉奖和保佑等。继而，他回顾了周先王创业的艰难，即“自后稷之始基靖民，十五王而文始平之，十八王而康克安之，其难也如是”，并指出了“自我先王厉、宣、幽、平而贪天祸，至于今未弭”的教训等。在此基础上，太子晋劝告周灵王应当以九黎、三苗之灭以及夏、商之亡为鉴，并引用“殷鉴不远，在夏后之世”的诗句加以说明。这一诗句出自《大雅·荡》，主旨在于告诫统治者要借鉴殷朝灭亡的教训，蕴含着鲜明的历史鉴戒思想。可以认为，太子晋承认此诗的历史意义，并将之作为一种格言用以指导施政，这是对《诗》之历史鉴戒思想的一种肯定，也可以看作是对《诗》的一种评论。值得注意的是，太子晋还讲到“观夫前哲令德之则”“咨之前训”“观之诗书，与民之宪言”等，认为这些都应当效法和借鉴。

另如《左传·成公八年》“君子曰”引诗称赞晋卿栾书从谏如流、善用人才一事。晋景公十三年（前587），栾书任中军统帅。作战期间他能够从谏如流，听从知庄子、范文子、韩献子等人的谏言，相继在十五年（前585）救郑、十七年（前583）侵楚、侵沈之战中有所收获。针对栾书之行事，《左传》作者评论道：

君子曰：“从善如流，宜哉！《诗》曰：‘恺悌君子，遐不作人？’求善也夫！作人，斯有功绩矣。”

此处，“君子曰”所引诗句出自《大雅·旱麓》的第三章，意为快乐平易之君子，何不善用人才。一般认为，此诗旨在歌颂周文王之盛德。这里，《左传》作者将诗句所述作为一种施政指导，借以告诫执政者善用人才之重要性，如此方可取得功绩。

此外，春秋时期列国纷争，如何处理各诸侯国之间的政治往来，也成为春秋时人及《左传》作者引诗论政的一个重要内容。例如《左传·桓公十二年》“君子曰”引用诗句说明诸侯国会盟当守信一事。史载，鲁桓公为调解郑国与宋国关系，在宋地多次会盟要求郑、宋和好，终因宋国无信而导致鲁、郑联合伐宋，造成战乱之祸。对于这一事件，《左传》作者以“君子曰”的名义评论道：“苟信不继，盟无益也。《诗》云：‘君子屡盟，乱是用长’，无信也。”① 这里，“君子曰”所引诗句出自《小雅·巧言》的第三章，意思是讲天子虽多次盟誓，但盟而不信，从而徒增祸乱。原诗的主旨是讲统治者因听信小人谗言而导致社会的祸乱。《左传》作者据宋国之无信而论及“盟”与“信”的关系：“盟”本为了守“信”，若无“信”，“盟”之无益，并引《小雅·巧言》之诗句加以佐证，不仅肯定了其所反映的历史事实，并将之作为一种历史经验或政治格言看待。从一定意义上说，这一诗句可以看作是对现实政治活动的一种写照，同时又为人们引用以说明现实政治。从史学的观点来看，这也反映了史与诗的密切联系。

会盟为了守“信”，同样，诸侯国之间“交质”亦如此。

---

① 《左传·桓公十二年》，杨伯峻《春秋左传注》本，中华书局1990年版，第134页。

《左传·隐公三年》记周、郑交质而变为周、郑交恶一事，“君子曰”引诗借喻其意以论“信”与“交质”的关系，并尖锐地道出：“信不由中，质无益也。”这一类的“交质”，成了《诗》的讽刺对象。换言之，人们把《诗》作为评论时事的思想依据。

类似的例子还见于《国语·楚语上》所载白公子张引用《小雅·节南山》“弗躬弗亲，庶民弗信”句劝周灵王善于纳谏并取信于百姓；《左传·襄公二十六年》所记蔡国大夫公孙归生引用《大雅·瞻卬》“人之云亡，邦国殄瘁”讲治国之道当善用人才；《左传·昭公二十六年》所记晏婴引用诗句“我无所鉴，夏后及商。用乱之故，民卒流亡”，劝谏齐景公应以夏、商之亡为借鉴勤政修德；等等。

二、引诗论人生修养

西周、春秋时人以及《左传》“君子曰”引诗为教的第二个重要内容是人生修养方面。《诗》中本有对成汤、文王、武王等先王圣贤之人嘉言懿行的记载与颂扬，春秋时期，一些彰显圣贤之人美德的诗句被人们作为立身处世的格言予以引用。这类用诗的例子比较突出，所涉及的内容包括忠、孝、礼、信等。

比如《左传·文公三年》载时人君子引诗评孟明视之忠。孟明视是春秋时期秦穆公的重要将领。他曾率师伐晋，接连两次战败。然孟明视并不因此而懈怠，日日苦练兵卒，终于秦穆公三十六年（前624）取得伐晋的胜利，并辅佐秦穆公称霸西戎。对于孟明视的行事，时之君子发表评论说：“《诗》曰：‘夙夜匪解，以事一人’，孟明有焉。”这里所引诗句出自《大雅·烝民》的第四章，意思是早晚不懈怠，勤谨地侍奉君主一人。原诗主旨是歌颂周宣王时大臣仲山甫的高尚品德。此处所引充分肯定了诗句的历史意义，并将之作为一种准则，用以赞颂孟明视之忠于秦穆公，并寄寓教忠之深意。

又如《左传·隐公元年》所记“君子曰”引诗评颍考叔之孝。颍考叔，春秋郑庄公时之大夫。他非常孝顺母亲，将庄公所赐美食皆留给其母。其时，郑庄公因与胞弟共叔段之间的夺权斗争而怨恨其母武姜偏心，在讨伐共叔段后将武姜迁于颍地，并立下“不及黄泉，无相见也”的誓言。庄公受到颍考叔的孝心感化，在颍考叔的规劝下，挖一隧道见母，最终母子和好如初。对于此事，《左传》以“君子曰”的名义发表评论说：

君子曰：“颍考叔，纯孝也，爱其母，施及庄公。《诗》曰‘孝子不匮，永锡尔类’，其是之谓乎！”

这里“君子曰”所引诗句出自《大雅·既醉》的第五章，意为孝子之子孙将世代相传，族类繁荣。原诗本为周人祭祀祖先仪式中的一种祝词，祝福主人长寿，孝子贤孙绵延不绝。《左传》作者据史事而论颍考叔之“纯孝”，将此诗句作为一种格言借以佐证其论，认为其具有告诫世人恪尽孝道的作用。

再如《左传·昭公三年》记“君子曰”引诗以申明礼之重要。鲁昭公三年（前 539），郑卿公孙段相郑简公出使晋国，因恭敬谦卑、“礼无违者”得到晋平公的嘉奖。《左传》作者据此事发表评论：

> 君子曰：“礼，其人之急也乎！伯石之汏也，一为礼于晋，犹荷其禄，况以礼终始乎！《诗》曰：‘人而无礼，胡不遄死’，其是之谓乎！”

《左传·襄公三十年》有载公孙段欲为卿而伪让者三，“子产是以恶其为人也”。“君子曰”是以认为伯石（公孙段之字）本为骄汏之人，然仅因在晋国礼节周到而受到赏赐，何况终身守礼之人。《左传》作者由此感慨尊礼对于人之为人的重要性，并引诗句“人而无礼，胡不遄死”为证。这里所引诗句出自《鄘风·相鼠》的第三章，意在讥刺那些不讲究礼仪之人，认为他们连鼠类都不如。显然，《左传》作者认可此诗所具有的告诫时人尊礼的教化意义。周礼在西周施行了四百年之久，春秋时期仍有其影响，尊礼依然是人们的立身之本，故处于春秋末年的孔子强调“不学礼，无以立”[①]。

另如《左传·哀公五年》所记郑国子思引诗教人谨守其职一事。郑国驷秦富有奢侈，他身为下大夫，却常僭越礼制使用卿的车马服饰，终招致杀身之祸。子思因驷秦事感慨“不守其位而能久者鲜矣”，并引用诗句“不僭不滥，不敢怠皇，命以多

① 《论语·季氏》，杨伯峻《论语译注》本，中华书局1980年版，第178页。

福”以佐证其论。这里，子思所引诗句出自《商颂·殷武》的第四章，旨在缅怀商代先王成汤之盛德，颂其行事谨慎，不越礼，不放纵，不懈怠，因此上天赐予各种福禄。子思认可此诗句所反映的先王美德，并将之作为一种处世准则，即谨守其职，不可僭越放纵，于引诗中寄寓了一定的教化意义，从中也可以看出子思对于《诗》在规范人生方面的功用的认识。

此外还有《左传·襄公二十二年》“君子曰”引诗告诫时人当存忧患意识。史载：

> 郑公孙黑肱有疾，归邑于公，召室老、宗人立段，而使黜官、薄祭。祭以特羊，殷以少牢，足以共祀，尽归其余邑，曰：“吾闻之，生于乱世，贵而能贫，民无求焉，可以后亡。敬共事君与二三子。生在敬戒，不在富也。”

针对郑国公孙黑肱告老归邑及告诫子嗣言行，《左传》以“君子曰”的名义发表评论说：“善戒。《诗》曰‘慎尔侯度，用戒不虞’，郑子张其有焉。”① 子张，即公孙黑肱。这里，“君子曰”所引诗句出自《大雅·抑》的第五章，意思是谨慎地遵守法度，以防备意外之事的发生。原诗主旨在于告诫统治者要重视个人的德行与修养。《左传》据史事而论子张之“善戒”，并引《大雅·抑》之诗句作为评论依据，不仅肯定了诗句的历史意

---

① 《左传·襄公二十二年》，杨伯峻《春秋左传注》本，中华书局1990年版，第1068页。

义，并将之作为一种历史鉴戒，反映了《左传》作者对于《诗》之教育意义的认识。联系当时的历史形势来看，此处“君子曰”引诗所讲规诫之意，无疑是一种忧患意识的反映。当时郑国周旋于势力强大的晋国和楚国之间，公孙黑肱作为郑国的一个贵族，所思所虑是如何使其宗族在这动荡的时代中得以生存和延续，正是这种忧患意识，使他发出这样的告诫：“生于乱世，贵而能贫，民无求焉，可以后亡”，“生在敬戒，不在富也”。联想到春秋时期一位名叫史墨的史官所说的“《诗》曰：‘高岸为谷，深谷为陵。’三后之姓于今为庶”[①] 的社会历史变化，可以想见，公孙黑肱的规诫，不仅对于一个宗族来说是极重要的，而且对于任何一个诸侯国来说，也是极其重要的。

类似的例子还见于《左传·僖公十二年》记载齐国管仲礼让之事，《左传》作者以“君子曰”的口吻引诗“恺悌君子，神所劳矣”以示称美，揭示明礼的重要性；《左传·昭公元年》所载晋国赵武引用《大雅·抑》“不僭不贼，鲜不为则”说明守信之人必能为众人之楷模；《左传·昭公二年》所记晋国叔向引用《大雅·民劳》“敬慎威仪，以近有德”称赞鲁国叔弓知礼并寓以教人忠信谦让之意；等等。

以上所讲西周、春秋时人以及《左传》“君子曰”引诗的事例，都建立在承认《诗》的历史意义的基础上，或引《诗》反映先王的德行，或引《诗》作为一种格言或历史经验，从而用

---

① 《左传·昭公三十二年》，杨伯峻《春秋左传注》本，中华书局1990年版，第1520页。

以指导施政、规范人生。这些不仅反映了人们以《诗》为史的观念，也显示出人们已经清楚地认识到《诗》所具有的一种教化功用和鉴戒意义。

第三节　诗教与中国最早的历史教育

一、“教之诗，而为之导广显德”

如果说以上西周、春秋时人引《诗》为教间接地折射出一种史学批评的萌芽，那么春秋时人申叔时与孔子明确论述诗教与人生修养的言论，则构成先秦史学批评的重要内容。

申叔时是春秋中期楚国的大夫，主要活动于楚庄王、楚共王时期。[①] 他对诗教的认识着眼于蓄德明志。史载，楚庄王任用士亹当太子箴的老师，士亹询问大夫申叔时应当用哪些书来教导太子，申叔时如此回答道：

> 教之春秋，而为之耸善而抑恶焉，以戒劝其心；教之世，而为之昭明德而废幽昏焉，以休惧其动；教之诗，而为之导广显德，以耀明其志；教之礼，使知上下之则；教之

① 关于申叔时的言行事迹，主要载于《左传》和《国语》。其中《左传》有四处记载，一是《宣公十一年》所记申叔时谏楚庄王复封陈，二是《宣公十五年》所记申叔时谏楚庄王以“筑室反耕”之策持久守宋而获胜，三是《成公十五年》所记申叔时论信、礼，四是《成公十六年》所记申叔时论德、刑、详、义、礼、信为战之器，并预言楚晋鄢陵之战必败。（参见杨伯峻、徐提编：《春秋左传词典》，中华书局1985年版，第219页）《左传》中的四处记载反映了申叔时深刻的政治见解和军事思想 。《国语》仅在《楚语上》有一处记载，即申叔时论傅太子之道，反映了申叔时的教育思想。

乐，以疏其秽而镇其浮；教之令，使访物官；教之语，使明其德，而知先王之务用明德于民也；教之故志，使知废兴者而戒惧焉；教之训典，使知族类，行比义焉。[①]

从相关记载来看，楚国君臣非常重视教育太子之事，而申叔时在这方面似有很大的影响。这里，申叔时将《诗》列为教导楚国太子的重要文献典籍，认为“教之诗，而为之导广显德，以耀明其志”。申叔时所讲的“诗”，应为孔子删《诗》以前《诗》的流传本。[②] 据三国时人韦昭注：“显德，谓若成汤、文、武、周邵僖公之属，诸诗所美者也。”按申叔时之意，“诗”中包含着对成汤、文王、武王等先王美德的彰显与颂扬，教育太子以此明志，提高道德修养。这明确谈及《诗》对于品德修养的重要意义。春秋时期，“诗”已深入上层社会的政治与文化生活中，“不学诗，无以言”[③] 是那个时代的鲜明写照，这在《左传》《国语》等史书中都有突出的反映。“诗”自然成为当时贵族子弟必修的一门课程，这也是申叔时为楚太子开列“诗”的一个重要原因。

值得关注的是，除了《诗》以外，申叔时还提出了“春秋”“世”“礼”“乐”“令”“语”“故志”“训典”等其他八种所要

---

① 《国语·楚语上》，韦昭注本，上海古籍出版社 1978 年版，第 528 页。

② 有学者研究，从西周至春秋中叶，各诸侯国的太师负责收集、整理本国诗歌，然后选送给周太师。周太师经过删节、编选，汇总成一个统一的本子，分送各国，供贵族子弟学习和乐工演唱。《周礼·春官·大师》即有“教六诗”的说法。到春秋初年，应该已经形成一种有三百多首诗的本子。（参见袁长江：《先秦两汉诗经研究论稿》，学苑出版社 1999 年版，第 1–19 页）

③ 《论语·季氏》，杨伯峻《论语译注》本，中华书局 1980 年版，第 178 页。

“教之”的文献，以及这些文献在教育太子方面所能起到的作用。从总体来看，这些书大多数为史书。申叔时对这些史书及其教育功用的认识，反映了他的历史教育思想，自然也属于先秦史学批评的重要内容。

通观申叔时所讲，这些文献的教育功用虽各有侧重，然用以教导太子的基本理念大致可概括为修身与理政、蓄德与明道。

关于修身，主要通过学习“礼”“乐”予以实现。申叔时所讲的“礼”与“乐”，性质当同于儒家传习的《仪礼》和《乐经》。《礼记·乐记》有载：“乐者为同，礼者为异。同则相亲，异则相敬……礼义立，则贵贱等矣。乐文同，则上下和矣。”礼和乐作为维护西周等级制度相辅相成的两个方面，其意义在于明尊卑贵贱，和同上下情感，自然成为当时贵族子弟必修的课程。《礼记》有载：“乐正崇四术，立四教，顺先王《诗》《书》《礼》《乐》以造士。春秋教以《礼》《乐》，冬夏教以《诗》《书》。王大子，王子，群后之大子，卿大夫元士之嫡子，国之俊选，皆造焉。”[①] 楚国虽被许多诸侯国称为蛮夷之地，然在太子教育方面并不落后。申叔时为太子开列“礼”“乐”，并称“教之礼，使知上下之则”，“教之乐，以疏其秽而镇其浮”，强调太子通过学习“礼”和“乐”，以明等级秩序，陶冶情操，规范自身的言行，达到修身的目的。

如果说“礼”“乐”着眼于修身的需要，那么“令”和

① 《礼记·王制》，《十三经注疏》本，中华书局1980年版，第1342页。

“训典”则着眼于太子作为国君继承者理政的需要。申叔时所讲的“令”，三国时人韦昭注为“先王之官法、时令也”。关于“官法”，按《周礼·天官·大宰》记大宰之职“以八法治官府……六曰官法，以正邦治”。东汉郑玄指出：“官法，谓职所主之法度，官职主祭祀、朝觐、会同、宾客者，则皆自有其法度。”[①] 清孙诒让认为：“邦之大事，各有专法，著其礼节名数，若今会典、通礼之属，一官秉之，以授众官，使各依法共治之，是谓官法。若大司徒之地法，小司徒之比法，大司马之战法，后世谓之司马法，县师之县法，稍人谓之县师之法，皆是也。”[②]这就是说，官法是百官履行职责时所应遵循的法令法规，每一种官职均应遵守本职内的官法。关于“时令”，按《礼记·月令》载，季冬之月，“天子乃与公卿大夫共饬国典，论时令，以待来岁之宜”。清孙希旦指出：“时令，随时之政令”，“时令无常，故须商度所宜而行”。[③] 是否可以认为，时令是统治者按时节变换发布的政令教化。据此，申叔时所讲“令”，当为百官所应遵循的法令法规。关于“令”的教育意义，按申叔时所说：“使访物官。”据韦昭注：“访，议也。物，事也。使议知百官之事业。”可以认为，“令”为先王之官法、时令，百官所应遵循的法令法规等，教于太子，可以使其明晓百官职掌，并据此考察百官是尽职还是失守。这主要着眼于太子作为国君继承者的特殊

① 《周礼·天官·大宰》，《十三经注疏》本，中华书局1980年版，第645页。
② 孙诒让：《周礼正义》，中华书局1987年版，第66页。
③ 孙希旦：《礼记集解》，中华书局1989年版，第503-504页。

身份。

申叔时所讲的“训典”，韦昭注为“五帝之书”。除此处外，《国语》《左传》还有四处明确讲到“训典”：一是《国语·周语上》所载祭公谋父在劝谏周穆王勿征犬戎时讲到先王不窋的德政，即如“纂修其绪，修其训典”等；二是《国语·晋语八》所记晋国正卿范宣子家臣訾祏论及范氏先辈范武子之功德，即如“居太傅，端刑法，缉训典，国无奸民，后之人可则”；三是《国语·楚语下》所载楚国大夫王孙圉将左史倚相视为楚之宝，因其“能道训典，以叙百物，以朝夕献善败于寡君，使寡君无忘先王之业”；四是《左传·文公六年》有古之王者“予之法制，告之训典”的记载。对此，西晋杜预注为“先王之书”，近人杨伯峻认为《左传》所讲“训典”同于《国语》，“训典盖典章制度之书”[①]。近人顾颉刚指出，“训典”是为先秦古书《五典》[②]，“此书所载，有记‘族类’如《帝系》，有记‘行义’如《周礼》，故可以教太子使知治国之纲要，又可以献楚王使知历代列国之成败。以后世作帝王教材之书拟之，则司马光之《资

① 《左传·文公六年》，杨伯峻《春秋左传注》本，中华书局1990年版，第548页。

② 关于“训典”为《五典》，而韦昭将“训典”注为“五帝之书”，或许是受东汉经学家郑玄的影响。陈瑑《国语翼解》根据《周礼·外史》“掌三皇五帝之书”认为：“教之训典，即外史所掌之书，皆世臣之职也。”查郑玄《周礼》注：“楚灵王所谓《三坟》《五典》。”顾颉刚先生指出，郑玄注解乃援引《左传》文以入《周官》，“是为实定三皇之书为《三坟》、五帝之书为《五典》之开始”。这里，顾先生所说郑玄援引《左传》之文，出自《左传·昭公十二年》，原文如下：“左史倚相趋过，王曰：‘是良史也，子善视之！是能读《三坟》《五典》《八索》《九丘》。’”继而，顾先生联系《国语·楚语下》所载左史倚相“能道训典，以叙百物”以及《楚语上》所载申叔时讲“教之训典”，认为“倚相所掌者实为《训典》”。（以上具体参见陈瑑：《国语翼解》卷五，中华书局1991年版，第120页。《周礼·春官·外史》，《十三经注疏》本，中华书局1980年版，第820页。顾颉刚：《三坟五典》，载于张舜徽主编：《中国历史文献研究》（一），华中师范大学出版社1986版，第7-8页）

治通鉴》及杜佑之《通典》，作用仿佛相同”[①]。按照顾颉刚先生的说法，“训典”的内容主要涉及典章制度以及历代兴亡的史实，教育作用有如《资治通鉴》与《通典》。如同左史倚相可以“训典”“献善败于寡君”，申叔时则用“训典”来教育太子了解先王治国安邦之道，并注重以史为鉴。

关于畜德，通过学习“诗”“世”“语”予以实现。关于《诗》对于品德修养的重要意义前面已经述及，这里重点来看“世”和“语”的教育意义。申叔时所讲的“世”，有世系、谱牒等解，当是记载天子、诸侯等贵族世系的一种文献。[②] 如韦昭注：“世，谓先王之世系也。”清人吴增祺补注：“世系犹谱牒也。”[③] 它的教育意义，按申叔时所说：“为之昭明德而废幽昏焉，以休惧其动。”韦昭注解：“为之陈有明德者世显，而暗乱者世废也”，“使之嘉显而惧废也”。显然，“世”乃记载天子、诸侯等贵族世系的一种文献，教于太子，使其明晓有德者世系长，而无德者世系短，从统治时间长短的角度告诫太子要心存戒惧，提高品德修养。“语”是先秦时期一种以记言为主的文献体裁。有学者指出：“这在春秋时期的书籍中是一种固定的体裁，

---

① 顾颉刚：《三坟五典》，载于张舜徽主编：《中国历史文献研究》（一），华中师范大学出版社 1986 版，第 8 页。

② 王树民认为，各国皆有《世》，《世本》一书便是战国末年以各国的《世》为依据合编而成的。（参见王树民：《中国史学史纲要》，中华书局 1997 年版，第 29–30 页）

③ 吴增祺：《国语韦解补正》卷一七《楚语上》，商务印书馆 1933 年版，第 100 页。

称为'语'。语，就是讲话。语之为书既是文献记录，也是教学课本。"[①] 申叔时所说的"语"，当是一种教学课本。在申叔时看来，"语"的教育意义在于"使明其德，而知先王之务用明德于民也"。据韦昭注："语，治国之善语。""语"所承载的内容主要涉及先贤圣王如何治国的言论，包含先王的德政思想。正因如此，申叔时指出"语"的教育功用在于明德，通过学习先王治国的嘉言懿行，提高道德修养。这种教育自然也是着眼于太子作为国君继承者的身份。

关于明道，主要通过学习"春秋"以明是非善恶之义，学习"故志"以通治乱兴亡之道。"春秋"是为春秋时期各诸侯国国史的一种通名，也是鲁国史书的专名。鲁国之外，一些诸侯国的国史也有专名，如晋谓之《乘》，楚谓之《梼杌》。《孟子·离娄下》载："晋之《乘》，楚之《梼杌》，鲁之《春秋》，一也。"[②] 这里申叔时所讲的"春秋"，具体内容当是楚国的国史，

---

① 张政烺：《〈春秋事语〉解题》，《文物》1977年第1期。又如，《中国古代史学史简编》中将春秋战国时期的史籍分为编年、谱牒、语、志等各种体裁，并将《国语》《战国策》归于语类。（参见仓修良、魏得良：《中国古代史学史简编》，黑龙江人民出版社1983年版，第44-54页）另，有的学者将"语"作为一种古老的文类，探讨了其分类、体用特征以及存在形式，并统计了先秦西汉时期关于"语"的丰富材料。（参见俞志慧：《古"语"有之：先秦思想的一种背景与资源》，华东师范大学出版社2010年版）

② 《孟子·离娄下》，杨伯峻《孟子译注》本，中华书局1960年版，第192页。

即孟子所言“楚之《梼杌》”。[①] 从史学史的观点来看，这种国史是按年记事的编年史，且记事遵循一定的法度，以周王朝的礼法制度为标准，从中判别善恶是非的观念。正因如此，申叔时将之作为太子必修的一门课程，指出其教育意义在于“为之耸善而抑恶焉，以戒劝其心”，这是强调了“春秋”示惩劝的价值，以此教导太子见善而法，见恶而戒。结合《国语·晋语七》所载，司马侯之所以向晋悼公推荐羊舌肸做太子傅，即认为羊舌肸“习于春秋”而符合“德义”。司马侯所讲的“春秋”与申叔时所讲“春秋”性质相同，当是晋国的国史。所谓“德义”，即“诸侯之为，日在君侧，以其善行，以其恶戒”。对此韦昭注为“善善为德。恶恶为义”。这实际上也讲到了春秋作为国史具有“善善恶恶”的功用，与申叔时所讲相通。申叔时所讲的“故志”，韦昭注为“所记前世成败之书”，其性质同于《左传》

---

① 申叔时所讲的“春秋”，据韦昭注：“以天时纪人事，谓之春秋。”又，《国语·晋语七》有“羊舌肸习于春秋”。这里的“春秋”与申叔时所讲“春秋”性质相同，对此韦昭注为：“春秋，纪人事之善恶而目以天时，谓之春秋，周史之法也。时孔子未作《春秋》。”清人董增龄《国语正义》于两处补注韦解皆引南宋王应麟之言，分别疏为：“王应麟曰：‘春秋，所谓楚之梼杌也。’”“春秋，晋史，王应麟曰：‘即孟子所谓晋之乘是也。’”显然，董增龄认同王应麟的观点，认为《楚语上》和《晋语七》所讲“春秋”，当为楚国、晋国各自的国史，只是未采用“梼杌”“乘”等专名。清人吴增祺《国语韦解补正》于两处对韦解作补注案：“观此则知凡诸侯之史，皆谓之春秋，不独鲁也。”“孟子曰‘晋之《乘》，楚之《梼杌》，鲁之《春秋》’，似春秋专为鲁史之名。其实列国之史，皆谓之春秋。如申叔时、司马侯皆云春秋，不言乘与梼杌也。盖春秋者，乃史之别名耳，不独鲁也。”这里，吴增祺明确提出“春秋”为各诸侯国国史的统称。从其讲“申叔时、司马侯皆云春秋，不言乘与梼杌也”，言外之意认为申叔时、司马侯所讲春秋，实即楚国和晋国各自的国史。从以上各家注解来看，申叔时所讲的“春秋”实为楚国的国史。（具体参见《国语·楚语上》《国语·晋语七》，韦昭注本，上海古籍出版社 1978 年版，第 528、445 页。董增龄：《国语正义》卷一七《楚语上》、卷一三《晋语七》，巴蜀书社 1985 年版，第 1085、928 页。吴增祺：《国语韦解补正》卷一七《楚语上》、卷一三《晋语七》，商务印书馆 1933 年版，第 99、57 页）

《国语》以及《吕氏春秋》所称引的“前志”和“上志”①，内容主要包含历史上的治乱兴衰之道，或如对夏、商、西周兴亡之道的总结。在申叔时看来，以“故志”教于太子，“使知废兴者而戒惧焉”，教育太子了解历史上的朝代治乱兴亡之道，明晓统治并非固定不变之理，从而以史为鉴，心存忧患与戒惧。

综上所述，申叔时关于教育太子的认识，阐发了“春秋”“世”“令”“语”“故志”“训典”等历史文献在修身理政、蓄德明道方面的意义，其核心思想在于德教。仅一百余字的话语中，申叔时四次提到“德”的内容，诸如“昭明德”“导广显德”“明其德”“务用明德于民”等。近人柳诒徵先生这样讲道：“至春秋时申叔时论教太子之法，言之尤详。所谓耸善抑恶、昭明废幽、广德明志、疏秽镇浮、戒惧休劝者，皆以史为工具而求

---

① 查《左传》《国语》《战国策》等先秦史籍，明确标以“故志”者仅此一处，另有称引“前志”者共三处，分别见于《左传》的《文公六年》《成公十五年》和《国语·晋语六》。《左传》中的两处皆为春秋时人称引《前志》之言而讲“忠”“节”之道，涉及个人立身处世之道。《国语·晋语六》所记为晋卿智武子评价成子之言，即“夫成子导前志以佐先君，导法而卒以政，可不谓文乎！”显然，这里的“前志”是成子借以辅佐国君的根据，可以推测其内容应包含历史上的治乱兴衰之道，从性质上讲同于申叔时所讲的“故志”。还应注意的是，《吕氏春秋》中有两处称引“上志”，分别见于《贵公》与《务大》篇，内容依次如下：

“四曰：昔先圣王之治天下也必先公。公则天下平矣，平得于公。尝试观于上志，有得天下者众矣，其得之以公，其失之必以偏。”

“二曰：尝试观于上志，三王之佐，其名无不荣者，其实无不安者，功大故也。俗主之佐，其欲名实也与三王之佐同，其名无不辱者，其实无不危者，无功故也。皆患其身不贵于其国也，而不患其主之不贵于天下也，此所以欲荣而逾辱也，欲安而逾危也。”

前者旨在阐述君主治国“必先公”的道理，其立论根据是“上志”所记“其得之以公，其失之必以偏”的正反两方面的经验教训。后者旨在阐述为臣之道，即个人私利要放在君主利益之后，否则会适得其反，其立论根据是“上志”所记“三王之佐”与“俗主之佐”名与实的鲜明对比。应当说，二者所引“上志”的内容涉及历史经验教训的总结，颇有以史资政之意，从性质上讲亦同于申叔时所讲的“故志”。其实，按中国文字的本意，“故”与“前”“上”皆有先代之意。

成其德也。”[①]“以史为工具而求成其德”，这句话凝聚了申叔时对于史书教育功用的认识，也蕴含着鲜明的史学批评思想。

还应指出的是，申叔时所讲的历史教育主要针对楚国太子而言，并非广义上的人民，这主要缘于当时“学在官府”的时代背景，同样也是史学在萌芽时期的一种必然表现。他的历史教育，立足于太子作为国君继承者的特殊身份，从中也折射出他对治国之道的认识，即以史为鉴，重视德教。

申叔时之后的四百余年，西汉贾谊作有《傅职》篇，专论辅佐教育太子者的职责、任务等，其中便援引《国语·楚语上》所载申叔时的话并结合自己的见解讲道：

> 或称春秋，而为之耸善而抑恶，以革劝其心。教之礼，使知上下之则宜。或称诗，而为之广道显德，以驯明其志。教之乐，以疏其秽，而填其浮气。教之语，使明于上世而知先王之务明德于民也。教之故志，使知废兴者，而戒惧焉。教之任术，使能纪万官之职任，而知治化之仪。教之训典，使知族类疏戚，而隐比驯焉。此所谓学太子以圣人之德者也。[②]

这段文字较之申叔时所讲稍有差异，所提七种文献“春秋”“诗”“礼”“乐”“语”“故志”“训典”及其教育意义皆相同，

---

① 柳诒徵：《国史要义》，上海古籍出版社2007年版，第96-97页。

② 贾谊：《新书·傅职》，阎振益、钟夏《新书校注》本，中华书局2000年版，第172页。

然少了“世”与“令”而增加了“任术”。查贾谊所讲“任术”的教育意义，在于知百官之职掌，明国家治理之道，实与申叔时所讲“教之令，使访物官”的意义相近，也是着眼于太子的特殊身份。在贾谊看来，这几种文献的教育功用在于“学太子以圣人之德”，这继申叔时之后再一次明确了史书在品德修养方面的功用。

重视历史教育是中国历史上的一个优良传统。早在春秋中期，楚国大夫申叔时便已深刻认识到历史教育的重要性，并表现出一种自觉性。他对“春秋”“语”“故志”等史书功用的阐述，反映了在史学的兴起时期历史教育与史学批评之间的一种关联，在先秦史学批评史上具有重要的地位。

二、“温柔敦厚，《诗》教也”

在中国历史上，影响最为深远的当属孔子的诗教。孔子（前551—前479），名丘，字仲尼，春秋末年鲁国（今山东曲阜）人，思想家、教育家和史学家。《史记·孔子世家》明确记载：“孔子以诗书礼乐教，弟子盖三千焉，身通六艺者七十有二人。”可见，孔子将《诗》用作教育弟子的重要内容。

孔子对诗教有明确的认识，《礼记·经解》引孔子曰：“入其国，其教可知也。其为人也，温柔敦厚，《诗》教也”，“《诗》之失愚”，“其为人也，温柔敦厚而不愚，则深于《诗》者也”。关于“温柔敦厚”句，唐孔颖达指出：“温谓颜色温润，柔谓情性和柔。诗依违讽谏，不指切事情，故云温柔敦厚是诗教也。”[①]这里所说的“依违”，主要指诗声和表达方式的委婉曲折。所说的“讽谏”，是“知祸患之萌，深睹其事，未彰而讽告焉”，是“谏而不露”“不显谏”，其主旨在于委婉。孔子推崇“讽谏”，他讲：“谏有五，吾从讽之谏。”[②] 据此可以认为，“其为人也，温柔敦厚，《诗》教也”，蕴含着《诗》的风格与人的品格，以“温柔敦厚”之《诗》，教人以“温柔敦厚”的性情。关于“《诗》之失愚”，指出了诗教的一种流弊。而“深于《诗》者也”，即“温柔敦厚而不愚”。对此，孔颖达释为：“《诗》主敦厚，若不节之，则失在于愚。”“此一经以《诗》化民，虽用敦厚，能以义节之。欲使民虽敦厚，不至于愚，则是在上深达于诗之义理，能以诗教民也。故云‘深于《诗》者也’。”[③] 这就是说，以《诗》为教，需“以义节之”，从而不失于愚。近人朱自清认为，“以义节之”，就是《诗大序》所讲的“发乎情，止乎礼义”，也就是儒家所说的“不偏之谓中”，“温柔敦厚”代表了儒家“中道”的思想传统。[④]

孔子重视诗教，这在《论语》和战国楚竹书《诗论》中有

① 《礼记·经解》孔颖达疏，《十三经注疏》本，中华书局 1980 年版，第 1609 页。

② 以上关于“讽谏”的内容参见班固：《白虎通》卷五“谏诤·五谏”，陈立《白虎通疏证》本，中华书局 1994 年版，第 235-236 页。其中，孔子所谓“谏有五”，具体说来：“其一曰讽谏，二曰顺谏，三曰窥谏，四曰指谏，五曰陷谏。讽谏者，智也。知祸患之萌，深睹其事，未彰而讽告焉。此智之性也。顺谏者，仁也。出词逊顺，不逆君心。此仁之性也。窥谏者，礼也。视君颜色不悦，且却，悦则复前，以礼进退。此礼之性也。指谏者，信也。指者，质也。质相其事而谏。此信之性也。陷谏者，义也。恻隐发于中，直言国之害，励志忘生，为君不避丧身。此义之性也。”

③ 《礼记·经解》孔颖达疏，《十三经注疏》本，中华书局 1980 年版，第 1609、1610 页。

④ 参见朱自清：《诗言志辨》，安徽师范大学出版社 2016 年版，第 122、127 页。

鲜明的反映。孔子经常与弟子谈《诗》[1]，并多次讲到学《诗》的重要性，如：

子曰："兴于《诗》，立于礼，成于乐。"

子曰："诵《诗》三百，授之以政，不达；使于四方，不能专对；虽多，亦奚以为？"

不学诗，无以言。

子曰："小子何莫学夫诗？诗，可以兴，可以观，可以群，可以怨。迩之事父，远之事君；多识于鸟兽草木之名。"[2]

孔子曰："诗亡离志，乐亡离情，文亡离言。"[3]

根据孔子所言，学《诗》是个人修身的基础，可以增长见识，可以"授政""专对"，可以"事父""事君"，可以表达个人的思想和心志；反之，则无以言。这实际指出了诗教对于个人修养、社会交往以及政治教化直至参与政治活动的重要作用。

---

① 如《论语》的《学而》篇所记与子贡谈《诗》，《八佾》篇所记与子夏谈《诗》，《阳货》篇所记与伯鱼讲《周南》《召南》的重要性等。

② 分别见《论语》的《泰伯》《子路》《季氏》《阳货》，杨伯峻《论语译注》本，中华书局 1980 年版，第 81、135、178、185 页。

③ 马承源主编：《上海博物馆藏战国楚竹书（一）》之《孔子诗论·释文考释》，上海古籍出版社 2001 年版，第 123 页。需要说明的是，这里马承源先生考释的"离"字，学者有着不同的释读，比如李学勤、裘锡圭先生释为"隐"，饶宗颐先生释为"吝"，廖明春先生释为"泯"等。这里采取李学勤、裘锡圭先生的观点，其文义同于《尚书·尧典》的"诗言志，歌永言"，"孔子之意当谓，如能细心体察，诗之志、乐之情、文之意都是可知的"。（具体参见黄怀信：《上海博物馆藏战国楚竹书〈诗论〉解义》，社会科学文献出版社 2004 年版，第 267－271 页）另，学界关于《诗论》的作者观点不一，主要有孔子、子夏、子羔、孔子再传弟子等几种看法，但普遍认同《诗论》反映了孔子对《诗》的认识和阐释，或总说诗的特点，或概括具体诗篇的题旨等，代表了早期儒家的《诗》学。

另外，孔子还经常引《诗》说事、评人、论政、明理等，这在《论语》《左传》《礼记》中多有记载。如《左传·昭公五年》载孔子引《大雅·抑》“有觉德行，四国顺之”句，赞美鲁叔孙昭子为政之道，即不赏私劳，不罚私怨。《左传·昭公七年》载孔子引《小雅·鹿鸣》“君子是则是效”句，称颂鲁孟僖子“能补过”，实为可效法之君子。《左传·昭公十三年》载孔子引《小雅·南山有台》“乐只君子，邦家之基”句，评论大夫子产为郑国的础石。又如《礼记·坊记》载孔子引《大雅·板》“先民有言，询于刍荛”句，论“上酌民言”；引《大雅·既醉》“孝子不匮”句，论孝。《礼记·表记》载孔子引《小雅·隰桑》“心乎爱矣，瑕不谓矣？中心藏之，何日忘之”句，申言“事君欲谏不欲陈”；引《小雅·巧言》“盗言孔甘，乱是用餤”句，论君子之交和小人之交的不同；等等。由此可以看出孔子对《诗》的深入了解及运用的娴熟，同时也应注意到，孔子引《诗》往往涉及道德、政治教化，如君子修身之道、事君之道以及君主治国之道等，这些都是“温柔敦厚”之诗教的重要表现。

孔子对《诗》的重视，一方面受其所生活的时代影响。孔子生活在春秋末年，《诗》已深入当时社会生活的各个方面，或以配乐的形式出现在祭祀、朝聘、宴会等重要场合，或作为表达情意的一种工具广泛应用于贵族们的社会交往中。孔子对他的儿子孔鲤说的“不学诗，无以言”[①]，正是对当时用《诗》的一种

① 《论语·季氏》，杨伯峻《论语译注》本，中华书局1980年版，第178页。

形象描述。另一方面源于孔子尊崇周礼的思想。孔子说过："周监于二代，郁郁乎文哉！吾从周。"[①]《诗》作为周代礼乐制度的一个重要组成部分，孔子自然对其十分重视。他论《诗》常常与礼、乐相连，如《论语·泰伯》讲"兴于《诗》，立于礼，成于乐"；《礼记·孔子闲居》载"志之所至，诗亦至焉；诗之所至，礼亦至焉；礼之所至，乐亦至焉"。此外，他整理《诗》，"取可施于礼义"，"三百五篇孔子皆弦歌之，以求合《韶》《武》《雅》《颂》之音"，其最终目的在于"备王道"[②]。可以这样说，孔子诗教的宗旨归之于周礼。

孔子论《诗》之外，还讲到《书》《春秋》《礼》《乐》《易》的性质。他指出："六艺于治一也。《礼》以节人，《乐》以发和，《书》以道事，《诗》以达意，《易》以神化，《春秋》以义。"[③] 值得注意的是，孔子对于它们的教化功用作了深入的阐说，《礼记·经解》载：

> 孔子曰："入其国，其教可知也。其为人也，温柔敦厚，《诗》教也；疏通知远，《书》教也；广博易良，《乐》教也；挈静精微，《易》教也；恭俭庄敬，《礼》教也；属辞比事，《春秋》教也。故《诗》之失愚，《书》之失诬，《乐》之失奢，《易》之失贼，《礼》之失烦，《春秋》之失

① 《论语·八佾》，杨伯峻《论语译注》本，中华书局1980年版，第28页。
② 司马迁：《史记》卷四七《孔子世家》，中华书局1982年版，第1936、1937页。
③ 司马迁：《史记》卷一二六《滑稽列传》，中华书局1982年版，第3197页。

> 乱。其为人也，温柔敦厚而不愚，则深于《诗》者也；疏通知远而不诬，则深于《书》者也；广博易良而不奢，则深于《乐》者也；挈静精微而不贼，则深于《易》者也；恭俭庄敬而不烦，则深于《礼》者也；属辞比事而不乱，则深于《春秋》者也。”

关于诗教，前已论及，这里着重阐述其他五种书的教化功用。很明显，对于每一种书的教化，孔子都讲到了利与弊两个方面，现试结合孔颖达的疏解加以分析。

关于书教，孔子提出“疏通知远”和“《书》之失诬”。孔颖达释为：“《书》录帝王言诰，举其大纲，事非繁密，是‘疏通’，上知帝皇之世，是‘知远’也。”“《书》广知久远，若不节制，则失在于诬。”据此可知，孔子认为书教可以培养人们广博的学识，使人们熟悉古代的政事，但若教之失当，则容易产生言过其实的流弊，故而他推崇“疏通知远而不诬，则深于《书》者也”。

关于乐教，孔子提出“广博易良”和“《乐》之失奢”。孔颖达指出：“《乐》以和通为体，无所不用，是‘广博’，简易良善，使人从化，是‘易良’。”“《乐》主广博和易，若不节制，则失在于奢。”这就是说，在孔子看来，乐教可以陶冶人们的性情，使其和易善良，但若教之失当，则容易导致奢侈之风，故而他推崇“广博易良而不奢，则深于《乐》者也”。

关于易教，孔子提出“挈静精微”和“《易》之失贼”。孔颖达解释道："《易》之于人，正则获吉，邪则获凶，不为淫滥，是'挈静'，穷理尽性，言入秋毫，是'精微'。""《易》主挈静严正，远近相取，爱恶相攻，若不节制，则失在于贼害。"可以看出，孔子认为易教有益于人们安详沉静，使其作出精微的推测，但若教之失当，则容易产生迷信害人的流弊，故而他推崇"挈静精微而不贼，则深于《易》者也"。

关于礼教，孔子提出"恭俭庄敬"和"《礼》之失烦"。孔颖达认为："《礼》以恭逊节俭、齐庄敬慎为本，若人能恭敬节俭，是《礼》之教也。""《礼》主交物恭俭庄敬，若不能节制，则失在于烦苛。"据此可知，在孔子看来，礼教可以培养人们庄重、谦恭、节俭的礼节修养，但若教之失当，则容易导致繁杂琐碎，故而他推崇"恭俭庄敬而不烦，则深于《礼》者也"。

关于春秋教，孔子提出"属辞比事"和"《春秋》之失乱"。孔颖达讲道："属，合也，比，近也。《春秋》聚合会同之辞，是'属辞'，比次褒贬之事，是'比事'也。""《春秋》习战争之事，若不能节制，失在于乱。"[①] 这就是说，孔子认为春秋教可以使人们善于缀辑文辞、排比史事并蕴含褒贬的思想，但若教之失当，则容易乱加褒贬，故而他推崇"属辞比事而不乱，则深于《春秋》者也"。

孔子关于诗教、书教、乐教、易教、礼教和春秋教的认识，揭示了它们的精髓所在，并蕴含着一种辩证的因素以及严密的逻

① 以上关于孔颖达的注疏，参见《礼记·经解》，《十三经注疏》本，中华书局 1980 年版，第 1609-1610 页。

辑性。其中有的认识对后世产生了重要的影响。以史学为例，如《隋书·经籍志二》史部大序概括史官所应具有的素养道："夫史官者，必求博闻强识，疏通知远之士，使居其位，百官众职，咸所贰焉。"这里的"疏通知远"，源自《礼记·经解》，旨在说明史官在见识上所应达到的要求，成为评论史官素养的一个权衡标准。

以上所论，从申叔时讲"教之诗，而为之导广显德，以耀明其志"，到孔子的"温柔敦厚，《诗》教也"，明确了诗教在品德修养方面的意义与特点。而上一节所论西周、春秋时人及《左传》"君子曰"引诗为教的事例，可以看作是对诗教意义与特点的说明与诠释。可以认为，诗教反映了中国最早的历史教育，同时也萌生出史学批评的思想。

在中国史学的兴起时期，《诗》是最早的历史文献之一，其中的史诗或反映历史面貌，或描述社会现实，对史书在传记体和纪事本末体方面的发展具有萌芽的启示，而且蕴含着鲜明的历史鉴戒思想。这些，不仅说明了《诗》之史的品格，也反映出《诗》在历史发展与史学发展中的重要意义。《诗》被广泛应用于当时社会生活的同时，又以史的品格对社会生活产生一定的影响。人们引《诗》论政、评人、明理，极其重视《诗》的历史意义，并将之作为政治格言或历史鉴戒用以指导施政、规范人生等。人们以《诗》为教，用以提高道德修养，如申叔时讲《诗》之"显德""明志"，孔子论诗教之温柔敦厚等，诗教成为中国最早的历史教育。总之，《诗》之史的品格，使其与史学有了密切的联系；而当人们引《诗》作为论政、评人、明理的思想根据时，又使《诗》具有价值判断的作用和功能，从而进一步密切了它同史学的联系。从中国史学批评史的观点来看，这种双重的联系，正是中国古代史学批评的渊源所在。

第二章　孔子、孟子开史学批评之先河

孔子、孟子是中国古代伟大的思想家，他们分别是儒家学派的创始人和重要代表人物，为儒学的发展作出了巨大贡献。孔子、孟子在中国史学上也具有十分重要的地位。孔子是第一位具有明确的史学意识的人，他开创了私人撰史的格局，所作《春秋》是现存最早的编年史。他关于诗教作用的论述，反映了古代史学批评思想的萌生。他还提出了“良史”之论，提出了历史撰述在思想上的要求等。孟子继孔子之后，在史学批评方面提出了一些很有分量的问题和见解。可以认为，孔子、孟子为后世史学批评的发展提供了多种视角和丰富的思想资料，开中国古代史学批评发展之先河。

第一节　孔子论"良史"

一、先秦史官及其记事原则

在中国史学产生的过程中，先秦史官发挥了重要的作用。他们承担着"君举必书"[①] 的神圣职责，而所记史事必须遵循一定的原则，即所谓的"书法"。严守"书法"的史官，往往为人们所称颂。其中，孔子的"良史"之说在中国史学上产生了极为深远的影响。尽管"良史"的标准随着时代的变迁和史学的发展而有所变化，但"良史"始终是历代史官、史家所追求的目标和人们景仰的对象。

这里，先从中国史学上最早的国史说起。西周末年，随着社会生产力的进步和殷周以来历史记载的发展，周王朝以及它所分封的各诸侯国出现了编年体形式的史册，一般称之为国史。司马迁在《史记》中讲道"秦既得意，烧天下《诗》《书》，诸侯史记尤甚""孔子读史记""诸侯相兼，史记放绝"[②] 等，他所说的"史记"即是各诸侯国的国史。《隋书·经籍志二》指出："古者天子诸侯，必有国史，以纪言行。"[③] 而"国史的出现，标志着严格意义上的史书的诞生"[④]，对于中国史学的产生具有重要的意

---

① 《左传·庄公二十三年》，杨伯峻《春秋左传注》本，中华书局 1990 年版，第 226 页。

② 分别参见司马迁：《史记》卷一五《六国年表》序、卷三九《晋世家》、卷一三〇《太史公自序》，中华书局 1982 年版，第 686、1668、3295 页。

③ 魏徵等：《隋书》卷三三《经籍志二》正史类小序，中华书局 1973 年版，第 956 页。

④ 瞿林东：《中国古代史学批评纵横》，中华书局 1994 年版，第 198 页。

义。可惜的是，周王朝和各诸侯国的国史没有一部流传下来，但通过一些史籍的有关记载，我们可以了解当时国史的一些情况。

一般来说，“春秋”为当时周王朝和各诸侯国国史的统称。如《国语·晋语七》和《楚语上》分别载有“习于春秋”“教之春秋”，具体内容实为晋国和楚国各自的国史。《墨子·明鬼下》记有“著在周之春秋”“著在燕之春秋”“著在宋之春秋”“著在齐之春秋”。据说墨子还见过百国春秋[①]。据《左传·昭公二年》，晋国韩宣子在鲁国“观书于大史氏，见《易》《象》与《鲁春秋》”。《礼记·坊记》中孔子也曾两次提到《鲁春秋》。另外，《史通·六家》载：“《琐语》又有《晋春秋》，记献公十七年事。”“春秋”之外，一些诸侯国的国史也有专名。《孟子·离娄下》载：“晋之《乘》，楚之《梼杌》，鲁之《春秋》，一也。”唐代史家刘知幾指出：“又案《竹书纪年》，其所纪事皆与《鲁春秋》同。《孟子》曰：‘晋谓之乘，楚谓之梼杌，而鲁谓之春秋，其实一也。’然则乘与纪年、梼杌，其皆春秋之别名者乎!”[②] 这里，刘知幾是把乘、纪年与梼杌都看作春秋的别名。

---

① 原文是“墨子又云，吾见《百国春秋》”，出自李德林《答魏收书》，参见魏徵等：《隋书》卷四二《李德林传》，中华书局1973年版，第1197页。

② 刘知幾：《史通·六家》，浦起龙《史通通释》本，上海古籍出版社2009年版，第7页。关于《竹书纪年》，《隋书·经籍志二》古史类小序认为它是魏国的史书，其文曰：此书“皆用夏正建寅之月为岁首，起自夏、殷、周三代王事，无诸侯国别。唯特记晋国，起自殇叔，次文侯、昭侯，以至曲沃庄伯，尽晋国灭。独记魏事，下至魏哀王，谓之‘今王’。盖魏国之史记也。其著书皆编年相次，文意大似《春秋经》。诸所记事，多与《春秋》《左氏》扶同”。（参见魏徵等：《隋书》卷三三《经籍志二》，中华书局1973年版，第959页）金毓黻指出《竹书纪年》为魏国之史，即魏之《春秋》，而原于晋《乘》。（参见金毓黻：《中国史学史》，河北教育出版社2000年版，第40页）白寿彝、瞿林东则认为《竹书纪年》不一定是国史，很可能是史官的私人撰述。（参见白寿彝：《中国史学史》第一卷，上海人民出版社2006年版，第160页。瞿林东：《中国史学史纲》，北京出版社1999年版，第147页）

关于孟子所提到的晋、楚、鲁国的国史，有学者指出："这是列国史中最著名的三部国史。后来《春秋经》《左传》特详于三国史事，是有其历史的原因的。"①

史籍记载中，有一些以诸侯国命名的"记""书""志"等，或许也可看作是国史的另一种形式。

——关于"记"。司马迁在《史记》中多次提到《秦记》，如《六国年表》序有"太史公读《秦记》"，《秦始皇本纪》讲李斯请求始皇对天下藏书"非《秦记》皆烧之"。这里所说的《秦记》，当指秦国的史书。

——关于"书"。《左传》"襄公三十年""昭公二十八年"分别载郑国子产、郑国司马叔游引《郑书》之言，《吕氏春秋·有始览·听言》《战国策·魏策一》《战国策·魏策三》都有《周书》的引证，《礼记·大学》提到过《楚书》，这里的"书"，概指各诸侯国的国史。

——关于"志"。"志"是古代的一种史书。《周礼》所提到的史官建置中，小史"掌邦国之志"、外史"掌四方之志"②，说明周王朝专设史官掌"志"。有学者指出："夷考春秋以往，诸侯皆有国史，外史所掌四方之志，即为列国之史。"③ 这里是把"四方之志"看作为"列国之史"。在先秦史书的记载中，常常引用"志"文，且"志"的名称各异，有《军志》《周志》

---

① 白寿彝：《中国史学史》第一卷，上海人民出版社 2006 年版，第 138 页。

② 《周礼·春官》之"小史""外史"，《十三经注疏》本，中华书局 1980 年版，第 818、820 页。

③ 金毓黻：《中国史学史》，河北教育出版社 2000 年版，第 40 页。

《郑志》《前志》《史佚之志》《仲虺之志》《故志》以及先王之《志》等。“志”的性质不同，或记言或记事，有的可以看作是春秋时期国史的另一种形式。如《国语·楚语上》所记楚灵王向大夫范无宇询问楚国以陈、蔡、不羹三国为城之事，范无宇认为：

> 其在志也，国为大城，未有利者。昔郑有京、栎，卫有蒲、戚，宋有萧、蒙，鲁有弁、费，齐有渠丘，晋有曲沃，秦有征、衙。叔段以京患庄公，郑几不克，栎人实使郑子不得其位。卫蒲、戚实出献公，宋萧、蒙实弑昭公，鲁弁、费实弱襄公，齐渠丘实杀无知，晋曲沃实纳齐师，秦征、衙实难桓、景，皆志于诸侯，此其不利者也。

这里，范无宇列举了春秋时期郑、卫、宋、鲁、齐、晋、秦等诸侯国因为大城而不利的种种事件，而这些事件都记于各诸侯国的“志”中。也就是说，当时各诸侯国似都有“志”记载所发生的一些重大事件。另据南宋郑樵云：“古者记事之史谓之志。《书大传》曰：‘天子有问无以对，责之疑；有志而不志，责之丞。’是以宋、郑之史皆谓之志。”[①] 在郑樵看来，“志”是各诸侯国史书的一种名称[②]。

随着国史的出现，周王室和各诸侯国涌现出许多史官。其中

① 郑樵：《通志总序》，中华书局1987年版，第3页。

② 关于“书”“志”的资料，具体参考刘节：《中国史学史稿》中“古史籍钩沉目录”，中州书画社1982年版，第35-37页。王树民：《释“志”》，《中国史学史纲要》附录，中华书局1997年版，第219-226页。

著名的，如周王室的内史过、内史兴、苌弘，晋国的史苏、董狐、史赵、史墨，卫国的柳庄、史苟、史鳅，齐国的太史、南史氏，楚国的左史倚相等。[①] 他们大多学识渊博，精通占卜，具有丰富的政治经验，并担任着记事的重大职责。史官记事，在文献中有明确的记载，如《左传·庄公二十三年》讲“君举必书”；《礼记·玉藻》有“动则左史书之，言则右史书之”；《汉书·艺文志》称“左史记言，右史记事”等。杜预指出：“诸侯亦各有国史。大事书之于策，小事简牍而已。”[②]《隋书·经籍志一》有“下逮殷、周，史官尤备，纪言书事，靡有阙疑”之说。从这些记载中可以看出，记事是史官的重要职责，并包含着一定的要求。春秋时期，周王室和各诸侯国的史官主要负责撰写国史，这也是政治生活中的一件大事。

史官撰写国史，必须遵循一定的法度。《左传·庄公二十三年》载：

> 二十三年夏，公如齐观社，非礼也。曹刿谏曰：“不可。夫礼，所以整民也。故会以训上下之则，制财用之节；朝以正班爵之义，帅长幼之序；征伐以讨其不然。诸侯有王，王有巡守，以大习之。非是，君不举矣。君举必书。书而不法，后嗣何观？”

---

① 关于周王室及各诸侯国的史官，可详见金毓黻在《中国史学史》中所列“古代史官表”，河北教育出版社2000年版，第14-18页。许兆昌：《先秦史官的制度与文化》附录“两周史官人物表”，黑龙江人民出版社2006年版，第341-345页。

② 杜预：《春秋经传集解序》，《十三经注疏》本，中华书局1980年版，第1704页。

据《穀梁传·庄公二十三年》解释说："常事曰视，非常曰观。观，无事之辞也。以是为尸女也。无事不出竟。"按照礼制，国君无朝会之事不出国境。鲁庄公到齐国观看祭祀社神，不合于礼制。鲁大夫曹刿以礼的重要性进行劝谏，并指出：史官必须记载国君的一举一动，而且记载必须符合法度，否则，后人无法观看。这里，曹刿强调了史官记事的法度，以及与史书传承的关系。此外，据刘知幾讲，《韩诗外传》有"据法守职而不敢为非者，太史令也"[①]的说法。这些都说明，法度规范着史官的记事原则。

关于春秋时期史官记事所遵循的具体原则，由于这一时期的国史没有一部保存下来，我们难以得知详情，但可以从一些史籍的相关记载中窥其踪迹。如《礼记·坊记》载孔子曾两次提到《鲁春秋》，反映出记事的一种成例，兹举一例如下：

> 子云："升自客阶，受吊于宾位，教民追孝也。未没丧，不称君，示民不争也。故《鲁春秋》记晋丧曰：'杀其君之子奚齐，及其君卓。'以此坊民，子犹有弑其父者。"

这里，孔子讲到了《鲁春秋》所记晋国里克杀死奚齐之事，即"杀其君之子奚齐，及其君卓"。孔子对此的解释是，嗣子守

---

① 刘知幾：《史通·史官建置》，浦起龙《史通通释》本，上海古籍出版社2009年版，第281页。按：《韩诗外传》所载与刘知幾所讲有所出入，原文是"据法守职，而不敢为非者，人吏也"。（参见韩婴：《韩诗外传》卷五，许维遹《韩诗外传集释》本，中华书局1980年版，第186页）

丧逾一年，其臣下才可称之为君，这是向人们表示不争君位。按《春秋·僖公九年》记“晋里克弑其君之子奚齐”，《春秋·僖公十年》记“晋里克弑其君卓”。前者因奚齐嗣立尚未逾年，故而称为君之子。后者因奚齐继位已逾一年，故而称其为君。可以看出，《鲁春秋》的记载遵循了一定的法度。

当然，此时史官记事的法度，我们也可以从孔子所修《春秋》的用例中得到一些启发。孔子修《春秋》主要依据鲁国史，同时还参考了其他各诸侯国的史记，虽出于私撰，但因其“以当王法”①，自当与史官记事之法度不会有太大的差别，同时包含着孔子的历史见解和对所记史事的褒贬态度。

二、孔子论“良史”与“书法”

春秋时期，许多史官以其严谨的态度、无畏的精神据法而书，为后人留下了可观的信史，他们也为此受到后人的称颂。晋国史官董狐因“书法不隐”而被孔子誉以“良史”，就是突出的一例。

《左传·宣公二年》记载：

> 乙丑，赵穿杀灵公于桃园。宣子未出山而复。大史书曰“赵盾弑其君”，以示于朝。宣子曰：“不然。”对曰：“子为正卿，亡不越竟，反不讨贼，非子而谁？”宣子曰：“呜呼！《诗》曰：‘我之怀矣，自诒伊戚。’其我之谓矣。”孔子曰：

① 司马迁：《史记》卷一二一《儒林列传》，中华书局1982年版，第3115页。

“董狐，古之良史也，书法不隐。赵宣子，古之良大夫也，为法受恶。惜也，越竟乃免。”①

这是发生在公元前607年的事情，时值春秋中期。据《左传》和《史记·晋世家》所载，晋国国君灵公在位无道，晋卿赵盾屡次劝谏，灵公不听反而生厌，并多次派人刺杀赵盾未果。赵盾出奔在外，却并未离开晋境。后来赵盾的族人、晋卿赵穿杀死晋灵公，赵盾返回重登卿位。晋国史官董狐将此事记于史书之中，明确写下“赵盾弑其君”。从这件史事中，可以看出，弑君者是赵穿，并非赵盾。董狐之所以记“赵盾弑其君”，他的理由是：“子为正卿，亡不越竟，反不讨贼，非子而谁？”杜预指出：“越竟，则君臣之义绝，可以不讨贼。”② 因此，董狐所记是符合君臣之道的，这也是周王朝礼制的表现之一。孔子有云“君君，臣臣，父父，子子”，又言“非礼勿视，非礼勿听，非礼勿言，非礼勿动”③，这些都说明礼是不同身份的人的行为规范。尽管春秋时期王室衰微、诸侯专政，但周礼仍是这一时期的主流意识形态，周王室和各诸侯国的贵族大多还是遵循周礼的要求。赵盾作为晋国正卿，自然要受周礼的约束。他虽对董狐所记有所辩

---

① 《左传·宣公二年》，杨伯峻《春秋左传注》本，中华书局1990年版，第662–663页。按：宣子即赵盾，晋卿。晋有六卿，即当时晋国三军的六位将佐，而赵盾任晋中军元帅，居六卿之首，故董狐称其为正卿。赵穿，晋卿，《史记·晋世家》中司马迁认为赵穿为赵盾的昆弟，即同父异母兄弟。梁玉绳指出：“‘昆弟’二字非，《左传》注穿是赵夙庶孙，为盾从父昆弟之子。”（参见梁玉绳：《史记志疑》卷二一“晋世家第九”，中华书局1981年版，第992页）

② 《左传·宣公二年》，《十三经注疏》本，中华书局1980年版，第1867页。

③ 《论语·颜渊》，杨伯峻《论语译注》本，中华书局1980年版，第128、123页。

解，但最终依礼接受，并引诗句“我之怀矣，自诒伊戚”自况①，表明一种无奈的心境。

春秋末年的孔子，对董狐和赵盾都发表了评论。他称赞董狐是“古之良史”，因为他“书法不隐”；称赞赵盾是“古之良大夫”，因为他“为法受恶”。这就是说，董狐能够据法而书，没有慑于晋卿赵盾的权势有所隐讳。赵盾也能够遵守礼法原则，从而接受“弑君”的恶名。孔子一生崇尚周礼，这里他对董狐和赵盾的评论，即是从周礼的标准出发，对于赵盾，孔子发出了“惜也，越竟乃免”的感慨。从中也可以看出，孔子所说的“书法不隐”，有其特定的时代内涵，即符合于当时周王朝的礼法制度与原则。这也从一个侧面表明，史学的发展以历史的发展为基础，并从一个方面反映着那个时代的意识形态。

孔子对晋国史官董狐的评论，在中国古代史学及史学批评史上具有重要意义。他不仅开拓了史学批评的一个重要领域——史官职守，而且确立了权衡“良史”的一个重要标准——“书法不隐”，为中国古代史学批评的早期发展初步奠定了理论基础。联系第一章孔子所论诗教、书教的作用，可以认为，孔子成为中国古代史学批评史上开其端的代表人物。孔子的“良史”之论，又对后世产生了久远的影响。随着历史的进步、史学的发展，人们对于“良史”的探讨也进一步深入，“良史”的内涵更加丰富，标准更加全面，从而也反映出人们在史官、史家职守认识上

---

① 关于赵盾所引诗句，杜预注为：“逸诗也，言人多所怀恋，则自遗忧。”（参见《左传·宣公二年》，《十三经注疏》本，中华书局1980年版，第1867页）

的提高。

春秋时期，像董狐那样“书法不隐”的现象并不是个别的，齐国太史诸兄弟和南史氏也是这样的“良史”。据《左传·襄公二十五年》载，齐国大夫崔杼派人杀死齐国国君庄公后，史官的表现及遭遇是：

> 大史书曰：“崔杼弑其君。”崔子杀之。其弟嗣书而死者二人。其弟又书，乃舍之。南史氏闻大史尽死，执简以往。闻既书矣，乃还。

与赵盾“为法受恶”不同的是，崔杼连杀太史诸兄弟三人，企图为自己弑君的行为隐讳。在这种形势下，继任的太史仍坚持据法而书，又有南史氏为维护这种记事的书法，随时准备以身殉职。后人读史至此，不能不为他们这种不畏权势、视死如归、忠于史职的精神而感叹、震撼。这也从一个侧面表明，孔子的“良史”之论富有鲜明的时代特色。

需要说明的是，在孔子之前，人们已经明确提出了对“良史”的认识。《左传·昭公十二年》载：“左史倚相趋过，王曰：‘是良史也，子善视之！是能读《三坟》《五典》《八索》《九丘》。’”①左史倚相是楚国很有声望的史官，楚灵王因其能熟读典籍而赞之为“良史”，在中国史学上较早提出了学识渊博的“良史”标准。这一标准与孔子所论“书法不隐”相得益彰，成为先秦时期人们认识“良史”的两个重要标准，也对后世产生了深远的影响。

第二节　孟子论史书与时代及社会

一、“王者之迹熄而《诗》亡，《诗》亡然后《春秋》作”

孟子，名轲，战国中期邹（今山东邹城）人，孔子之后儒家学派最有影响的代表人物，被后世称为“亚圣”。孟子的史学批评思想明确、丰富而深刻，如揭示时代变化与史学发展的关系，评论孔子的《春秋》，辩证地认识《诗》《书》等，反映出鲜明的时代性和理论色彩，继孔子之后进一步开拓了史学批评领域。

孟子是最早提出时代变化与史学发展有密切关系的思想家。

---

① 《左传·昭公十二年》，杨伯峻《春秋左传注》本，中华书局1990年版，第1340页。关于《三坟》《五典》《八索》《九丘》，杜预注为“皆古书名”。按孔颖达疏解：“孔安国《尚书序》云：‘伏牺、神农、黄帝之书，谓之《三坟》，言大道也。少昊、颛顼、高辛、唐、虞之书，谓之《五典》，言常道也。八卦之说，谓之《八索》，求其义也。九州之志，谓之《九丘》。丘，聚也，言九州所有，土地所生，风气所宜，皆聚此书也。’‘楚左史倚相能读《三坟》《五典》《八索》《九丘》，即谓上世帝王遗书也。’《周礼》外史‘掌三皇五帝之书’，郑玄云：‘楚灵王所谓《三坟》《五典》是也。’贾逵云：‘《三坟》，三王之书。《五典》，五帝之典。《八索》，八王之法。《九丘》，九州亡国之戒。’延笃言张平子说：‘《三坟》，三礼，礼为大防。《尔雅》曰：坟，大防也。《书》曰：谁能典朕三礼。三礼，天、地、人之礼也。《五典》，五帝之常道也。《八索》，《周礼》八议之刑索，空空设之。《九丘》，《周礼》之九刑。丘，空也，亦空设之。’马融说：‘《三坟》，三气，阴阳始生，天、地、人之气也。《五典》，五行也。《八索》，八卦。《九丘》，九州之数也。’此诸家者各以意言，无正验。杜所不信，故云‘皆古书名’。”（参见《左传·昭公十二年》，《十三经注疏》本，中华书局1980年版，第2064页）

他指出：

> 王者之迹熄而《诗》亡，《诗》亡然后《春秋》作。晋之《乘》，楚之《梼杌》，鲁之《春秋》，一也：其事则齐桓、晋文，其文则史。孔子曰："其义则丘窃取之矣。"①

这里，孟子的话"揭示了'王者之迹熄而《诗》亡，《诗》亡然后《春秋》作'这样一个时代变化在意识形态上的反映"②。

关于"王者之迹熄而《诗》亡"，深刻表明了《诗》与周王朝的密切联系，从一定的意义上说，《诗》是"王者之迹"的象征。③

---

① 《孟子·离娄下》，杨伯峻《孟子译注》本，中华书局1960年版，第192页。

② 瞿林东：《中国史学史纲》，北京出版社1999年版，第131页。

③ 关于孟子的"王者之迹熄而《诗》亡"，历代学者有不同的解释，值得关注的有以下三种观点。一是传统的解释，将"王者之迹熄"理解为周王室的衰微，由此引起《诗》的消亡。如东汉赵岐《孟子注》讲："王者，谓圣王也。太平道衰，王迹止熄，颂声不作，故诗亡。"北宋孙奭疏解为："孟子言自周之王者风化之迹熄灭而《诗》亡，歌咏于是乎衰亡。"（参见《孟子·离娄下》赵岐注、孙奭疏，《十三经注疏》本，中华书局1980年版，第2728页）南宋朱熹《孟子集注》认为："王者之迹熄，谓平王东迁，而政教号令不及于天下也。"（朱熹《四书章句集注》，中华书局1983年版，第295页）清顾栋高《春秋大事表·王迹拾遗序》云："孟子曰：'王者之迹熄而诗亡，诗亡然后《春秋》作。'东迁以后，政教号令不行于天下。"清顾镇《虞东学诗·迹熄诗亡说》指出："盖王者之政，莫大于巡守述职，巡守则天子采风，述职则诸侯贡俗，太史陈之，以考其得失，而庆让行焉，所谓迹也……洎乎东迁，而天子不省方，诸侯不入觐，庆让不行，而陈诗之典废，所谓'迹熄《诗》亡'也。"（以上顾栋高与顾镇所讲，参见焦循《孟子正义》卷一六，中华书局1987年版，第572–574页）二是根据清朱骏声《说文通训定声》的解释"《孟子》王者之迹熄而诗亡，'迹'即'䢋'之误"，有的学者将"王者之迹熄而《诗》亡"理解为周代采诗制度的停止，造成了《诗》不再收集、编排与保存。（参见杨伯峻：《孟子译注》，中华书局1960年版，第193页。朱本源：《"〈诗〉亡然后〈春秋〉作"论》，《史学理论研究》1992年第2期）三是认为"王者"并非专指周天子，而是泛指血缘氏族社会贵族阶层的最高统治者。"诗"不是专指《诗经》，而是自颛顼改革巫术以来，直至夏商西周各民族在宗教祭祀场合用于沟通天神祖神的史诗，也是夏商周三代王官之学的集中体现。孟子所说的"王者之迹熄而《诗》亡"，是讲春秋时代随着周王朝及各诸侯国的血缘管理纽带逐渐被解构，王官之学下移，"雅""颂"等史诗不再有人整理与承传，这也意味着从五帝中期开始持续到西周末年的史诗时代的结束。（参见江林昌：《诗的源起及其早期发展变化——兼论中国古代巫术与宗教有关问题》，《中国社会科学》2010年第4期）这里融合前两种观点，将《诗》看作"王者之迹"的象征，并从采诗献诗制度的推行以及《诗》在周代政治、社会生活中的作用来诠释"王者之迹熄而《诗》亡"。

史载，周王朝实行采诗的制度，如《汉书》讲：“古有采诗之官，王者所以观风俗，知得失，自考正也。”“孟春之月，群居者将散，行人振木铎徇于路，以采诗，献之大师，比其音律，以闻于天子。故曰王者不窥牖户而知天下。”[①] 可见，天子采诗的目的在于“观风俗”“知天下”。采诗之外，还存在公卿列士献诗的制度。如《国语·周语上》引周王卿士邵公之语“天子听政，使公卿至于列士献诗，瞽献曲，史献书”；《国语·晋语六》记晋卿范文子之语“吾闻古之王者，政德既成，又听于民，于是乎使工诵谏于朝，在列者献诗使勿兜”。采诗、献诗制度的推行，便于诗篇的收集与整理，成为诗三百篇的主要来源[②]。然其目的未必完全与王朝政治相关，同时也是周代社会生活的需要。《诗》作为周代礼乐制度的一个重要组成部分，在祭祀、朝聘、宴会、狩猎等活动所涉及的礼仪中，都要配合音乐演奏适当的诗歌，王朝及各诸侯国都设有专门的乐官“太师”，他们往往将采集来的诗歌用于配乐。这种用于社会生活中的诗歌，作为周代礼乐制度的一种反映，也成为不同等级、不同身份的人的一种行为规范。一般说来，在祭祀、朝聘、宴会等活动中，不同等级、不

---

① 班固：《汉书》卷三〇《艺文志》、卷二四上《食货志上》，北京：中华书局 1962 年版，第 1708、1123 页。

② 关于周代的采诗制度，在先秦诸书中没有明确的记载，主要见于汉人的记述，如班固《汉书》的《艺文志》和《食货志》，何休《春秋公羊解诂·宣公十五年》等，唐代孔颖达也支持采诗之说。但有不少学者怀疑周代采诗制度的存在。如清代崔述、近人高亨等。一般说来，从诗三百篇的分量、规模以及产生地域之广、延续时间之长来看，把这样大范围、大数量的诗篇集中在一起，如未经过专门的搜集与整理，这是不可思议的。（具体参见洪湛侯：《诗经学史》，中华书局 2002 年版，第 1–7 页。袁长江：《先秦两汉诗经研究论稿》，学苑出版社 1999 年版，第 1–19 页。朱本源：《“〈诗〉亡然后〈春秋〉作”论》，《史学理论研究》1992 年第 2 期）

同身份的贵族行何礼、奏何乐、用何诗都有规定的成法。如《周礼·春官·钟师》讲：“凡射，王奏《驺虞》，诸侯狸《貍首》，卿大夫奏《采蘋》，士奏《采蘩》。”这指出了天子、诸侯、卿大夫和士不同等级的人在射礼中的用诗情况。到了西周末年至春秋时期，政治形势发生了巨大变动，周王室日益衰微，各诸侯国势力强大，周王朝的采诗、献诗制度松弛。《诗》虽然还存在于人们的社会生活中，但随着礼崩乐坏局面的出现，人们用《诗》的成法遭到了破坏。比如《左传·昭公元年》记载，楚国令尹公子围设享礼招待晋国赵孟，赋《大明》之首章。这是《大雅》中的一篇，歌颂了周文王有圣德而受天命。按照《国语·鲁语下》所记鲁卿叔孙豹的说法：“夫歌《文王》《大明》《绵》，则两君相见之乐也。”这就是说，《大明》为两君相见所用之诗。公子围用此诗有僭越之嫌，故而宴后赵孟对叔向讲“令尹自以为王矣”。春秋时期，诸侯国的国君乃至大夫僭用天子诗乐的现象屡见不鲜，这也是周王室衰微所造成的礼崩乐坏的一种表现。从这个意义上来讲，《诗》作为周王朝政治、社会生活的产物，作为周代礼乐制度的反映，随着周王朝的衰微而逐渐走向了消亡，失去了往昔所具有的实际政治意义。这也就是孟子所讲的“王者之迹熄而《诗》亡”。联系春秋时期的历史形势和社会面貌来看，这是一个逐渐发展的过程。生活在战国时代的孟子，对此种历史形势作了精辟的判断，这也正如司马迁后来所概括的“周室微而礼乐废，《诗》《书》缺”[①] 的历史趋势。

孟子在“王者之迹熄而《诗》亡”之后，紧接着指出“《诗》亡然后《春秋》作”。这里，孟子讲到了《春秋》取代《诗》的发展趋势，而这一趋势是由“王者之迹熄”即周王室衰微的时代变化所造成的。正如《史记·太史公自序》所讲：“幽、厉之后，王道缺，礼乐衰，孔子修旧起废，论《诗》《书》，作《春秋》，则学者至今则之。”有学者指出，《史记·太史公自序》的这段话，“恰恰有如《孟子》‘《诗》亡然后《春秋》作’的注脚”。[②] 从史学以及思想文化发展的角度来看，《诗》是“王者之迹”的象征，是周代礼乐制度的重要组成部分，是一种王官之学的代表。孔子所作《春秋》，是中国史学上第一部私人历史撰述，开启了史学发展的新格局。由“《诗》亡”到孔子作《春秋》，不仅仅是时代变化在史学上的一种反映，也是从政治到学术的一种转变，是王官之学下移、私学兴起的一种表现。需要注意的是，孔子所作《春秋》取代了象征“王者之迹”的《诗》，也继承了《诗》中原有的政治内涵及周代礼乐文化精神，这就是孔子在《春秋》中寄寓的“义”，也是孟子所说的“其义则丘窃取之矣”。因为如此，后世史家评孔子《春秋》“以当王法”。[③]

综上，孟子的“王者之迹熄而《诗》亡，《诗》亡然后《春

---

① 司马迁：《史记》卷四七《孔子世家》，中华书局 1982 年版，第 1935 页。
② 钱穆：《中国史学名著》，生活·读书·新知三联书店 2018 年版，第 87 页。
③ 司马迁：《史记》卷一二一《儒林列传》，中华书局 1982 年版，第 3115 页。

秋》作”，揭示了一定时代的历史特点影响着一定时代的史学发展，在中国古代史学批评的开端时期第一次对时代变革与史学发展关系作了一种概括。

二、“孔子成《春秋》而乱臣贼子惧”

孔子所作《春秋》是中国史学上第一部私人历史撰述，它的出现促进了中国史学的发展，同时又得到学人的极大关注而引发出一系列的评论。孟子是战国时期率先评论《春秋》的思想家，他的评论在史学发展上具有重要的意义。他这样讲道：

> 世衰道微，邪说暴行有作，臣弑其君者有之，子弑其父者有之。孔子惧，作《春秋》。《春秋》，天子之事也；是故孔子曰：“知我者其惟《春秋》乎！罪我者其惟《春秋》乎！”
>
> ……
>
> 昔者禹抑洪水而天下平，周公兼夷狄、驱猛兽而百姓宁，孔子成《春秋》而乱臣贼子惧。[①]

孟子的这段话包含了丰富的思想，其主旨是评论孔子作《春秋》的原因，以及《春秋》面世后所产生的重大社会影响。

关于孔子作《春秋》的原因。孟子从孔子所处的社会环境

---

① 《孟子·滕文公下》，杨伯峻《孟子译注》本，中华书局1960年版，第155页。

着眼，讲到了孔子的忧惧与作史，这实际上提到了客观与主观两个方面的因素。从客观来说，孟子认识到孔子作《春秋》是一定历史时代的产物。孟子如此描述孔子所处的时代：“世衰道微，邪说暴行有作，臣弑其君者有之，子弑其父者有之。”这里的“世衰道微”，是指周王室的衰落及其王道不振。所谓“邪说暴行有作”等，可以看作“世衰道微”的具体表现。“暴行，即弑父弑君是也。所谓邪说，即乱臣贼子与其侪类将不利于君，必饰君之恶，张己之功，造作语言，诬惑众庶是也。有邪说以济其暴，遂若其君真可弑而己可告无罪然者。”[①] 孟子所描述的时代，正是孔子所讲“天下无道”的时代[②]。这一乱世使孔子忧惧，从而致力于作《春秋》。

从主观来说，孟子感受到孔子对时代、对社会强烈的忧患意识，这种忧患意识成为孔子作《春秋》的一个思想动力。孟子讲“孔子惧，作《春秋》”，一个“惧”字，突出地反映了孔子对时代的深深忧虑。孔子的这种忧虑，源于他对周礼的推崇与维护。孔子一生都尚礼，这在司马迁的《史记·孔子世家》中有

① 万斯大：《学春秋随笔》，见焦循：《孟子正义》卷一三，中华书局1987年版，第452页。

② 原文是：“孔子曰：‘天下有道，则礼乐征伐自天子出；天下无道，则礼乐征伐自诸侯出。’”（参见《论语·季氏》，杨伯峻《论语译注》本，中华书局1980年版，第174页）

鲜明的反映。[①] 孔子曾讲过："周监于二代，郁郁乎文哉！吾从周。"[②] 可以看出他对周礼的盛赞与恪守。面对"世衰道微"而带来的礼崩乐坏，孔子自然会对时代产生一种忧虑，他为此而慨叹："八佾舞于庭，是可忍也，孰不可忍也？""觚不觚，觚哉！觚哉！"[③] 他为此而周游列国，希望实现自己的政治主张，但却"干七十余君无所遇"[④]。在这种形势下，孔子作《春秋》以寄寓自己的政治理想，希望恢复礼制，改变"天下无道"的乱世。结合以上分析，可以认为，孟子所讲"孔子惧，作《春秋》"，是体察到孔子的这种忧患意识以及为此所作出的努力。有的学者指出："'孔子惧'正是孟子史学评论的深刻和高明之处，因为这三个字强调了孔子的社会责任感。"[⑤] 应当说，这种社会责任感与孔子的忧患意识是相通的。

值得注意的是，孔子作《春秋》时，已经考虑到后世对自

---

① 《孔子世家》中，司马迁以"礼"为中心线索论述了孔子一生的行迹："孔子幼年时'为儿嬉戏，常陈俎豆，设礼容'。'年少好礼'，'懿子与鲁人南宫敬叔往学礼焉'。他还曾和南宫敬叔'适周问礼'。齐景公问政，他答以'君君，臣臣，父父，子子'，也讲的是礼。夹谷之会，他辅助鲁定公黜败了齐景公，也是以'会遇之礼'。他劝定公堕三都，根据的是'臣无藏甲，大夫毋百雉之城'的礼。他由曹去宋，'与弟子习礼大树下'。卫灵公问兵陈，他说：'俎豆之事则常闻之，军旅之事未之学也。'他'追迹三代之礼'说，'夏礼吾能言之，杞不足征也。殷礼吾能言之，宋不足征也'，'周监于二代，郁郁乎文哉'，他既熟知夏、殷之礼，又盛赞周礼，所以'《书传》《礼记》自孔氏'。他删诗，'取可施于礼义'者。他教弟子'以诗书礼乐'，颜渊因而有'博我以文，约我以礼，欲罢不能'的赞叹。'鱼馁，肉败，割不正，不食。席不正，不坐。食于有丧者之侧，未尝饱也'，是他恪守的礼。'礼失则昏，名失则愆'，则是他的名言。他死后，'诸儒亦讲礼乡饮大射于孔子冢'，是根据他一生的行迹对他的悼念。可见孔子一生是把'礼'作为安身立命的根本。"（参见聂石樵：《司马迁论稿》，北京师范大学出版社1987年版，第151–152页）

② 《论语·八佾》，杨伯峻《论语译注》本，中华书局1980年版，第28页。

③ 分别参见《论语》的《八佾》《雍也》，杨伯峻《论语译注》本，中华书局1980年版，第23、62页。

④ 司马迁：《史记》卷一二一《儒林列传》，中华书局1982年版，第3115页。

⑤ 彭忠德：《秦前史学史研究》，湖北人民出版社2004年版，第205页。

己的评价，即“知我者其惟《春秋》乎！罪我者其惟《春秋》乎！”认为《春秋》是自己一生功过的体现。孟子对此的解释是：“《春秋》，天子之事也。”所谓“天子之事”，东汉赵岐如此注解：“孔子惧正道遂灭，故作《春秋》，因鲁史记设素王之法，谓天子之事也。知我者谓我正纲纪也，罪我者谓时人见弹贬者，言孔子以《春秋》拨乱也。”宋人孙奭指出：“盖《春秋》以义断之，则赏罚之意于是乎在，是天子之事也。”[①] 这就是说，赏善惩恶，本是周天子的权力所在。春秋末年，王室衰微，周天子只是名义上的天下共主，诸侯争霸，礼崩乐坏。尊崇周礼的孔子对此忧心忡忡却又无能为力，故而作《春秋》，以达王道，明礼义，警示时人与后人。这实际上是代天子立法，有僭越之嫌，故而孔子有“知我”“罪我”的感叹。孟子以“《春秋》，天子之事也”为孔子解释，可以说是深深理解孔子的苦衷。

关于《春秋》所产生的社会影响。在孟子看来，孔子作《春秋》可以和“禹抑洪水”“周公兼夷狄”相提并论，具有同样重要的意义。其中“禹抑洪水”使天下太平，“周公兼夷狄”使百姓安宁，“孔子成《春秋》”使“乱臣贼子惧”。孔子《春

---

① 《孟子·滕文公下》赵岐注，《孟子·离娄下》孙奭疏，《十三经注疏》本，中华书局1980年版，第2714、2728页。按：关于孟子所讲“《春秋》，天子之事也”，历来有几种不同的观点，彭忠德对此作了梳理：一是将“事”解释为职权，认为孔子作《春秋》行天子赏罚之权，如东汉赵岐、宋孙奭、今人杨伯峻等。二是将“事”解释为行事，认为孔子作《春秋》“尊宗国而王鲁”，像对待周王室那样记鲁国之事，如清惠士奇、近代梁启超等。三是将“事”解释为史籍，认为《春秋》本是天子的史书，如近代章太炎等。在梳理以上三种观点的基础上，彭又提出第四种观点，即将“事”解释为“职事”，认为孔子作《春秋》应是天子属下史官之职事。（以上参见彭忠德：《秦前史学史研究》，湖北人民出版社2004年版，第203–205页）这里采取第一种观点。

秋》本是因乱世而作，有其明确的现实考虑。这里，孟子从以史经世的角度高度评价了孔子的《春秋》，肯定了它所起到的社会作用。尽管从历史上看，周王室日益衰微、诸侯国的强大以及礼崩乐坏的局面是客观历史发展的必然趋势，但是《春秋》中所包含的等级观念、道德和伦理观念等，具有针砭当世和警示后人的作用，这种作用为后世许多史家所认同与重视。[①] 诚如有的学者所说："乱臣贼子则只是时代性的，而孔子《春秋》则成为历史性的。春秋时代转瞬即过，而中国历史则屹然到今。时代的杂乱，一经历史严肃之裁判，试问又哪得不惧？孔子以前的乱臣贼子早已死了，哪会有惧？但《春秋》已成，孔子以下历史上的乱臣贼子，则自将由孔子之作《春秋》而知惧。"[②]

通观孟子对孔子及其《春秋》的评论，可以看出，他不仅讲到了孔子《春秋》因乱世而作，而且指出了《春秋》对乱世所起的社会作用。从广泛的意义上来看，他对史书与时代的关系作了辩证的认识，即史书产生于一定的历史时代，同时又反作用于这一历史时代，实则指出了史书经世致用的社会功能，这也是

① 清初王夫之对孟子所评"孔子作《春秋》而乱臣贼子惧"既表示了认同，又从历史的发展中进一步解说了《春秋》的社会影响。他指出："'孔子作《春秋》而乱臣贼子惧'，非虚说也。春秋二百四十二年之间，弑君三十六，而远国之不相通问者不与焉。《春秋》既成之后，以迄乎秦，弑父与君之事息矣。秦人焚书，而后胡亥死于赵高之手。自汉以来，《春秋》复传，至今千五百余年，弑君者唯王莽、萧道成、萧鸾、朱温数贼而已，然犹不敢称兵而手刃；自非石宣、安庆绪、史怀义以夷种而为盗贼，未有弑父者也。以战国之糜烂瓦解，而田和、三晋之流，敢于篡而终不敢弑。以商鞅、魏冉、韩朋、田婴、黄歇、吕不韦之狙诈无君，而'今将'之志，伏不敢动，故有妾妇之小人，而无枭獍之大逆。其视哀、定以前，挟目送之情，怀杯羹之恨，曾老畜之不若者，已天渊矣。"（参见王夫之：《读四书大全说》卷八"孟子·滕文公下"，中华书局1975年版，第587页）

② 钱穆：《中国史学名著》，生活·读书·新知三联书店2018年版，第24页。

孟子在中国古代史学批评开端时期的重要贡献。

三、孟子对《诗》《书》的辩证性认识

孟子既有对《春秋》的较早评论，也有对《诗》《书》的辩证认识。孟子十分重视《诗》《书》，正如司马迁讲，孟子“退而与万章之徒序《诗》《书》，述仲尼之意，作《孟子》七篇”①，很扼要地指明了孟子对孔子学说的继承以及长于《诗》《书》的特色。另据清梁玉绳对《孟子》一书的统计：“七篇中言《书》凡二十九，援《诗》凡三十五。”② 由此可以看出孟子与《诗》《书》的密切联系。这种密切联系主要表现在两个方面。一方面，孟子以各种形式称引《诗》《书》作为其思想依据。如孟子主张“法先王”，他讲道：

> 离娄之明、公输子之巧，不以规矩，不能成方圆；师旷之聪，不以六律，不能正五音；尧舜之道，不以仁政，不能

① 司马迁：《史记》卷七四《孟子荀卿列传》，中华书局1982年版，第2343页。按：关于司马迁所讲“序《诗》《书》”，学者们的理解存有分歧。郭沫若据此认为“既言‘序《诗》《书》’，可知《诗》《书》的编制是孟氏之儒的一项大业”。（参见郭沫若：《儒家八派的批判》，《十批判书》，东方出版社1996年版，第138页）周予同则认为儒家“六经”为孔子所整理，而孟子“所谓‘序’，就是‘叙’，就是陈述原书著者的旨趣，这由《孟子》中可以看得很清楚”。周予同进一步指出，“孟子对‘经书’，既然重在‘序’和‘述意’……因此，从经学史的角度看，孟子一派可谓主观之学”。换句话说，“孟子在经学上也是把‘六经’当作发挥我见的工具”。（参见周予同：《从孔子到孟荀——战国时的儒家派别和儒经传授》，中国孔子基金会学术委员会编：《近四十年来孔子研究论文选编》，齐鲁书社1987年版，第380-381页）

② 梁玉绳：《史记志疑》卷二九“孟子荀卿列传第十四”，中华书局1981年版，第1269页。又，陈梦家在《尚书通论》第一章“先秦引书篇”中列出了《孟子》引《书》凡十七处的篇名及内容等。（参见陈梦家：《尚书通论》，河北教育出版社2000年版，第10-13页）另据有的学者统计，《孟子》引《诗》凡三十四处，论《诗》凡五处；引《书》凡十九处，论《书》凡一处。（参见孙开泰：《孟子与五经》，《管子学刊》1998年第4期）

平治天下。今有仁心仁闻而民不被其泽、不可法于后世者，不行先王之道也。故曰，徒善不足以为政，徒法不能以自行。《诗》云："不愆不忘，率由旧章。"遵先王之法而过者，未之有也。①

这里，孟子所引诗句出自《大雅·假乐》，旨在称颂周天子能够遵循先王所立法度，不懈于位，从而为人民所爱戴。孟子引此诗句用以佐证其遵先王之法的观点。需要注意的是，孟子所讲到的"先王之道""先王之法"，即施行仁政，这也是孟子思想的核心所在。

另一方面，孟子提出了对《诗》《书》的认识与评论，这也正是孟子在史学批评方面的见解。第一，孟子主张要辩证地认识《诗》《书》。他在回答弟子疑问时提出了读《诗》"不以文害辞，不以辞害志"的观点，其文如下：

咸丘蒙曰："舜之不臣尧，则吾既得闻命矣。《诗》云，'普天之下，莫非王土；率土之滨，莫非王臣。'而舜既为天子矣，敢问瞽瞍之非臣，如何？"曰："是诗也，非是之谓也；劳于王事而不得养父母也。曰，'此莫非王事，我独贤劳也。'故说诗者，不以文害辞，不以辞害志。以意逆志，是为得之。如以辞而已矣，《云汉》之诗曰，'周余黎

① 《孟子·离娄上》，杨伯峻《孟子译注》本，中华书局1960年版，第162页。

民，靡有孑遗。’信斯言也，是周无遗民也。”①

这里，咸丘蒙认为瞽瞍非舜之臣与《小雅·北山》诗句之意相矛盾。对此，孟子指出《小雅·北山》的主旨在于说明作者勤劳国事而不能奉养父母，并非咸丘蒙所理解的那样。在此基础上，孟子提出了读《诗》的方法，即“不以文害辞，不以辞害志。以意逆志，是为得之”。也就是说，读诗要善于理解作者的本意，而不是局限于字句上的解释。他举《大雅·云汉》之诗句为例，认为如果按字面解释，那么周王朝就没有存留一个人了，其言外之意在于说明此诗句只是字面上夸大形容，实际情况并非如此。可以看出，孟子主张读《诗》应把握全篇的主旨，而不是断章取义，同时也注意到其中夸大失实的地方。

又如孟子在论到《尚书》的《武成》篇时说：“尽信《书》，则不如无《书》。吾于《武成》，取二三策而已矣。仁人无敌于天下，以至仁伐至不仁，而何其血之流杵也?”② 孟子认为《武成》篇“血之流杵”的记载并不可信，以此为例说明对《书》要辩证地看待，即“尽信《书》，则不如无《书》”。

第二，孟子体会到《诗》的鉴戒意义，他讲道：

规矩，方员之至也；圣人，人伦之至也。欲为君，尽君道；欲为臣，尽臣道。二者皆法尧舜而已矣。不以舜之所以

① 《孟子·万章上》，杨伯峻《孟子译注》本，中华书局1960年版，第215页。
② 《孟子·尽心下》，杨伯峻《孟子译注》本，中华书局1960年版，第325页。

事尧事君，不敬其君者也；不以尧之所以治民治民，贼其民者也。孔子曰："道二，仁与不仁而已矣。"暴其民甚，则身弑国亡；不甚，则身危国削，名之曰"幽""厉"，虽孝子慈孙，百世不能改也。《诗》云："殷鉴不远，在夏后之世。"此之谓也。[①]

孟子继承孔子的仁政思想，主张当取法于尧、舜之道而以周厉王、幽王为戒。他引用《大雅·荡》中的诗句加以说明，这并非一般意义上的引《诗》为用，其中包含了对于《诗》中所讲史实以及鉴戒思想的肯定，在一定意义上可以看作是对《诗》之鉴戒意义的认识。

第三，孟子谈到了颂读古人诗书的方法。这种方法被后人概括为"知人论世"，进而发展成为史学批评史上的一个重要方法。孟子在与弟子谈论交友之道时指出：

一乡之善士斯友一乡之善士，一国之善士斯友一国之善士，天下之善士斯友天下之善士。以友天下之善士为未足，又尚论古之人。颂其诗，读其书，不知其人，可乎？是以论其世也。是尚友也。[②]

这里，孟子提出了上友古人之道，既要颂其诗、读其书，同

① 《孟子·离娄上》，杨伯峻《孟子译注》本，中华书局 1960 年版，第 165 页。
② 《孟子·万章下》，杨伯峻《孟子译注》本，中华书局 1960 年版，第 251 页。

时也要了解他们的为人与其所生活的时代。这种把人、书与其时代联系起来看待的态度是极其严肃的，也是富于理性的。这种方法被后人概括为“知人论世”。需要注意的是，这里的诗书，泛指古代典籍，自然包含着儒家经典的《诗》与《书》。

联系前述孟子讲“王者之迹熄而《诗》亡，《诗》亡然后《春秋》作”，正是将《诗》《春秋》看作是时代变化的产物。而孟子对孔子及其《春秋》的评论，也是和这种知人论世的方法相联系的。因此，从孟子对孔子及其《春秋》的评论来看，孟子是深深理解孔子的，也真正读懂了孔子的《春秋》。有学者指出：“孟子生活的时代去孔子不远，且人生际遇又和孔子类似，因此他对孔子及其《春秋》的评价，当比旁人更能深得孔子之心。”①

从史学的发展来看，孟子虽着眼于上友古人之道，却道出了史学批评中知人论世的方法论原则，并为后世学人所继承和发展。清代史家章学诚在前人基础上提出了“论古必恕”“恕非宽容之谓者，能为古人设身而处地也”的见解。他认为：“不知古人之世，不可妄论古人文辞也。知其世矣，不知古人之身处，亦不可以遽论其文也。”② 他从“古人之世”“古人之身处”两个方面概括了评论古人的原则，进而对知人论世方法作了理论上的阐述。从学理上看，章学诚的这段精辟论断，当与孟子所论有渊源关系。

---

① 彭忠德：《秦前史学史研究》，湖北人民出版社 2004 年版，第 201 页。

② 章学诚：《文史通义·文德》，叶瑛《文史通义校注》本，中华书局 1985 年版，第 278-279 页。

第三节 孔子、孟子论事、文、义

孟子在先秦史学批评发展中的重要贡献，还突出反映在他明确提出了史书所包含的三个基本要素，即事、文、义，并用孔子的话强调了“义”的重要性。他在论春秋时期各国国史时指出：

> 晋之《乘》，楚之《梼杌》，鲁之《春秋》，一也：其事则齐桓、晋文，其文则史。孔子曰：“其义则丘窃取之矣。”[①]

在孟子看来，尽管晋、楚、鲁等诸侯国的国史名称各异，但在性质上相同，都包含着事、文、义三个基本的要素。

关于“事”。孟子所讲的“其事则齐桓、晋文”，按其本意，当是概括了春秋时期各诸侯国的国史所反映的历史内容。周王室衰微之后，诸侯相继争霸，成为春秋时期的主要政治特点，即所谓“王道废而霸业兴者也”[②]。春秋时期，各诸侯国先后涌现出五个霸主，齐桓公、晋文公就是其中最有名声的两个霸主。齐桓公最先建立起霸业，被称为五霸之首。他任管仲为相，改革内政，增强了国力。在对外政策上，齐桓公尊王室、攘夷狄、安诸

---

① 《孟子·离娄下》，杨伯峻《孟子译注》本，中华书局 1960 年版，第 192 页。

② 应劭：《风俗通义》卷一《皇霸》，王利器《风俗通义校注》本，中华书局 2010 年版，第 19 页。

夏，保卫中原华夏文化。据司马迁载“齐桓公以霸，九合诸侯，一匡天下”[①]，其霸业甚为显赫。孔子给予了高度评价：“管仲相桓公，霸诸侯，一匡天下，民到于今受其赐。”[②]“齐桓公被称为五霸之首。这有两重含义，一是说他最先称霸；二是说他的霸业最为显赫。”[③] 晋文公是继齐桓公之后的第二个有名的霸主。他以“尊周”为号召，平定了周襄王时的叛乱，并率宋、齐、秦之兵大败楚、陈、蔡、郑、许之兵于城濮（今山东省鄄城县西南）。从一定意义上可以认为，齐桓公、晋文公在春秋时期诸侯争霸的历史中是最具有代表性的。孟子以此二人来概括各诸侯国国史所记载的主要内容，一方面可以反映春秋时期突出的时代特点，另一方面反映了孟子对春秋时期历史特点准确的把握以及高度的概括。

关于“文”。所谓“其文则史”，是说把齐桓公、晋文公等人的历史活动用文字记述下来就成为“史”。孟子这里所讲的“史”字，是指历史记载，而在此之前，“史”的初意是指一种官职和任这种官的人[④]，如《周礼》中所讲的大史、小史、外史、内史、御史，《礼记》中讲的左史、右史，以及孔子所讲的“董狐，古之良史”，等等。可以认为，孟子以历史记载为“史”，相比于之前用以称史官的“史”来说，反映了“史”字含义的一种发展。不仅如此，孟子还明确区别了“史”与“事”

---

① 司马迁：《史记》卷六二《管晏列传》，中华书局 1982 年版，第 2131 页。

② 《论语·宪问》，杨伯峻《论语译注》本，中华书局 1980 年版，第 151 页。

③ 金景芳：《中国奴隶社会史》，上海人民出版社 1983 年版，第 209 页。

④ 参见白寿彝：《中国史学史》第一卷，上海人民出版社 2006 年版，第 4-6 页。

的界限。联系以上孟子所讲的“事”，是指具体的历史事实，即如齐桓公、晋文公等春秋霸主的历史活动本身，这可以看作客观存在的历史。孟子所说的“史”，是指历史记载，是对“事”的文字记述。用今天的话来说，孟子实际上是把客观存在的历史与文字记载的史加以区别，这在史学史上是具有重要意义的。

关于“义”。孟子没有作具体的说明，而是引用孔子的话强调了史书中“义”的重要，即：“孔子曰：‘其义则丘窃取之矣。’”孔子所说的“义”，据章太炎的解释：“义者，《春秋》凡例，掌在史官。”[①] 这就是说，“义”是指晋、楚、鲁等各诸侯国的史书“春秋”中所包含的凡例，这种凡例由各诸侯国的史官所掌握。这种凡例，也可以理解为当时史官记事所应遵循的书法原则，这在本章第一节中已有所论述。孔子讲“其义则丘窃取之”，有学者指出：“这个‘取’字极为重要，它说明孔子不仅赞赏、尊重史官义法，而且像治学一样，曾对史官义法作过一番研究。由于孔子作《春秋》的原因和目的都和前代史官不同，他们的义法并不尽合孔子需要，因此，孔子必然要对前人的义法作一番研究、取舍，并根据自己的需要另行制作一些新的内容。这经过孔子研究制作过的‘义法’，理所当然会成为孔《春秋》的精神支柱。”[②] 这种诠释至少说明了三方面的内容：一是孔子作《春秋》，吸取了各诸侯国国史中所包含的“义”；二是孔子

① 章太炎：《检论》卷二“春秋故言”，《章太炎全集》（三），上海人民出版社 1984 年版，第 408 页。

② 彭忠德：《秦前史学史研究》，湖北人民出版社 2004 年版，第 213 页。

作《春秋》有其时代原因及政治用意，因此在《春秋》中寄寓了不同于各诸侯国国史中的“义”；三是孔子所寄寓的“义”，渗透着孔子的政治思想与精神旨趣。联系前面孟子所讲孔子作《春秋》的时代背景以及《春秋》所起到的社会功用，可以认为，孔子所寄寓的“义”包含着等级观念、道德观念和伦理观念，正是“乱臣贼子惧”的原因所在。

孟子所概括的史书的三个基本要素事、文、义，成为中国古代史学批评开端时期最初的三个范畴。随着史学的发展，一些史家对孟子的事、文、义思想作了更加深入的阐发，关于史书要素的内涵也进一步明确，其中，以章学诚所论最为中肯、深刻。

章学诚以理论见长，尤为重视对“义”的追求，他曾比较自己和刘知幾的异趣为“刘言史法，吾言史意”[①]。他对孟子所言“事、文、义”作了如下论述：

> 史所贵者义也，而所具者事也，所凭者文也。
>
> 夫子因鲁史而作《春秋》，孟子曰“其事齐桓、晋文，其文则史”，孔子自谓窃取其义焉耳。载笔之士，有志《春秋》之业，固将惟义之求，其事与文，所以借为存义之资也……作史贵知其意，非同于掌故，仅求事文之末也。
>
> 孔子作《春秋》，盖曰其事则齐桓、晋文，其文则史，其义则孔子自谓有取乎尔。夫事即后世考据家之所尚也，文

① 章学诚：《章学诚遗书》卷九《文史通义外篇三·家书二》，文物出版社1985年版，第92页。

即后世词章家之所重也，然夫子所取，不在彼而在此。则史家著述之道，岂可不求义意所归乎？①

总的来看，章学诚主张“义”为史所贵，而将“事”与“文”看作是反映“义”的一种途径。他提出“作史贵知其意”，认为史家应以“义意所归”作为著述的目标。这里他所讲的“史意”，本于孔子《春秋》之义。章学诚对事、文、义的论述，更为重要的是揭示了三者与才、学、识之间的相互关系。他在论及刘知幾所提出的“史才三长”说时指出：

才、学、识三者，得一不易，而兼三尤难，千古多文人而少良史，职是故也。昔者刘氏子玄，盖以是说谓足尽其理矣。虽然，史所贵者义也，而所具者事也，所凭者文也。孟子曰：“其事则齐桓、晋文，其文则史，义则夫子自谓窃取之矣。”非识无以断其义，非才无以善其文，非学无以练其事，三者固各有所近也，其中固有似之而非者也。②

孟子所言“事”“文”“义”，是关于历史撰述最初的三个基本要素，刘知幾提出的才、学、识“史才三长”说，是关于史家素养的高度概括。在一定意义上可以说，前者确定了史书批

① 分别参见章学诚《文史通义》的《史德》《言公上》《申郑》，叶瑛《文史通义校注》本，中华书局1985年版，第219、171-172、464页。

② 章学诚：《文史通义·史德》，叶瑛《文史通义校注》本，中华书局1985年版，第219页。

评论的基本范围，后者确定了史家批评论的基本标准。而章学诚把孟子所言“事”“文”“义”与刘知幾提出的“史才三长”论联系起来并相互诠释，指出“非识无以断其义，非才无以善其文，非学无以练其事”，将史家之识、才、学与史书之义、文、事结合成一个统一的整体来看待，指出它们有相近之处，又有似之而非处。是否可以这样认为，史书的基本要素，是决定史家素养的前提和依据，而史家的素养，是成功撰写史书的基础和保证。二者密切结合，互相影响。章学诚的这一认识，在中国史学批评史上具有重要的意义，而其源则出于孟子所论。

在中国古代史学批评发展的开端时期，孔子、孟子发挥了极其重要的作用。他们作为思想家，从较深的认识层面上提出了一些很有价值的问题与见解，如对“良史”的称颂，对史书与时代关系的辩证认识，对史书社会功用的揭示，对读书方法的认识，以及对史书基本要素事、文、义的概括等。这些问题，或是中国古代史学优良传统的渊源所在，或成为影响史学和史学批评发展的一种路径，或发展成为史学批评中的一个重要方法，或确定了史学批评的范畴与标准等，都在以后的史学发展中得到进一步的理论提升，从而贯穿整个中国古代史学批评史。这也反映了史学批评在先秦时期所具有的较高起点。孔子、孟子拓展了史学批评的空间，开中国古代史学批评之先河。

第三章 《春秋》三传评《春秋》及其史学影响

孔子不仅开中国古代史学批评之先河，他所作的《春秋》也得到史学家、思想家的极大关注和高度评价，进而推动了史学批评的发展，前述孟子的有关评论便是突出的表现。此外，一向被称为《春秋》“三传”的《左传》《公羊传》和《穀梁传》[①]，

① 需要说明的是，《左传》虽与《公羊传》《穀梁传》并称为《春秋》“三传”，但它们有很大的差别。白寿彝认为：《左传》是孔子《春秋》之后关于春秋史的重要私人撰述，并非为《春秋》而作，不能说是《春秋》的传。（参见白寿彝：《中国史学史》第一卷，上海人民出版社2006年版，第149页）赵光贤撰文指出：“《公羊》《穀梁》二传是依附《春秋》而不能独立的书。《左传》则是一部独立的史书，不必依附《春秋》的，这是二者根本不同的所在。”文中，作者考察了《左传》之所以称为《春秋》之传的原因是由于汉代今文学派与古文学派的斗争，并从以下几个方面具体分析了《左传》并非为《春秋》而作的传：第一，二书记事有所不同，或经有某事而无传，或传有某事而经无，典型的例子如庄公二十六年，经有五条，无一条有传；传有三条，经全无，经传全不相应。第二，二书的记事体例并不一致，如在历法上《春秋》用周正，而《左传》则因所取材料的来源不同，有的用周正，有的用殷正，有的用夏正。第三，二书同记一事，而文字不同。通过考察，作者指出：“《左传》原本与《春秋》无疑是各自独立的两书。”（参见赵光贤：《春秋与左传》，仓修良主编：《中国史学名著评介》第一卷，山东教育出版社1990年版，第32-35页）在一些史学史著作中，有的认为《左传》不能称为《春秋》的传，但与《春秋》有密切联系，如王树民：《中国史学史纲要》，中华书局1997年版，第46页；谢保成：《增订中国史学史》（先秦至唐前期），商务印书馆2016年版，第87页。有的则将《左传》看作是解释《春秋》的史书，如金毓黻：《中国史学史》，河北教育出版社2000年版，第32-34页；等等。这里采取白寿彝、赵光贤等先生的观点，将《左传》看作是独立的史书。

作为战国时期的重要史书，也从不同的视角发表了对《春秋》的评论，进一步丰富了先秦时期史学批评发展的内涵。

第一节 《左传》“君子曰”评《春秋》

《左传》是战国早期的私人历史撰述。[①] 它以春秋时期鲁国十二公即隐、桓、庄、闵、僖、文、宣、成、襄、昭、定、哀为序编年记事，上限同于孔子《春秋》，即鲁隐公元年（前 722），下限比孔子《春秋》晚十三年，即鲁哀公二十七年（前 468），凡二百五十五年。它是继孔子《春秋》之后记述春秋时期历史的一部重要史书，不仅在记事方面丰富了《春秋》，也在史书体裁、文字表述、历史评论等方面发展了《春秋》。《左传》记事连贯，内容丰富，全书有十九万六千八百多字，篇幅为《春秋》的十倍[②]。它不仅写出了春秋时期王室衰微、诸侯争霸的历史趋势，也写出

---

① 关于《左传》的作者，历来聚讼纷纭，主要有鲁君子左丘明作、子夏作、吴起作以及刘歆伪作等不同的说法。顾炎武指出：“《左氏》之书，成之者非一人，录之者非一世。”（顾炎武：《日知录》卷四“春秋阙疑之书”，黄汝成《日知录集释》本，上海古籍出版社 2006 年版，第 182 页）这一观点基本得到学者的认同。关于《左传》的成书年代，学者大多根据《左传》的记事断限及书中预言、占卜的应验情况加以判断，但具体推测的年代不尽相同，或认为在前 403 年至前 389 年之间（参见杨伯峻：《春秋左传注·前言》，中华书局 1990 年版，第 38–41 页）；或认为在前 375 年至前 364 年之间（参见赵光贤：《春秋与左传》，仓修良主编：《中国史学名著评介》第一卷，山东教育出版社 1990 年版，第 48–49 页）；或认为在前 375 年至前 343 年之间（参见赵伯雄：《春秋学史》，山东教育出版社 2004 年版，第 13–17 页）；等等。

② 关于《春秋》的字数，古今所载有所差距。《史记·太史公自序》中《史记集解》引三国张晏说《春秋》一万八千字。《公羊传·昭公十二年》“其词则丘有罪焉耳”下唐徐彦《疏》引《春秋说》也说“《春秋》一万八千字”。南宋初王观国《学林》则说：“今世所传《春秋经》，一万六千五百余字。”南宋李焘为谢畴作《春秋古经序》说：“张晏云《春秋》万八千字，误也。今细数之，更缺一千四百二十八字。”据汪伋《十三经纪字》，依清乾隆甲寅（1794）刻本，《春秋》为一万六千五百十二字，较之李焘所细数，又少了六十字。（以上参见杨伯峻：《春秋左传注·前言》，中华书局 1990 年版，第 21 页）

了这一时期政治、军事和其他方面的社会情况，而且写出了这一时期民族交往与民族融合的进程，“在中国史学的民族史及民族关系史撰述上有开创的意义”①。从史书体裁上看，《左传》完备了编年体的规模，并于编年记事之中包含着纪事本末体和传记体的因素。如《左传·隐公元年》记载了郑伯克段于鄢一事的本末原委，《左传·僖公二十三年》记载了晋公子重耳流亡近二十年的生活和经历等。白寿彝先生明确指出：“《左传》把纪事本末体和传记体运用于编年史之中，作为编年体的补充，这是很重要的创举。对于后来编年史的体裁是有影响的。”② 从文字表述上看，《左传》在写战争、辞令方面表现出很高的成就，开创了中国史学上文史结合的优良传统，为后世史家树立了典范。从历史评论上看，《左传》常常以“君子曰”的口吻就所记史事、人物等发表评论。这种历史评论形式在其后中国史学上得到很大的发展，成为各种体裁史书的一个构成部分，即“史论”，如《史记》中的“太史公曰”，《汉书》中的“赞曰”，《汉纪》中的“荀悦曰”，《资治通鉴》中的“臣光曰”等。

《左传》不仅从史学上发展了《春秋》，而且两次以“君子曰”的形式评论《春秋》，成为目前所见史书中最早的对于《春秋》的评论，在中国史学批评的开端时期具有重要的意义。

《左传》两次评论《春秋》，一次是在《左传·成公十四

① 瞿林东：《中国史学史纲》，北京出版社 1999 年版，第 143 页。关于《左传》对春秋时期民族关系的记载，详见瞿林东：《论春秋时期各族的融合》，《学习与探索》1981 年第 1 期。

② 白寿彝：《中国史学史》第一卷，上海人民出版社 2006 年版，第 153 页。

年》，其文如下：

九月，侨如以夫人妇姜氏至自齐。舍族，尊夫人也。故君子曰："《春秋》之称，微而显，志而晦，婉而成章，尽而不污，惩恶而劝善，非圣人，谁能修之？"①

另一次是在《左传·昭公三十一年》，其文如下：

冬，邾黑肱以滥来奔。贱而书名，重地故也。君子曰："名之不可不慎也如是：夫有所有名而不如其已。以地叛，虽贱，必书地，以名其人，终为不义，弗可灭已。是故君子动则思礼，行则思义；不为利回，不为义疚。或求名而不得，或欲盖而名章，惩不义也。齐豹为卫司寇，守嗣大夫，作而不义，其书为'盗'。邾庶其、莒牟夷、邾黑肱以土地出，求食而已，不求其名。贱而必书。此二物者，所以惩肆而去贪也。若艰难其身，以险危大人，而有名章彻，攻难之士将奔走之。若窃邑叛君以徼大利而无名，贪冒之民将置力焉。是以《春秋》书齐豹曰'盗'，三叛人名，以惩不义，数恶无礼，其善志也。故曰，《春秋》之称微而显，婉而辨。上之人能使昭明，善人劝焉，淫人惧焉，是以君子贵之。"②

---

① 《左传·成公十四年》，杨伯峻《春秋左传注》本，中华书局1990年版，第870页。

② 《左传·昭公三十一年》，杨伯峻《春秋左传注》本，中华书局1990年版，第1512-1513页。

这两段评论，都是由某一具体事情而引发。前者对《春秋》作了概括的评价，后者则进一步列举事例，详细阐发了《春秋》中所蕴含的“义”。合而观之，这两段评论涉及的内容主要包括《春秋》的表述特点、记事原则以及社会功用等方面。

第一，关于《春秋》的表述特点。《左传》中的两次评论都谈到了这一问题，即《成公十四年》所讲“《春秋》之称，微而显，志而晦，婉而成章”，《昭公三十一年》所讲“《春秋》之称微而显，婉而辨”。具体来说，所谓“微而显”，晋杜预注为：“辞微而义显”或“文微而义著”[①]。这就是说，《左传》认为《春秋》用词细密而意义显著，指出了《春秋》在属辞上的技巧。所谓“志而晦”，按杜预的注：“志，记也。晦，亦微也。谓约言以记事，事叙而文微。”[②] 刘知幾对“晦”有详细的诠释，认为：“章句之言，有显有晦。显也者，繁词缛说，理尽于篇中；晦也者，省字约文，事溢于句外。然则晦之将显，优劣不同，较可知矣。夫能略小存大，举重明轻，一言而巨细咸该，片语而洪纤靡漏，此皆用晦之道也。”[③] 这就是说，“晦”的基本要求是“省字约文”，其作用在于“略小存大”“举重明轻”等。由此可知，《左传》认为《春秋》记事简约而含义深远，讲到了《春秋》在叙事上的特点。所谓“婉而成章”或“婉而辨”，杜预注为“婉，曲也。谓屈曲其辞，有所辟讳，以示大顺，而成

① 分别参见《左传》成公十四年、昭公三十一年，《十三经注疏》本，中华书局 1980 年版，第 1913、2126 页。

② 《左传·成公十四年》，《十三经注疏》本，中华书局 1980 年版，第 1913 页。

③ 刘知幾：《史通·叙事》，浦起龙《史通通释》本，上海古籍出版社 2009 年版，第 161 页。

篇章”，“婉而辨”是指“辞婉而旨别”。[1] 可见，《左传》认为《春秋》表达婉转，有所隐讳，却又旨意鲜明，顺理成章，讲到了《春秋》的表述风格。概而言之，《左传》所评《春秋》的表述特点着重点在于“微”“晦”“婉”三字，其要义在于肯定《春秋》于简约文辞以及婉转表达中所寄予的深意，即所谓微言大义。从总体来看，《左传》指出了《春秋》在属辞、叙事以及表述上的特点和风格，它们既相互关联又各有侧重。联系孔子在作《春秋》时对于文辞的严肃与慎重，以及《春秋》在“属辞”上的严谨有序，[2] 可以认为，《左传》对《春秋》表述特点的评论中肯而又深刻。这一评论也得到后人的认同与肯定，汉代徐干指出：

> 故辩之为言别也，为其善分别事类而明处之也，非谓言辞切给而以陵盖人也。故《传》称《春秋》“微而显，婉而辩”者，然则辩之言必约以至，不烦而谕，疾徐应节，不犯礼教，足以相称。[3]

---

① 分别参见《左传》成公十四年、昭公三十一年，《十三经注疏》本，中华书局 1980 年版，第 1913、2126 页。

② 关于孔子作《春秋》时对文辞的慎重，据司马迁《史记·孔子世家》载：“孔子在位听讼，文辞有可与人共者，弗独有也。至于为《春秋》，笔则笔，削则削，子夏之徒不能赞一辞。”子夏为孔门“文学”科的杰出弟子，对《春秋》都不能改动一个字，孔子在文辞上的慎重由此可见一斑。关于《春秋》在“属辞”上的严谨有序，如记人的死亡，因身份不同，而有崩、薨、卒的区别；记战争，因各方情况的不同，而有伐、侵、入、战、围、救、取、执、溃、灭、败的区别等。

③ 徐干：《中论》卷上《核辩》，《丛书集成初编》本，中华书局 1985 年版，第 13 页。

在徐干看来，“辩”之用在于明类别，其要求是简约明了，思想上符合礼教。通过对“辩”的诠释，他赞同《左传》对《春秋》“微而显，婉而辩”的评论，实则进一步说明了《春秋》在表述上言辞简约、旨意鲜明的特点。

第二，关于《春秋》的记事原则，即《左传·成公十四年》“君子曰”所评《春秋》“尽而不污”。杜预注：“谓直言其事，尽其事实，无所污曲。”[①] 可以看出，《左传》肯定了《春秋》记载的真实性与可靠性。应当注意的是，《左传》称道《春秋》“尽而不污”，有着一定的权衡标准，可以认为是遵循周代史官记事的书法，即符合周王朝的礼法制度。首先，《左传》本身十分关注史官记事的态度，如《庄公二十三年》记鲁大夫曹刿以礼论说“君举必书”的职责。又如《宣公二年》记晋国史官董狐不畏权势、据法而书“赵盾弑其君”的史事，并引用孔子的言论称赞：“董狐，古之良史也，书法不隐。”再如《襄公二十五年》记齐国太史诸兄弟和南史氏视死如归、严守书法记下“崔杼弑其君”的史事。《左传》虽对这些史事未作直接的评论，但从对这些史事的记载中以及所引用孔子的评论来看，《左传》当是认同孔子的评论，肯定并称颂“书法不隐”的“良史”精神。而这里的“书法不隐”，即是遵循周王朝的礼法制度。其次，《左传》讲到“礼”的地方很多，包含的内容也很丰富。或直接论礼的重要性，如《隐公十一年》评郑庄公知礼，认为：

① 《左传·成公十四年》，《十三经注疏》本，中华书局1980年版，第1913页。

“礼，经国家，定社稷，序民人，利后嗣者也。”或引用典籍讲礼的重要性，如《襄公四年》“君子曰”引《志》之语“多行无礼，必自及也”，《昭公三年》“君子曰”引《诗》“人而无礼，胡不遄死”等。或以礼为标准评论所记史事、人物等，如《桓公十五年》载：“十五年春，天王使家父来求车，非礼也。诸侯不贡车、服，天子不私求财。”综上，《左传》作为孔子《春秋》之后记述春秋史事的一部史书，反映春秋时期人们的思想，自然会受到孔子《春秋》的较大影响。在记事原则上，它评论《春秋》“尽而不污”，与肯定董狐“书法不隐”的精神、重礼等思想是相一致的。

第三，关于《春秋》的社会功用。《左传》以“君子曰”的形式在《成公十四年》讲《春秋》“惩恶而劝善”，又在《昭公三十一年》结合具体事例讲《春秋》“上之人能使昭明，善人劝焉，淫人惧焉”，这两次评论都明确肯定了《春秋》所具有的社会功用。

所谓“惩恶而劝善”，亦即“善人劝焉，淫人惧焉”。按杜预的注：“善名必书，恶名不灭，所以为惩劝。”[①]《左传·昭公三十一年》“君子曰”列举《春秋》惩恶的典型事例并作了详细的阐发。所列举的典型事例是：《春秋》记载齐豹为“盗”，并记载了三个叛逆的人名。齐豹是卫国的司寇，世袭大夫，做事不义。据杜预注：“二十年，豹杀卫侯兄，欲求不畏强御之名。”[②]

---

① 《左传·成公十四年》，《十三经注疏》本，中华书局1980年版，第1913页。
② 参见《左传·昭公三十一年》，《十三经注疏》本，中华书局1980年版，第2126页。

故《春秋》记为“盗”。邾国的庶其、莒国的牟夷、邾国的黑肱，为了谋生，带着土地背叛各自的国君。虽然他们是小诸侯国的大夫，并不求什么名义，但《春秋》一定会记载地名，从而记载背叛的人，使他们蒙不义之名而不能磨灭。这两种情况，一是“求名而不得”，一是“欲盖而名章”。《左传》认为，《春秋》记载这两种情况，“所以惩肆而去贪也”，“以惩不义，数恶无礼”，即惩罚像齐豹这样放肆、不义之人，斥责像庶其、牟夷、黑肱这样无礼、贪婪之人。反过来讲，如果制造祸乱、使地位高的人陷于危险境地，反而名声显扬，那么制造祸乱的人就要为此而奔走；如果盗窃封邑、背叛国君以求利，其名字反而不被记载下来，那么贪婪的人就要为此而卖力。通过正反两个方面的阐发，《左传》“君子曰”慨叹《春秋》“善志也”。可以看出，关于《春秋》“惩恶”之功用，《左传》“君子曰”阐发得淋漓尽致，并指出“名之不可不慎也如是”，“是故君子动则思礼，行则思义；不为利回，不为义疚”。

所谓“上之人能使昭明”，杜预注：“上之人，谓在位者。在位者能行其法，非贱人所能。”① 《左传》“君子曰”认为，《春秋》能够使在位者明治国之道，辨善恶是非，从而使善人得到鼓励，恶人有所畏惧。这实际上讲到了《春秋》对于政治统治的借鉴意义。

值得注意的是，“春秋”本是春秋时期各诸侯国国史的统

① 《左传·昭公三十一年》，《十三经注疏》本，中华书局1980年版，第2127页。

称，是一种编年记事的史书。春秋末年，人们已经认识到它所具有的社会功用。如第一章述及《国语·楚语上》记楚国大夫申叔时教导太子时，指出“教之春秋，而为之耸善而抑恶焉，以戒劝其心”。申叔时深刻认识到“春秋”提高太子修养的作用并予以重视，而太子的教育自然是政治统治中的一件大事。这也从一个侧面反映了“春秋”与政治统治的密切联系，而孔子所作《春秋》在这方面的意义，经后人不断阐发，显得尤为突出。

第二节 《公羊传》《穀梁传》评《春秋》

一、评《春秋》的体裁与书法

《公羊传》和《穀梁传》原是解释《春秋》的口头讲辞，在战国中后期已经形成。据《汉书·艺文志》载：“《春秋》所贬损大人当世君臣，有威权势力，其事实皆形于传，是以隐其书而不宣，所以免时难也。及末世口说流行，故有《公羊》《穀梁》《邹》《夹》之《传》。”这里的“末世”即指战国中后期，“口说”指口头传授。二传经过长期的口耳相传，大约在汉初写定，并流传至今。《汉书·艺文志》著录有《公羊传》十一卷、

《穀梁传》十一卷。[①] 从内容上来看，二传是对《春秋》的解说，都是编年体裁，起讫年代同于《春秋》。其中也羼杂有汉人的文字，但基本内容当是孔子弟子口耳相传下来的。二传中包含了不少史事，可以反映春秋时期的政治、社会等情况，有些史实可与《左传》相补充，对研究春秋时期历史具有重要的史料价值。此外，二传包含鲜明的大一统思想、历史变易思想以及不少史论等。从这个意义上说，《公羊传》和《穀梁传》可视为战国时期的史书，并在先秦史学的发展中具有一定的地位。

《公羊传》和《穀梁传》解释《春秋》，涉及面比较广泛，或释人，或释地，或释制度，或释表述形式等，更重要的是解释《春秋》的旨意。值得关注的是，二传在解说之中蕴含着对《春秋》的具体评论，成为先秦史学批评发展中的一项重要内容。

首先来看二传对《春秋》体裁的评论。二传在解说《春秋》记事之例的同时都讲到了《春秋》编年史的体裁特点。比如《公羊传·隐公六年》就《春秋》"秋七月"的记载作了如下解释：

《春秋》虽无事，首时过则书。首时过，则何以书？

① 关于《公羊传》《穀梁传》的作者，《汉书·艺文志》本注分别是"公羊子，齐人""穀梁子，鲁人"，唐颜师古分别注为"名高""名喜"。但关于穀梁子的名字，除了颜师古所讲名"喜"外，自汉以来还有多种说法：如汉桓谭《新论》、汉应劭《风俗通义》认为穀梁子名赤。汉王充《论衡·案书》认为穀梁子名置。南朝梁阮孝绪《七录》、唐杨士勋《春秋穀梁传疏》认为穀梁子名俶，字元始等。从名、字的相应来看，阮孝绪指出："穀梁子之名俶、名赤、名置，很可能只是古音的通假，因为俶、赤俱为昌纽，韵部也相接近；置字章纽，与昌纽仅为清浊之分。"（以上参见赵伯雄：《春秋学史》，山东教育出版社2004年版，第54页）至于穀梁子的名字，一般称之为"穀梁赤"。

《春秋》编年，四时具，然后为年。

对此，东汉何休讲道："首，始也。时，四时也。过，历也。春以正月为始，夏以四月为始，秋以七月为始，冬以十月为始。历一时无事，则书其始月也。"[①] 这里，《公羊传》解说了《春秋》的记事之例，即当一个季节过去，即使无事，也要记载下这个季节的第一个月。这种记事之例是由《春秋》编年的体裁特点所决定的，因为只有四季完备，才可以成为一年。

类似的解释也见于《穀梁传》。如《穀梁传·桓公元年》解释《春秋》"冬十月"的记载说：

无事焉，何以书？不遗时也。《春秋》编年，四时具而后为年。

《穀梁传》指出《春秋》无事而书时的原因在于"不遗时也"，即不遗漏季节，因为《春秋》编年记事，只有春夏秋冬四时皆备才可成为一年，不全则不能成为一年。另外，《穀梁传·僖公二十八年》提到《春秋》"日系于月，月系于时"，联系前述《春秋》编年的体裁，它实则说明了《春秋》按年、时、月、日记事的具体原则。

其次二传有对《春秋》书法的评论。书法是指记事的方法，

① 《公羊传·隐公六年》，《十三经注疏》本，中华书局1980年版，第2208页。

尤指记事的原则。《公羊传》和《穀梁传》说明和阐发《春秋》书法的内容很多，这里仅举几个比较突出的方面。

——隐讳。在中国史学上，《春秋》的隐讳书法影响很大，其中最明显的为"三讳"之例，即所谓"为尊者讳，为亲者讳，为贤者讳"。对此，《公羊传》和《穀梁传》皆有所阐发。《公羊传·闵公元年》通过解释某一史事明确提出了"《春秋》为尊者讳，为亲者讳，为贤者讳"的书法。至于"三讳"的内容与区别，《穀梁传·成公元年》指出《春秋》"为尊者讳敌不讳败，为亲者讳败不讳敌，尊尊亲亲之义也"，这里所讲尊尊亲亲之义，主要是对于尊贵的人，隐讳与他为敌的人而不隐讳他的失败；对于亲近的人，隐讳他的失败而不隐讳与他为敌的人。《穀梁传·成公九年》又指出《春秋》"为尊者讳耻，为贤者讳过，为亲者讳疾"，也就是说，为尊贵的人隐讳耻辱，为贤明的人隐讳过失，为亲近的人隐讳缺点。

二传有对《春秋》"三讳"书法的总体说明，更多地则表现为具体解说《春秋》的某一种隐讳书法，这里试举例加以诠释。

关于"为尊者讳"。所谓"尊者"，主要是指周天子。最为典型的事例是《春秋·僖公二十八年》所记"天王狩于河阳"一事。对此，《穀梁传》解释说："全天王之行也。为若将守而遇诸侯之朝也。为天王讳也。"① 这里的"天王"，是指周襄王。此事原委在《左传·僖公二十八年》有较为详细的说明，即：

① 《穀梁传·僖公二十八年》，《十三经注疏》本，中华书局 1980 年版，第 2402 页。

"晋侯召王，以诸侯见，且使王狩。仲尼曰：'以臣召君，不可以训。故书曰"天王狩于河阳"，言非其地也，且明德也。'"可以看出，《穀梁传》的解释同于《左传》，明确指出了《春秋》为周天子隐讳的特点。又如《穀梁传·成公元年》就《春秋》"秋，王师败绩于贸戎"的记载解释说："不言战，莫之敢敌也。为尊者讳敌不讳败，为亲者讳败不讳敌，尊尊亲亲之义也。然则孰败之？晋也。"《穀梁传》认为周天子的军队被晋军打败，对此《春秋》书王师败而不书与谁战，是为尊者隐讳。因为没有人敢和周天子为敌，所以《春秋》为尊者隐讳与他为敌的人而不隐讳他的失败。至于"莫之敢敌"的原因，《盐铁论·世务》讲道："《春秋》'王者无敌'，言其仁厚，其德美，天下宾服，莫敢交也。"

关于"为贤者讳"。所谓"贤者"，既包括贤明的国君，也包括贤能的臣子。为贤君讳如《公羊传·僖公十七年》就《春秋》"夏，灭项"的记载解释说：

> 孰灭之？齐灭之。曷为不言齐灭之？为桓公讳也。《春秋》为贤者讳，此灭人之国，何贤尔？君子之恶恶也疾始，善善也乐终。桓公尝有继绝存亡之功，故君子为之讳也。[①]

对于此事，《穀梁传》的解释基本同于《公羊传》，都指出

① 《公羊传·僖公十七年》，《十三经注疏》本，中华书局1980年版，第2255页。

了因齐桓公有继绝存亡之功，是为贤者，所以《春秋》为贤者讳，故而不明书齐国灭项。据《汉书·陈汤传》记载，刘向曾上疏讲“昔齐桓公前有尊周之功，后有灭项之罪，君子以功覆过而为之讳行事”。可见刘向对此事的看法同于二传。又如《公羊传·庄公四年》认为，齐襄公能复九世之仇，是为贤者，故而《春秋》为其隐讳，书“纪侯大去其国”而不言齐襄公灭纪，等等。为贤臣讳如《公羊传·僖公二十八年》解释《春秋》“晋人执卫侯归之于京师”说：

> 卫侯之罪何？杀叔武也。何以不书？为叔武讳也。《春秋》为贤者讳。何贤乎叔武？让国也。[①]

这里，《公羊传》以叔武让国为贤，故而《春秋》为其讳而不书其名。

值得注意的是，《公羊传》认为《春秋》为贤者讳，可延及其子孙。如《公羊传·昭公二十年》就《春秋》“夏，曹公孙会自鄸出奔宋”的记载作了如下解释：

> 奔未有言自者，此其言自何？畔也。畔则曷为不言其畔？为公子喜时之后讳也。《春秋》为贤者讳。何贤乎公子喜时？让国也。其让国奈何？曹伯庐卒于师，则未知公子喜

① 《公羊传·僖公二十八年》，《十三经注疏》本，中华书局1980年版，第2262页。

时从与？公子负刍从与？或为主于国，或为主于师。公子喜时见公子负刍之当主也，逡巡而退。贤公子喜时，则曷为为会讳？君子之善善也长，恶恶也短，恶恶止其身，善善及子孙。贤者子孙，故君子为之讳也。①

在《公羊传》看来，公孙会叛曹奔宋，《春秋》不书其叛，是因为他是公子喜时的后代。公子喜时能让国，是为贤。《春秋》为贤者讳，并推崇“恶恶止其身，善善及子孙”，即憎恨恶行仅限于其人自身，赞美善行则延及其后代，故而《春秋》为贤者子孙讳。西汉刘向也讲到此事，指出：“子臧让千乘之国，可谓贤矣。故《春秋》贤而褒其后。”② 子臧即指曹公子喜时，刘向的看法与《公羊传》有相通之处。

关于“为亲者讳”。《公羊传》和《穀梁传》解说鲁国史事，经常提到“为内讳也”“内辞也”“内大恶讳”等，阐发了《春秋》为鲁国隐讳的书法，这实际上可以视为《春秋》“为亲者讳”的内容。

比如鲁国战败，则讳不言败。《穀梁传·桓公十年》就《春秋》“冬，十有二月，丙午，齐侯、卫侯、郑伯来战于郎”的记载解释说：“内不言战，言战则败也。不言其人，以吾败也。不言及者，为内讳也。”《穀梁传》指出，对于鲁国而言，称作战则表示战败。这里，《春秋》不称鲁桓公以及鲁国，皆是因为鲁

① 《公羊传·昭公二十年》，《十三经注疏》本，中华书局1980年版，第2325页。
② 刘向编著：《新序》卷七《节士》，石光瑛《新序校释》本，中华书局2001年版，第852页。

国战败的缘故，故而为鲁国隐讳。对此，《公羊传》的解释基本同于《穀梁传》，认为“内不言战，言战乃败也”[①]。前述《穀梁传·成公元年》讲到了为尊者讳敌不讳败的史事，这里所讲正是为亲者讳败不讳敌之例，也正是《穀梁传·成公元年》所阐发的“为尊者讳”与“为亲者讳”的区别，即“为尊者讳敌不讳败，为亲者讳败不讳敌”。

又如鲁国国君被弑，则为之隐讳。《公羊传·闵公二年》解释《春秋》“秋，八月，辛丑，公薨”的记载说：“公薨何以不地？隐之也。何隐尔？弑也。孰弑之？庆父也。”这就是说，《春秋》不书闵公“薨”的地方，是为了隐讳闵公被庆父所弑一事。

再如对于鲁国的不义之举，则为之隐讳。《公羊传·哀公七年》解释《春秋》“八月，己酉，入邾娄，以邾娄子益来”的记载说：“邾娄子益何以名？绝。曷为绝之？获也。曷为不言其获？内大恶讳也。”这里，《公羊传》认为，鲁哀公俘获邾娄的国君益是大恶的行为，故而《春秋》不言其获，从而为鲁国隐讳。另外，《公羊传·成公八年》就《春秋》“春，晋侯使韩穿来言汶阳之田，归之于齐”的记载解释说：“来言者何？内辞也。胁我使我归之也。”《公羊传》认为，晋侯实际上是胁迫鲁国归还齐国的土地，而《春秋》书“来言”，是为鲁国隐讳之辞。

---

① 《公羊传·桓公十年》，《十三经注疏》本，中华书局1980年版，第2219页。

以上列举了二传解释《春秋》“为尊者讳，为贤者讳，为亲者讳”的具体事例，除此之外，还有一些，这里不再一一赘述。

——常事不书。这是《春秋》的一个重要书法，也是《春秋》简约的一个重要原因。《公羊传》三处明确提到《春秋》“常事不书”：

《桓公四年》解释《春秋》“春，正月，公狩于郎”的记载说：“狩者何？田狩也。春曰苗，秋曰蒐，冬曰狩。常事不书，此何以书？讥。何讥尔？远也。”

《桓公八年》解释《春秋》“春，正月，己卯，烝”的记载说：“烝者何？冬祭也。春曰祠，夏曰礿，秋曰尝，冬曰烝。常事不书，此何以书？讥。何讥尔？讥亟也。亟则黩，黩则不敬，君子之祭也，敬而不黩。”

《桓公十四年》解释《春秋》“乙亥，尝”的记载说：“常事不书，此何以书？讥。何讥尔？讥尝也。曰：‘犹尝乎？’御廪灾，不如勿尝而已矣。”

由此可以看出，《公羊传》所讲的“常事”，主要是指狩、烝、尝等按照四时所进行的常规性的礼仪或祭祀活动。值得注意的是，《公羊传》和《穀梁传》解释《春秋》，还经常出现“……不书，此何以书”或“不书……此其言……何也”句式，这也可以看作是对《春秋》“常事不书”的一种阐发，只不过“常事”的范围扩大，不仅仅指四时的常规性礼仪或祭祀活动，而且包含其他的礼仪活动或社会活动等，试列表予以说明：

《公羊传》《穀梁传》"常事不书"事例表

事例	涉及篇目	备注
纳币不书	《公羊传》庄公二十二年、文公二年、成公八年	纳币，即纳征，古婚礼六礼（纳采、问名、纳吉、纳征、请期、亲迎）之一。纳币为常礼，按例不予记载。
《春秋》君弑，子不言继位 继弑君不言即位	《公羊传》桓公元年、庄公元年、闵公元年、僖公元年、宣公元年 《穀梁传》庄公元年、闵公元年、僖公元年	国君被弑，按例不书新君继位
《春秋》君弑，贼不讨，不书葬	《公羊传》隐公十一年、桓公十八年、宣公十二年、襄公三十年 《穀梁传》隐公十一年、桓公十八年	国君被弑而没有讨伐杀害国君的人，按例不记载国君的葬事
诸侯卒其封内不地	《公羊传》宣公九年、襄公七年、昭公二十五年 《穀梁传》僖公四年	按例，诸侯死在自己的封地内不必记载地点
修旧不书 筑不志	《公羊传》庄公二十九年、定公二年 《穀梁传·成公十八年》	按例不记载修缮旧的建筑、修建苑囿之事
取邑不日	《公羊传》《穀梁传》隐公十年、文公七年	按例不记载攻取城邑的日期
外夫人不卒	《公羊传·庄公二年》 《穀梁传·庄公四年》	按例不记载鲁国以外诸侯国的夫人去世之事

续表

事例	涉及篇目	备注
外夫人不书葬	《公羊传》庄公四年、庄公三十年、襄公三十年 《穀梁传》庄公四年、襄公三十年	按例不记载鲁国以外诸侯国夫人的葬事
外逆女不书	《公羊传》隐公二年、襄公十五年	按例不记载鲁国以外诸侯国迎亲之事
外大夫不卒	《公羊传》隐公三年、文公三年、定公四年 《穀梁传》隐公三年	按例不记载鲁国以外诸侯国的大夫去世之事
外取邑不书	《公羊传》隐公四年、隐公六年、庄公元年、庄公三十年、宣公元年、昭公二十五年、哀公八年 《穀梁传》隐公六年	按例不记载鲁国以外诸侯国攻取城邑之事
外相如不书	《公羊传》桓公五年、襄公五年 《穀梁传》桓公五年	按例不记载鲁国以外诸侯国之间的朝聘往来
外盟不日	《穀梁传·隐公八年》	按例不记载鲁国以外诸侯国盟会的日期
外平不书 外平不道	《公羊传》《穀梁传》宣公十五年	按例不记载鲁国以外诸侯国之间的和解之事
外异不书 外灾不书 外灾不志	《公羊传》庄公十一年、庄公二十年、僖公十四年、文公三年、僖公十六年、成公五年、宣公十六年、襄公九年、昭公十八年 《穀梁传》庄公十一年、文公三年、襄公九年	按例不记载鲁国以外诸侯国所发生的灾异之事

《公羊传》和《穀梁传》认为《春秋》“常事不书”，而当书“常事”之时，往往发出“此何以书”的疑问，从而反映了此事的不寻常意义，或在于此事的特殊性，或在于《春秋》所寄寓的深意。如《公羊传》所列举的“常事不书”的三个实例，《桓公四年》所记“公狩于郎”，其意在于讥讽鲁桓公远行打猎；《桓公八年》所记烝之事，意在谴责祭祀的次数太多而导致态度轻慢不恭敬；《桓公十四年》所记尝之事，也是寓讥讽之义，认为御廪发生了火灾，尝祭应当免除。

又如《穀梁传·桓公十八年》就《春秋》“冬，十有二月，己丑，葬我君桓公”的记载解释说：“君弑，贼不讨，不书葬，此其言葬，何也？不责逾国而讨于是也。”在《穀梁传》看来，“君弑，贼不讨，不书葬”是《春秋》不应记载的“常事”，它解释《春秋·隐公十一年》“冬，十有一月，壬辰，公薨”的记载就指出“其不言葬，何也？君弑，贼不讨，不书葬，以罪下也”，认为“不书葬”的目的在于谴责臣子。那么，对于鲁桓公被弑并未讨伐杀害国君的人，《春秋》为何又“言葬”呢？《穀梁传》指出，这是因为不能越过诸侯国的疆界去讨伐杀害国君的人。原来，鲁桓公是被齐襄公杀害的。对于此事，《公羊传·桓公十八年》的解释大致相同，即“贼未讨，何以书葬？仇在外也。仇在外，则何以书葬？君子辞也”。二传指出了《春秋》此处书“葬”的特殊性，也表明了对此事的关注。

再如《公羊传·庄公二十二年》解释《春秋》“冬，公如齐纳币”的记载说：“纳币不书，此何以书？讥。何讥尔？亲纳币，非礼也。”《穀梁传》的解释是：“纳币，大夫之事也。礼有纳采，有问名，有纳征，有告期，四者备，而后娶，礼也。公之亲纳币，非礼也，故讥之。”[①] 据二传的解释，可以认为，纳币之事本是大夫的职责，例不当书。而这里鲁庄公亲往齐国纳币，不合乎礼，故而《春秋》记载此事以讥讽庄公非礼。

《公羊传》和《穀梁传》所评论《春秋》的隐讳与常事不书，是《春秋》的两个重要书法。此外，二传还讲到了《春秋》的其他具体书法，如前述《公羊传·隐公六年》所讲到的“《春秋》虽无事，首时过则书”；《公羊传·隐公七年》所讲“《春秋》贵贱不嫌同号，美恶不嫌同辞”；《公羊传·僖公十六年》所讲“《春秋》不书晦也。朔有事则书，晦虽有事不书”；《公羊传·庄公三十年》所讲“《春秋》敌者为战”；《公羊传·哀公三年》所讲“《春秋》见者不复见也”；《穀梁传·哀公四年》所讲“《春秋》有三盗：微杀大夫，谓之盗；非所取而取之，谓之盗；辟中国之正道以袭利，谓之盗”；《穀梁传·哀公七年》所讲“《春秋》有临天下之言焉，有临一国之言焉，有临一家之言焉”。

《公羊传》和《穀梁传》对《春秋》所记的同一史事有时会有不同的解释，而且二传本身在所阐发的书法上也会出现矛盾之处，但从总体上而言，二传所阐发的《春秋》的隐讳与常事不书等书法大致是相同的。这种对《春秋》书法的解释，包含

① 《穀梁传·庄公二十二年》，《十三经注疏》本，中华书局1980年版，第2386页。

着一定的评论成分。不论其所评是否完全符合《春秋》之本意，都从一个方面反映了二传对《春秋》书法的认识，也给后人理解《春秋》、评论《春秋》提供了参考。

二、评《春秋》的信史原则与思想旨趣

以上讲了《公羊传》和《穀梁传》评论《春秋》的体裁与书法，此外，二传还有对《春秋》的信史原则、思想旨趣及社会功用的评论，现分别论述如下。

第一，关于《春秋》信史原则的评论。《公羊传》和《穀梁传》在解释具体事例中，从处理史料、撰述方法及所述内容是否属实等方面对《春秋》予以评论，这实际上考察了《春秋》是否符合信史的要求。

——“所见异辞，所闻异辞，所传闻异辞。”《公羊传》三处讲到这一问题，其文如下：

《公羊传·隐公元年》解释《春秋》“公子益师卒”的记载说：“何以不日？远也。所见异辞，所闻异辞，所传闻异辞。”这就是说，《公羊传》认为公子益师卒之事距孔子作《春秋》年代久远，故而孔子没有写下他死亡的具体日期。

《公羊传·桓公二年》就《春秋》“三月，公会齐侯、陈侯、郑伯于稷，以成宋乱”的记载作了如下解释：“内大恶讳，此其目言之何？远也。所见异辞，所闻异辞，所传闻异辞。隐亦远矣，曷为为隐讳？隐贤而桓贱也。”这里，《公羊传》指出《春秋》的记事原则是对于国内的大恶要用讳辞，而此处却标明桓

公“以成宋乱”之恶，是因为此事距孔子作《春秋》时久远，属于传闻之世，故而没有为桓公隐讳。隐公之世虽也久远，而《春秋》却为隐公隐讳，则是因为隐公贤明之故。这里，《公羊传》讲到了《春秋》为尊者讳，一方面是看年代是否久远，另一方面要看国君是否贤明。这里，我们不来讨论《公羊传》所讲到《春秋》的书法问题，主要关注它所讲到《春秋》处理史料的原则。

《公羊传·哀公十四年》解释《春秋》为何上起隐公时指出：“《春秋》何以始乎隐？祖之所逮闻也。所见异辞，所闻异辞，所传闻异辞。”即《春秋》之所以上起隐公，是因为祖辈们所知道的事情是从这里开始的。

通过以上这三个具体事例，可见《公羊传》阐发了《春秋》处理史料的原则，即将史事的来源按照时期的先后，分为所见、所闻、所传闻三类，从而采取不同的表述和说法，这实际上表明了孔子对于历史记载的认真态度。

——“信以传信，疑以传疑。”《穀梁传·桓公五年》解释《春秋》“春，正月，甲戌、己丑，陈侯鲍卒”的记载说：

> 鲍卒何为以二日卒之？《春秋》之义，信以传信，疑以传疑。陈侯以甲戌之日出，己丑之日得，不知死之日，故举二日以包也。

据杜预推算，甲戌日为前年（即桓公四年）十二月二十一日，己丑日为此年（即桓公五年）正月六日[1]。《穀梁传》认为，陈侯于甲戌日逃亡在外，己丑日才找到他。因为不知道他死亡的具体日期，所以《春秋》记载下甲戌和己丑两日即逃亡之日和寻获之日作为他的死期。结合此具体事例，《穀梁传》指出《春秋》“信以传信，疑以传疑”的特点，即对于可信的事情明确记载，对于可疑的事情则采取保留的态度。这也就是说，无论“信”还是“疑”，《春秋》都是如实记载。

又如，《穀梁传·庄公七年》对《春秋》“夏，四月，辛卯，昔，恒星不见”及“夜中星陨如雨”的记载作了如下解释：

> 恒星者，经星也。日入至于星，出谓之昔。不见者，可以见也。夜中星陨如雨。其陨也如雨，是夜中与。《春秋》著以传著，疑以传疑。中之，几也。而曰夜中，著焉尔。何用见其中也？失变而录其时，则夜中矣。其不曰恒星之陨，何也？我知恒星之不见，而不知其陨也。我见其陨而接于地者，则是雨说也。著于上，见于下，谓之雨。著于下，不见于上，谓之陨，岂雨说哉。

《穀梁传》由《春秋》“著以传著，疑以传疑”，认为“星陨如雨”发生在“夜中”是显明之事，故而《春秋》明确记载为“夜中”。这里说的“《春秋》著以传著，疑以传疑”，同于

---

① 《左传·桓公五年》，《十三经注疏》本，中华书局1980年版，第1747页。

《穀梁传·桓公五年》所讲"《春秋》信以传信，疑以传疑"，即再次肯定了《春秋》如实记载的原则。《穀梁传》进而解释道：《春秋》记恒星不见而不记其陨，是因为只知道恒星看不见了，而不知道它陨落。记"星陨如雨"，是因为看见星星陨落下来并落在地面上。显现在天空而被看见在地上可称之为"雨"，显现在地上而未被看见在天空则称之为"陨"。据此，一方面可以看出孔子《春秋》在遣词造句和表述形式上的认真与谨慎，另一方面也可以看出《穀梁传》在解释上用词的严格与准确。另外，《公羊传·庄公七年》在解说此事时讲道："不修《春秋》曰：'雨星不及地尺而复。'君子修之曰：'星陨如雨。'""不修《春秋》"是指鲁国的国史，即《鲁春秋》。"君子修"则指孔子所作的《春秋》。从中可以看出孔子据鲁国史作《春秋》，并对之进行了修改。

——"《春秋》之信史也。"《公羊传》解释《春秋》文"春，齐高偃帅师，纳北燕伯于阳"说：

> 伯于阳者何？公子阳生也。子曰："我乃知之矣。"在侧者曰："子苟知之，何以不革？"曰："如尔所不知何？《春秋》之信史也。其序，则齐桓、晋文，其会，则主会者为之也，其词，则丘有罪焉耳。"[①]

① 《公羊传·昭公十二年》，《十三经注疏》本，中华书局1980年版，第2320页。

这里，《公羊传》认为，“伯于阳”是“公子阳生”之脱误，即“公”字误为“伯”，“子”字误为“于”，“阳”字后脱一“生”字。而孔子本知道这是脱误，但并不予以更改，意在保留史的原貌，并进一步指出《春秋》是真实的记载，在言辞方面丘是有罪过的。这也就是孟子所讲“《春秋》，天子之事也；是故孔子曰：‘知我者其惟《春秋》乎！罪我者其惟《春秋》乎！’”以及“孔子曰：‘其义则丘窃取之矣。’”[①]《公羊传》在解说中借用孔子之言讲到了对《春秋》“信史”的认识与肯定，这或许可以看作是中国史学上关于“信史”的最早记载。

以上，反映了《公羊传》和《穀梁传》在解释具体事例时对于《春秋》的评论，即在处理史料上表现为“所见异辞，所闻异辞，所传闻异辞”的原则，在撰述方法上表现为“信以传信，疑以传疑”或“著以传著，疑以传疑”的特点，并肯定《春秋》为“信史”。它们的评论表明了孔子治史的严谨态度。关于孔子治史之谨慎，在《论语》中也有鲜明的反映，如《论语·为政》记孔子主张“多闻阙疑，慎言其余”。又如《论语·述而》记孔子讲“盖有不知而作之者，我无是也”，《论语·子路》记孔子说“君子于其所不知，盖阙如也”。可以说，二传的评论与《论语》中所反映的孔子思想具有相通之处。

第二，关于《春秋》思想旨趣的评论。《公羊传》和《穀梁传》往往通过解释《春秋》书法来阐发其中所蕴含的思想观念，

---

① 分别参见《孟子》的《滕文公下》《离娄下》，杨伯峻《孟子译注》本，中华书局 1960 年版，第 155、192 页。

如以上所讲到的《春秋》“为尊者讳，为贤者讳，为亲者讳”，可以反映《春秋》的伦理观念。这里所关注的，主要是二传对于《春秋》思想的直接论述，这也是二传对《春秋》思想旨趣的评论。这里，仅举宗法思想、治国思想、夷夏观念等几个方面略作分析。

——关于宗法思想。这里所讲到的宗法思想，主要包括君位继承制度、尊尊亲亲之道以及尊卑等级思想等方面。

《穀梁传·隐公四年》就《春秋》“冬，十有二月，卫人立晋”的记载解释说：

> 卫人者，众辞也。立者，不宜立者也。晋之名恶也。其称人以立之，何也？得众也。得众则是贤也，贤则其曰不宜立，何也？《春秋》之义，诸侯与正而不与贤也。

这里，晋是指卫桓公的弟弟。根据《左传·隐公四年》以及《史记·卫康叔世家》所记，卫国州吁杀害了其兄卫桓公而自立为卫国国君，后卫大夫石碏设计杀害了州吁，并立卫桓公的另一个弟弟晋，是为卫宣公。《穀梁传》认为，《春秋》记载“卫人立晋”，称“卫人”表明晋能够得民心，是贤明的人。称“立”则表明不应该立晋为国君，称晋之名表明他不是合法的继承人。由此《穀梁传》讲到了《春秋》的思想，即诸侯应当传位给嫡长子，而不是传位给贤明的人。这就是说，晋为桓公之弟，虽贤而得众，但并非嫡长子，所以不当立。西周建立后，实行严格的嫡长子继承制，立嫡以长不以贤。鲁国为周公的封国，处处遵从西周的礼乐制度，春秋时期晋卿韩宣子观鲁文化之盛曾发出“周礼尽在鲁矣”[①] 的感叹。这里《穀梁传》所阐发的《春秋》关于君位继承的制度，可以说是符合孔子推崇周礼的思想。

《穀梁传·文公二年》解释《春秋》“八月，丁卯，大事于大庙，跻僖公”的记载说：

> 大事者何？大是事也，著祫尝。祫祭者，毁庙之主，陈于大祖，未毁庙之主，皆升合祭于大祖。跻，升也。先亲而后祖也，逆祀也。逆祀，则是无昭穆也。无昭穆，则是无祖也。无祖，则无天也。故曰文无天。无天者，是无天而行也。君子不以亲亲害尊尊，此《春秋》之义也。

所谓“国之大事，在祀与戎”[②]，这里所讲到的“大事于大庙”，是指祫祭。祫祭，是指新薨之君，在满三年丧期后，将其神主送入太庙，与太庙诸祖之神主举行合祭。根据周礼，天子的祖庙为七庙，诸侯的祖庙为五庙。五庙的中间为祖庙，祖庙两旁各两庙，采取左昭右穆的制度，昭即是父，穆即是子。因为庙数仅限于五，而始祖是必祭不可废的，所以当有新薨之君的神主入庙，那么按昭穆制度将两旁的四庙中最先的一庙的神主移藏到祖庙中，其余三庙和新入的神主按昭穆制度依次递补，即升第二庙

① 《左传·昭公二年》，杨伯峻《春秋左传注》本，中华书局1990年版，第1227页。
② 《左传·成公十三年》，杨伯峻《春秋左传注》本，中华书局1990年版，第861页。

神主入第一庙，第三庙神主入第二庙，第四庙神主入第三庙，新入的神主入第四庙。需要说明的是，即使君位并非父子相承而是兄弟相承，庙次也应按照君主继位的先后来定昭穆，如此才合礼。

这里，由《春秋》“跻僖公”之文可以看出，此处是讲僖公之神主入庙祫祭之事。按礼，僖公虽为闵公的庶兄，但按继位先后，理应将闵公的神主由穆升至昭，僖公的神主进入闵公的原庙成为穆。而鲁文公将其父僖公的神主升在了闵公之上，即以僖公为昭，以闵公为穆。所以，《穀梁传》认为这是“逆祀”，即打乱了昭穆的庙次，导致先祭后继位的僖公再祭先继位的闵公，从而违背了礼制。《穀梁传》进而阐发了《春秋》的思想，即“君子不以亲亲害尊尊”。对此，有学者作了如下诠释：“君子不以亲亲害尊尊，《春秋》之义也。文公父僖公，而跻于闵之上，意曰：吾亲亲云尔，君子名为逆祀，不与焉，所以尊尊也。天子制乎四海，君制乎国中，公之大者也，义也。人子爱其亲，人弟爱其兄，私之壹者也，恩也。恩不掩义，私不胜公，礼之大经也，不可以易，故孔子大书以明罪之。”① 这就是说，天子、国君治国之礼义为尊尊，父子兄弟之爱为亲亲，不以亲亲之私恩扰乱尊尊之礼义，此即所谓“不以亲亲害尊尊”的原则。

另外，《穀梁传·桓公二年》解释《春秋》“春，王正月，戊申，宋督弑其君与夷及其大夫孔父”的记载说：“孔父先死，

① 傅隶朴：《春秋三传比义》中册，中国友谊出版公司1984年版，第20页。

其曰及，何也？书尊及卑，《春秋》之义也。”这就是说，《春秋》按例先记载地位尊贵的人，再记载地位卑微的人。这是《春秋》书法的表现，同时也反映了其先尊后卑的等级思想。

——关于治国思想。《穀梁传·昭公四年》就《春秋》“执齐庆封，杀之”的记载作如下解释：

> 灵王使人以庆封令于军中曰：“有若齐庆封弑其君者乎?”庆封曰：“子一息，我亦且一言，曰：‘有若楚公子围，弑其兄之子而代之为君者乎?’”军人粲然皆笑。庆封弑其君，而不以弑君之罪罪之者，庆封不为灵王服也，不与楚讨也。《春秋》之义，用贵治贱，用贤治不肖，不以乱治乱也。孔子曰：“怀恶而讨，虽死不服，其斯之谓与！”

据《左传·襄公二十八年》和《昭公四年》以及《史记·齐太公世家》和《楚世家》记载，齐景公时，庆封、庆舍父子专权，引起公族及国人的不满。栾氏、高氏、鲍氏等公族联合消灭了庆氏，庆封逃往吴国。吴君将朱方之地封给他，使其聚族而居之。后楚国伐吴，抓住了庆封。楚灵王在诸侯军队前公布庆封弑君乱国之罪，同时也因自己的弑君之过而遭到了庆封的羞辱①。这里，《穀梁传》认为因庆封对楚灵王不服，所以不以弑君之罪罪之，而且不记载楚国的讨伐。通过此事，《穀梁传》讲

① 据《史记·楚世家》载，楚康王立其子员，是为郏敖。后郏敖生病，康王之弟公子围借探病之机杀害了郏敖及其两子，自立为国君，是为灵王。

到了《春秋》思想，即“用贵治贱，用贤治不肖，不以乱治乱也”，并引用孔子的评论：“怀恶而讨，虽死不服，其斯之谓与!”这实际阐发了《春秋》的治国主张，其内在之意是强调执政者的表率作用。

又如《公羊传·昭公十一年》解释《春秋》“夏，四月，丁巳，楚子虔诱蔡侯般，杀之于申”的记载说：

> 楚子虔何以名？绝。曷为绝之？为其诱讨也。此讨贼也，虽诱之，则曷为绝之？怀恶而讨不义，君子不予也。

据《左传·襄公三十年》和《史记·管蔡世家》记载，蔡景侯为太子般娶妇于楚，而景侯与之通，太子般弑景侯而自立，是为灵侯。楚子虔即为楚灵王。《公羊传》认为，楚子虔诱杀蔡侯般，虽然是讨伐弑君之罪人，但其本身也犯有弑君之罪，所以《春秋》直书楚子之名以绝其君位，因为“怀恶而讨不义，君子不予也”。这一思想与前例相同，意在强调执政者的表率作用。这种政治思想在《论语》中有明显的反映，如《颜渊》载：“季康子问政于孔子。孔子对曰：‘政者，正也。子帅以正，孰敢不正？’”又如《论语·子路》记孔子的话：“上好礼，则民莫敢不敬；上好义，则民莫敢不服；上好信，则民莫敢不用情。”“其身正，不令而行；其身不正，虽令不从。”“苟正其身矣，于从政乎何有？不能正其身，如正人何？”这都是重视执政者的表率作用，要求其加强道德修养，以身作则。

——关于夷夏观念。《公羊传·成公十五年》就《春秋》“冬，十有一月，叔孙侨如会晋士燮、齐高无咎、宋华元、卫孙林父、郑公子鳍、邾娄人会吴于钟离”的记载解释说：

曷为殊会吴？外吴也。曷为外也？《春秋》内其国而外诸夏，内诸夏而外夷狄。王者欲一乎天下，曷为以外内之辞言之？言自近者始也。

这里，《公羊传》认为，《春秋》将吴国看作是夷狄，故而与晋、齐、宋、卫、郑等诸侯国分开讲，并就此指出《春秋》内外有别的思想，即“内其国而外诸夏，内诸夏而外夷狄”。这是说，就华夏各诸侯国而言，以鲁国为内而以其他各诸侯国为外；就整个“天下”而言，以华夏各诸侯国为内而以夷狄为外。这可以看作《公羊传》对《春秋》夷夏观念的认识。这种认识在《公羊传》和《穀梁传》的解说中均有多处反映，如《公羊传·隐公七年》和《僖公二十一年》讲“不与夷狄之执中国也”，《公羊传·庄公十年》讲“不与夷狄之获中国也”，《公羊传·哀公十三年》讲“不与夷狄之主中国也”，《穀梁传·宣公十一年》讲“不使夷狄为中国也”，《穀梁传·襄公七年》讲“不使夷狄之民加乎中国之君也”。应当注意的是，《公羊传》所认为的《春秋》夷夏观，并非十分绝对，有时可以突破地域的限制而以道德标准来区分。如《公羊传·宣公十二年》解释《春秋》“晋荀林父帅师，及楚子战于邲，晋师败绩”的记载说：

“大夫不敌君，此其称名氏以敌楚子何？不与晋而与楚子为礼也。”在《公羊传》看来，楚庄王能够胜郑而不取其土地，是“笃于礼而薄于利”，并能以礼对待晋国，故而《春秋》称赞楚子，而称晋大夫之名以寓贬责。又如《公羊传·定公四年》就《春秋》“蔡侯以吴子及楚人战于伯莒，楚师败绩”的记载解释说：“吴何以称子？夷狄也而忧中国。”《公羊传》认为，楚国伐蔡不义，而吴国能够兴师救蔡，有忧中国之心，故而进之称“吴子”。根据《论语》中孔子的相关言论，孔子在对待夷狄的态度上是比较理智、平和的。一方面，孔子反对夷狄对中原的干扰，充分肯定管仲攘夷狄之功，他说：“管仲相桓公，霸诸侯，一匡天下，民到于今受其赐。微管仲，吾其被发左衽矣。”[①] 另一方面，孔子认为夷狄和诸夏之间存在着共同的道德标准，他说：“言忠信，行笃敬，虽蛮貊之邦，行矣。言不忠信，行不笃敬，虽州里，行乎哉？”[②] “居处恭，执事敬，与人忠。虽之夷狄，不可弃也。”[③] 他还认为夷狄有的地方比诸夏还好，指出：“夷狄之有君，不如诸夏之亡也。”[④] 可以说，《公羊传》对《春秋》夷夏观念的解说，比较符合孔子的思想。

《穀梁传》还讲到了《春秋》的义利观念。《穀梁传·隐公

① 《论语·宪问》，杨伯峻《论语译注》本，中华书局1980年版，第151页。

② 《论语·卫灵公》，杨伯峻《论语译注》本，中华书局1980年版，第162页。

③ 《论语·子路》，杨伯峻《论语译注》本，中华书局1980年版，第140页。

④ 《论语·八佾》，杨伯峻《论语译注》本，中华书局1980年版，第24页。白寿彝指出，这句话有不同的解释，朱熹《论语集注》引程子曰：“夷狄且有君长，不如诸夏之僭乱。”这个解释近是。以上关于孔子对夷狄的认识，参考白寿彝主编：《中国通史》第一卷《导论》，上海人民出版社1989年版，第5-6页。

元年》解释《春秋》“春王正月”的记载说：

> 公何以不言即位？成公志也。焉成之？言君之不取为公也。君之不取为公，何也？将以让桓也。让桓正乎？曰不正。《春秋》成人之美，不成人之恶，隐不正而成之，何也？将以恶桓也。其恶桓，何也？隐将让而桓弑之，则桓恶矣。桓弑而隐让，则隐善矣。善则其不正焉，何也？《春秋》贵义而不贵惠，信道而不信邪。孝子扬父之美，不扬父之恶。先君之欲与桓，非正也，邪也。虽然，既胜其邪心以与隐矣。已探先君之邪志，而遂以与桓，则是成父之恶也。兄弟，天伦也，为子受之父，为诸侯受之君，已废天伦，而忘君父，以行小惠，曰小道也。若隐者，可谓轻千乘之国，蹈道则未也。①

《榖梁传》指出，《春秋》不书隐公继位，意在成全隐公让位给桓公之志，其志虽不符合正道，但《春秋》成全之是为了昭示桓公之恶。由此《榖梁传》讲到了《春秋》的思想，即崇尚道义而不是私人恩惠，伸张正道而不宣扬邪恶。隐公之父惠公本欲传位给桓公，后“胜其邪心以与隐”。隐公了解先君的心志而欲让位给桓公，这是“成父之恶”，是“废天伦而忘君父”之“小惠”“小道”，所以说隐公之志不符合正道。可以认为，在

① 《榖梁传·隐公元年》，《十三经注疏》本，中华书局1980年版，第2365页。

《穀梁传》看来，《春秋》所崇尚的“义”“道”是“天伦”和“君父”，也就是遵守礼制，服从君父之命。

《公羊传》和《穀梁传》对《春秋》思想旨趣的评论，主要反映了二传自身的认识，至于这些评论是否符合《春秋》的原旨，则要作具体的辨析和全面的看待。

此外，《公羊传·哀公十四年》明确讲到《春秋》的社会功用，即“君子曷为为《春秋》？拨乱世，反诸正，莫近诸《春秋》”。这明确回答了孔子作《春秋》的目的，从整个时代、社会的层面肯定了《春秋》具有拨乱反正的意义。联系前述《左传》评《春秋》“惩恶劝善”以及孟子所讲“孔子成《春秋》而乱臣贼子惧”，可以看出，它们都是从经世的角度来看待孔子作《春秋》的。

第三节 《春秋》三传评《春秋》的史学影响

《春秋》三传评《春秋》，提出了一些重要问题，并在许多方面表现出一些共识。比如《左传》所评《春秋》“惩恶而劝善”，“善人劝焉，淫人惧焉”，以及《公羊传》所讲“拨乱世，反诸正，莫近诸《春秋》”，它们都指出了《春秋》在经世方面的社会功用，成为先秦时期关于史书功用的代表性认识，“经世”逐渐成为评价史书功用的一个重要准则。同时，它们对《春秋》社会功用的评论也说明，中国古代史学的经世传统具有悠久的渊源。

又如《左传》评《春秋》“尽而不污”的叙事特点，《穀梁传》所讲《春秋》“信以传信，疑以传疑”的撰述原则，以及《公羊传》所明确肯定的“《春秋》之信史也”，都充分肯定了《春秋》所述历史的真实性，引发了中国史学上对于“信史”的较早讨论。“信史”逐渐成为人们评价史书、衡量史家修养的一个重要标准，在两千多年的史学进程中得到了继承和发展，至今仍有重要的借鉴意义。

再如《左传》评《春秋》“微”“晦”“婉”的特点，肯定了《春秋》文辞简约、微言大义的文字表述风格。史书的文字表述，作为史家修养的一个表现，由此成为史学批评中的一个重要问题。而从《左传》对《春秋》表述特点的评论中，也显现出中国史学注重文字表述的优良传统。

凡此种种共通性的认识，或提出了史学批评的一些重要问题，或提出了人们评价史书、衡量史家修养的重要标准，或促进了中国史学上一些优良传统的形成，或演变成为有价值的史学理论和历史理论，在中国史学史以及史学批评史上产生了深远的影响。这里，仅举史学理论方面的“信史”原则和历史理论方面的“三世说”为例略加赘述。

关于“信史”原则。中国古代史学历来推崇“信史”。《公羊传》所讲“《春秋》之信史也”，可以看作是中国史学上关于“信史”的最早记载。《左传》与《穀梁传》所评《春秋》“尽而不污”“信以传信，疑以传疑”的撰述特点，则涉及“信史”的具体要求和遵循原则。“信史”的观念经《春秋》三传提出之后，经历代学人的论述和阐发，其内涵不断丰富。南朝梁人刘勰明确提出了“文疑则阙，贵信史也”，他指出：

> 若夫追述远代，代远多伪。公羊高云“传闻异辞”，荀况称录远详近；盖文疑则阙，贵信史也。然俗皆爱奇，莫顾实理。传闻而欲伟其事，录远而欲详其迹。于是弃同即异，穿凿傍说，旧史所无，我书则传，此讹滥之本源，而述远之巨蠹也。[①]

根据公羊高、荀况等前人述远的方法，刘勰概括出“文疑则阙，贵信史也”的优良传统。他进而批评了“俗皆爱奇，莫顾实理”的不良倾向，即“传闻而欲伟其事，录远而欲详其迹”，由此导致记载的讹滥而违背了“信史”的要求。这里，刘勰将“文疑则阙”概括为“信史”的一个重要原则，可以看作是较早关于“信史”的规范。北宋吴缜在中国史学上第一次对“信史”作出定义，他讲道：

> 必也编次事实、详略取舍、褒贬文采，莫不适当，稽诸前人而不谬，传之后世而无疑，粲然如日星之明、符节之合，使后学观之，而莫敢轻议，然后可以号信史。反是，则篇帙愈多，而讥谯愈众，奈天下后世何。[②]

---

① 刘勰：《文心雕龙·史传》，周振甫《文心雕龙今译》本，中华书局1986年版，第151页。
② 吴缜：《新唐书纠谬序》，《丛书集成初编》本，中华书局1985年版，第1页。

这就是说，史之成为“信史”，在编次事实、详略取舍、褒贬文采等方面都有一定的要求，同时还要“稽诸前人而不谬，传之后世而无疑”，涉及考证前人、传于后世的问题。相比于刘勰所提出的“文疑则阙，贵信史也”，吴缜关于“信史”的概括更为全面而丰富。

关于“三世说”的历史理论。《公羊传》在隐公元年、桓公二年、哀公十四年先后在解释具体事例时提到“所见异辞，所闻异辞，所传闻异辞”的问题，表明了孔子处理史料的原则以及对于历史记载的认真态度。同时，其中还包含着一种朴素的划分阶段的观点，即“不把春秋时期二百四十二年视为凝固不变或混沌一团，而看作可以按一定标准划分为各自显示出特点的不同发展阶段”[①]。后代学人在此基础上，提出了著名的“三世说”，反映了对于历史进程之划分阶段的认识，在中国古代历史理论的发展上具有重要的意义。

董仲舒（约前179—前104），西汉广川（今河北景县）人，著名的春秋公羊学家。他在汉景帝时为博士，在汉武帝时以贤良对策，阐发《公羊传》的思想，即著名的《天人三策》。他所提出的罢黜百家、独尊儒术的建议，被汉武帝所采纳，在中国历史上和思想史上影响巨大而深远。他著有《春秋繁露》十七卷，引申、发挥《春秋》大义，其中对《公羊传》所见、所闻、所传闻异辞的观点作了进一步的发挥，他指出：

① 陈其泰：《清代公羊学》，东方出版社1997年版，第15页。

《春秋》分十二世以为三等，有见，有闻，有传闻。有见三世，有闻四世，有传闻五世。故哀、定、昭，君子之所见也。襄、成、文、宣，君子之所闻也。僖、闵、庄、桓、隐，君子之所传闻也。所见六十一年，所闻八十五年，所传闻九十六年。于所见微其辞，于所闻痛其祸，于传闻杀其恩，与情俱也。是故逐季世而言又雩，微其辞也。子赤杀，弗忍书日，痛其祸也。子般杀而书乙未，杀其恩也。屈伸之志，详略之文，皆应之。[①]

可以看出，董仲舒的发挥主要在两个方面。一方面，明确提出了“《春秋》分十二世以为三等”，并一一列出了《公羊传》所讲的所见、所闻、所传闻的世代及相应的年数。另一方面，阐述了《春秋》于所见之世、所闻之世、所传闻之世不同的用辞特点，并一一举例说明。具体说来，首先，于所见世（昭、定、哀三世），“微其辞”，即用辞隐讳。比如“逐季世而言又雩”一事。《春秋·昭公二十五年》记载“季辛，又雩”，对此《公羊传》解释说：“又雩者何？又雩者，非雩也，聚众以逐季氏也。”雩本为祈雨之祭，《公羊传》认为《春秋》言“又雩”实则是昭公聚众驱逐季氏。董仲舒将之视为《春秋》隐讳其辞的表现。其次，于所闻世（文、宣、成、襄四世），“痛其祸”，即痛切地感受到祸害，换言之，即在用辞中蕴含着对当事的感情。再次，

① 董仲舒：《春秋繁露·楚庄王》，苏舆《春秋繁露义证》本，中华书局1992年版，第9-11页。

于所传闻世（隐、桓、庄、闵、僖五世），“杀其恩”，即用辞不再照顾到感情。前者如“子赤杀，弗忍书日”，后者如“子般杀而书乙未”，所举都是国君被弑之例。《春秋·文公十八年》记子赤被弑而不书日期，《公羊传》解释为“不忍言也”，即痛子赤之卒，不忍言其被弑，也就是董仲舒所谓的“痛其祸”。《春秋·庄公三十二年》记载子般被弑：“冬，十月，乙未，子般卒。”写明日期，没有“不忍言也”，不再“痛其祸”，而是“杀其恩”了。联系前述《公羊传·桓公二年》解释《春秋》不遵循“内大恶讳”的书法而明桓公“以成宋乱”之恶，即是因为年代久远的缘故，这也正是董仲舒所讲“杀其恩”的又一表现。以上，董仲舒关于“《春秋》分十二世以为三等”的观点，其宗旨在于说明《春秋》根据世代的远近而用辞的不同，但已经显现出明确划分历史阶段的思想。

何休（129—182），字邵公，东汉任城樊县（今山东济宁市）人，著名的春秋公羊学家，著有《春秋公羊解诂》。据说他作此书“覃思不窥门，十有七年”[①]。书中，他对《公羊传》所提出的“所见异辞，所闻异辞，所传闻异辞”作了详细的解释：

> 所见者，谓昭、定、哀，已与父时事也；所闻者，谓文、宣、成、襄，王父时事也；所传闻者，谓隐、桓、庄、闵、僖，高祖、曾祖时事也。异辞者，见恩有厚薄，义有深

① 范晔：《后汉书》卷七九下《儒林列传》，中华书局1965年版，第2583页。

浅。时恩衰义缺，将以理人伦、序人类，因制治乱之法。故于所见之世，恩已与父之臣尤深，大夫卒，有罪无罪皆日录之，“丙申，季孙隐如卒”是也。于所闻之世，王父之臣恩少杀，大夫卒，无罪者日录，有罪者不日，略之，“叔孙得臣卒”是也。于所传闻之世，高祖、曾祖之臣恩浅，大夫卒，有罪无罪皆不日，略之也，“公子益师、无骇卒”是也。①

这里，何休一一指出了所见之世、所闻之世、所传闻之世的对应世代，并举例说明它们在书法上的不同特点。在何休看来，所见之世，即昭、定、哀三世，是父辈时事，时代较近，恩厚义深，所以大夫去世，不论有罪无罪都写明日期。所闻之世，即文、宣、成、襄四世，是祖父时事，时代较所见之世为远，恩义稍减，所以大夫去世，无罪者写明日期，有罪者则略之。所传闻之世，即隐、桓、庄、闵、僖五世，是高祖、曾祖时事，时代久远，恩薄义浅，所以大夫去世，不论有罪无罪都不记日，一概略之。可以认为，何休关于世代的说明以及从时代远近、恩义程度的深浅来解释书法的不同，与董仲舒的观点大致相通。但何休并没有停留在这一层面上，而是在此基础上提出了衰乱世、升平世、太平世的“三世说”，他讲道：

---

① 《公羊传·隐公元年》，《十三经注疏》本，中华书局1980年版，第2200页。

于所传闻之世，见治起于衰乱之中，用心尚麄觕，故内其国而外诸夏，先详内而后治外，录大略小，内小恶书，外小恶不书，大国有大夫，小国略称人，内离会书，外离会不书是也。于所闻之世，见治升平，内诸夏而外夷狄，书外离会，小国有大夫，宣十一年，“秋，晋侯会狄于欑函”，襄二十三年，“邾娄鼻我来奔”是也。至所见之世，著治太平，夷狄进至于爵，天下远近小大若一，用心尤深而详，故崇仁义、讥二名，晋魏曼多、仲孙何忌是也。所以三世者，礼，为父母三年，为祖父母期，为曾祖父母齐衰三月，立爱自亲始，故《春秋》据哀录隐，上治祖祢。所以二百四十二年者，取法十二公，天数备足，著治法式。[①]

根据时代的不同，何休将所传闻之世、所闻之世、所见之世，概括为衰乱、升平、太平三个不同的历史阶段，而在每一个阶段，治世的程度、范围等都有所变化、发展，故而《春秋》的书法也就有所不同。比如在衰乱世，仅以鲁国为内，其他诸夏各诸侯国为外。反映在书法上，一是只记载鲁国国君赴会的情况，二是大国称大夫，小国称人。到了升平世，由“内其国而外诸夏”发展到“内诸夏而外夷狄”，以诸夏各诸侯国为内，而以夷狄为外。反映在书法上，一是由只记载鲁国国君赴会的情况，发展到记载其他各诸侯国赴会的情况，如《春秋·宣公十

① 《公羊传·隐公元年》，《十三经注疏》本，中华书局1980年版，第2200页。

一年》所记晋侯赴会一事；二是小国由称人发展到称大夫，如《春秋·襄公二十三年》所记邾娄大夫来奔一事。而到了太平世，“内诸夏而外夷狄”也已消除，“天下远近小大若一”。有学者认为何休“所论升平世、太平世，也有统一局面向前推进、民族关系发展的内容”[①]，可谓确论。

何休由《公羊传》提出的“所见异辞，所闻异辞，所传闻异辞”，进一步引申、发挥出“衰乱世、升平世、太平世”的“三世说”，将《春秋》二百四十二年的历史明确划分为三个不同的历史阶段，而每一个阶段又都包含着不同的内容，反映了他关于历史进程的认识。关于历史进程的问题，在何休之前的一些思想家、史学家提出了许多重要见解，如《韩非子·五蠹》说到的“上古之世”“中古之世”“近古之世”“当今之世”，《吕氏春秋·恃君览·恃君》说到的“太古”与“上世”，《礼记·礼运》说到的“大同”与“小康”等。可以认为，何休的“三世说”是继他们之后关于历史进程的又一新的认识，在中国古代历史理论的发展中占有重要地位，并在近代中国思想领域产生较大影响。

基于《春秋》在史学上的重要地位，与《春秋》有着密切联系的《左传》《公羊传》《穀梁传》三传，都有关于《春秋》的评论，且形式不一，内容各异。其中《左传》以“君子曰”的史论形式直接评论《春秋》，讲到了《春秋》“微而显，志而

---

① 陈其泰：《清代公羊学》，东方出版社 1997 年版，第 46 页。

晦，婉而成章”的表述特点，“尽而不污”的记事原则以及“惩恶而劝善”“上之人能使昭明”的社会功用，从总体上评论了《春秋》在历史撰述上的成就以及对于政治统治的重要意义。《公羊传》和《穀梁传》将对《春秋》的评论寓于具体史事的解说之中，一般多是就事论事，评论具体而有针对性，内容涉及《春秋》编年记事的体裁，隐讳与常事不书的书法，对于历史记载的慎重态度，“拨乱世，反诸正”的社会功用以及其思想旨趣等。《春秋》“三传”对《春秋》的评论，在“信史”原则和社会功用方面表现出一定的共识，并对后世史学产生了深远影响，尤为鲜明的是推动了史学理论中的“信史”原则、历史理论关于“三世说”的形成与发展，意义重大。可以认为，《春秋》三传评《春秋》，显示出先秦史学批评发展的初步成就，再一次证明了《春秋》在史学和史学批评史上的重要地位。

第四章　司马迁奠定史学批评发展的基础

秦汉时期，随着统一的多民族国家的建立，中国古代史学由先秦的童年时期走向了它的成长时期。司马迁撰《史记》，实现了他“成一家之言”的旨趣，同时也使史学得以成“家”，从而推动史学出现了划时代的发展，也推动了中国古代史学批评的早期发展。《史记》不仅是中国古代史学发展的奠基石，而且也是中国古代史学批评发展的一个里程碑，标志着中国古代史学批评发展之基础的奠定。

第一节　家学渊源与史学批评

一、司马谈《论六家要指》对司马迁史学批评的启示

司马迁（前145或前135—约前90）[①]，字子长，西汉左冯翊

---

① 关于司马迁的生年，史学界主要有两种说法：一是据唐张守节《史记正义》，主张汉景帝中元五年，即前145年，如王国维：《太史公行年考》，《观堂集林》卷一一，中华书局1959年版，第483页。钱穆：《司马迁生年考》，《学术季刊》（台北）第一卷，1953年6月第4期等。一是据唐司马贞《史记索隐》，主张汉武帝建元六年，即前135年，如郭沫若：《〈太史公行年考〉有问题》，《历史研究》1955年第6期。李长之：《司马迁生年为建元六年辨》，《司马迁之人格与风格》，生活·读书·新知三联书店2013年版，第23-28页。

夏阳（今陕西韩城）人，史学家。公元前1世纪初，司马迁以其渊博的历史知识、广泛的漫游与考察、宏大的抱负以及忍辱负重的毅力，撰写出中国史学上第一部纪传体通史《史记》。“这是史学领域里有意识地要‘成一家之言’，而在史学实践上也做到了‘成一家之言’的第一部史书，在历史观点、史料搜集、文字表述上都有显著的成就。这是中国史学已成长起来的显著标志。”①

《史记》包含着司马迁丰富的史学批评思想，这种思想自有他对前人的继承和发展，其父司马谈的思想就是一个重要方面，这也是司马迁的家学渊源。

司马谈（？—前110），西汉前期的史学家和思想家。他在汉武帝建元、元封年间（前140—前110）任太史令，掌天官之职。总的来看，司马谈对司马迁的影响主要表现在《论六家要指》和他的临终遗言。

《论六家要指》是司马谈关于先秦学术思想的杰作，司马迁在《史记·太史公自序》中全文收录，表现出对其父司马谈的尊重以及对此文的重视。此文分两部分，前一部分是对诸子各家思想得失作出的概括性论断：

《易大传》：“天下一致而百虑，同归而殊途。”夫阴阳、儒、墨、名、法、道德，此务为治者也，直所从言之异路，

① 白寿彝：《中国史学史》第一卷，上海人民出版社2006年版，第33页。

有省不省耳。尝窃观阴阳之术，大祥而众忌讳，使人拘而多所畏；然其序四时之大顺，不可失也。儒者博而寡要，劳而少功，是以其事难尽从；然其序君臣父子之礼，列夫妇长幼之别，不可易也。墨者俭而难遵，是以其事不可遍循；然其强本节用，不可废也。法家严而少恩；然其正君臣上下之分，不可改矣。名家使人俭而善失真；然其正名实，不可不察也。道家使人精神专一，动合无形，赡足万物。其为术也，因阴阳之大顺，采儒、墨之善，撮名、法之要，与时迁移，应物变化，立俗施事，无所不宜，指约而易操，事少而功多。儒者则不然。以为人主天下之仪表也，主倡而臣和，主先而臣随。如此则主劳而臣逸。至于大道之要，去健羡，绌聪明，释此而任术。夫神大用则竭，形大劳则敝。形神骚动，欲与天地长久，非所闻也。①

后一部分是对这些论断作出的具体阐释，如关于阴阳家，《论六家要指》讲道：

夫阴阳四时、八位、十二度、二十四节各有教令，顺之者昌，逆之者不死则亡。未必然也，故曰“使人拘而多畏”。夫春生夏长，秋收冬藏，此天道之大经也，弗顺则无以为天下纲纪，故曰“四时之大顺，不可失也”。

---

① 司马迁：《史记》卷一三〇《太史公自序》，中华书局1982年版，第3288-3289页。

又如关于儒家，《论六家要指》指出：

> 夫儒者以《六艺》为法。《六艺》经传以千万数，累世不能通其学，当年不能究其礼，故曰“博而寡要，劳而少功”。若夫列君臣父子之礼，序夫妇长幼之别，虽百家弗能易也。

此文旨在以阴阳、儒、墨、名、法、道德六家从宏观上总结先秦诸子的学说，并对各家学说的特点与得失作了分析，其中或多或少表明了司马谈自身的道家思想倾向。

在司马谈之前，已经出现了对先秦诸子学说的相关评论，诸如《庄子·天下》《荀子·非十二子》《荀子·解蔽》《韩非子·显学》《吕氏春秋·不二》等，它们的共同特点亦其局限性所在，正如梁启超所说“庄、荀以下论列诸子，皆对一人或其学风相同之二三人以立言”①，而且“庄、荀论列诸子，皆就各家施以评骘，而家数不附专名”②。这就是说，它们并未以学派的方式对先秦诸子进行整体性的概括和总结。这一概括和总结的任务历史性地落在了司马谈的肩上。司马谈在借鉴前人学术思想的基础上，著《论六家要指》一文，创造性地将诸子思想划分为六家，而且有些学派的称谓定名，如名家、法家、道家、阴阳

---

① 梁启超：《司马谈〈论六家要指〉书后》，《饮冰室合集》第10册专集82，中华书局1989年版，第2页。

② 梁启超：《〈汉书·艺文志·诸子略〉考释》，《饮冰室合集》第10册专集84，中华书局1989年版，第2页。

家等，也是由司马谈确定的。[①] 应当说，以学派来区分、总结先秦诸子学说，是《论六家要指》的显著特点，也是司马谈超越前人的创造性贡献。对此，梁启超给予了高度评价，他指出，“其櫽括一时代学术之全部而综合分析之，用科学的分类法，厘为若干派，而比较评骘，自司马谈始也……此六家者，实足以代表当时思想界六大势力圈”[②]，“庄子所论，推重儒墨老三家，颇能挈当时学派之大纲，然尤有漏略者。太史公（司马谈）之论，则所列六家，五雀六燕，轻重适当，皆分雄于当时学界中，旗鼓相当者也。分类之精，以此为最”[③]。不难看出，梁启超通过司

① 关于名家、法家、道家、阴阳家之名乃司马谈所确定，一些学者对此作了考察。如金德建认为：“诸子学说的家派称谓定名，有些是出于司马谈开始运用而后确定下来的。古时所谓显学，根据《韩非子》《吕氏春秋》记述，有儒、墨二家。此外我们只见‘名实’‘正名’‘形名’‘刑名’一类的词语，也有只用一个‘名’字，概括名理之学的，从来没有看见过用‘名家’的；只见‘任法’‘定法’‘更法’‘法法’一类的词语，也有只用一个‘法’字，概括法理之学的，从来没有看见过用‘法家’的。开始运用名家、法家的名称，最早就是出于《史记》的《论六家要旨》了。把道德二字连起来，作为诸子的一个家派的称呼，更是《史记》所专有的一种现象。《史记·老庄申韩列传》说老聃‘言道德之意’，说老莱‘言道家之用’，它把‘道德’称呼为家派，同时也把它叫作‘道家’。《陈丞相世家》也说‘吾多阴谋，是道家之所禁’。这个道家的称法，就给后世沿袭成为常用的名称了。阴阳家的能够称为一个家派，也是《史记》所特创的一种见地。从前《庄子》《荀子》《韩非子》《淮南子》等书里所评论的诸子百家，从来没有提起过任何一个阴阳家的人物。可见这门学术是湮没不彰、不占当代的一席地位。而在《史记》里却特地增添出这样一个阴阳家的学派来，并且又把阴阳家列在六家的前面，这是有一定道理的。”（参见金德建：《司马迁所见书考》，上海人民出版社1963年版，自序第5页）又如吴忠匡指出：“除去儒墨两家是原有的称号而外，六家中的其余诸家的名号，全是司马谈所发明、题署的。先秦诸子书中有‘正名’‘名实’‘形名’‘刑名’一类词语用来概括名理之学，却从来没有人用过‘名家’这一词，诸子书中有‘任法’‘定法’‘更法’‘法治’一类词语用来概括法理之学，却从来没有人用过‘法家’这一词。用名家、法家作为名号来区别学派，始于司马谈。《史记·老庄申韩列传》老聃‘言道德之意’，老莱子‘言道家之用’。《陈丞相世家》‘吾多阴谋，是道家之所禁’。据此，可知用道德简称作道家，作为学派的名号，也是司马谈的发明。”（参见吴忠匡：《先秦学术思想的历史性总结——读司马谈〈论六家要旨〉》，刘乃和主编：《司马迁和史记》，北京出版社1987年版，第176页）

② 梁启超：《司马谈〈论六家要指〉书后》，《饮冰室合集》第10册专集82，中华书局1989年版，第2-3页。

③ 梁启超：《论中国学术思想变迁之大势》，《饮冰室合集》第1册文集7，中华书局1989年版，第16-17页。

马谈与庄子等的比较，一方面高度赞许了司马谈所开创的分类方法，另一方面充分肯定了司马谈所划分的六家学说。而司马谈的学说亦为后世学者研究“六家”所称引，产生了深远影响。

从史学批评着眼，这里，我们所要关注的是司马谈《论六家要指》的批评精神及其所运用的方法。

关于《论六家要指》的批评精神。据《太史公自序》载，《论六家要指》是司马谈“愍学者之不达其意而师悖”所作，其确切的写作年代已不可考[①]。但可以肯定的是，司马谈撰写此文有其苦心所在。从此文的学术旨趣来看，首先，司马谈肯定各家的“治世”目的，只是由于在如何“治世”的问题上主张各异，形成了不同的观点，即所谓“直所从言之异路，有省不省耳”。其次，司马谈一一评论阴阳、儒、墨、名、法诸家之得失，唯于道家全面肯定。但他所说的道家，并非先秦老庄之道，而是兴盛于西汉初期的黄老思想，这种思想是汉初社会和政治的产物。司马谈生长于黄老之学盛行的时代，又“习道论于黄子”[②]，具有

---

① 关于司马谈作《论六家要指》的年代，学者们众说纷纭：一说作于建元二年（前 139），司马谈在“得知窦太后第一次战胜尊儒派之后，立即写了《论六家要指》，核心是完全肯定道家”，“是与窦太后的思想合拍的”。（参见吉春：《司马迁年谱新编》，三秦出版社 1989 年版，第 21-22 页）一说作于元朔五年（前 124），“所谓愍学者之不达其意而师悖者，言好儒而轻道也，故于道儒两者，辩之尤切。案《汉书·武帝纪》元朔五年丞相公孙弘请立博士弟子员，故谈发此论欤”。（参见郑鹤声：《司马迁年谱》，商务印书馆 1933 年版，第 44 页）一说作于元狩元年（前 122），《论六家要指》是司马谈述史的宗旨和宣言，当作于述史之始。“司马谈发凡起例的述史计划是上起陶唐，下迄获麟。获麟即元狩元年。这一断限说明司马谈着手述史在元狩初。”（参见张大可：《司马迁评传》，南京大学出版社 1994 年版，第 103—104 页）一说作于建元六年与元朔五年（即前 135—前 124）这十二年之间，司马谈作《论六家要指》的时代背景，“一定是在黄老之学的势力已经式微，而董仲舒的罢黜百家的计划次第实现之际”。（参见李长之：《司马迁之人格与风格》，生活·读书·新知三联书店 2013 年版，第 37-38 页）

② 司马迁：《史记》卷一三〇《太史公自序》，《史记集解》引徐广曰：“《儒林传》曰黄生，好黄老之术。”中华书局 1982 年版，第 3288 页。

一定的道家渊源。他推崇道家“因阴阳之大顺，采儒、墨之善，撮名、法之要”，综合了诸家之长，表现出其“要吸收各家之长，而自成一家之言的企图，至少可以说是潜意识的企图”。[①]再次，司马谈于五家中唯独将儒家与其所推崇的道家形成鲜明对比，[②]这种对比似非偶然，而是与汉武帝时的尊儒之风有所关联。有学者认为司马谈“以儒、道对举而指摘了儒家；讲形神骚动而天长地久之不可期，这实际上是讥刺时主缘饰儒术与醉心神仙”[③]。结合司马谈对各家“治世”作用的肯定，以及欲以道家融合诸子各家的倾向，可以认为，《论六家要指》“决不是一篇纯粹的学术论文，其中有很中肯的对当代政治的批评在”[④]。亦如有的学者所指出的，司马谈“托黄老以为重言，隐约其词地反对当时儒者绝百家之道不使并进，而主张百家争鸣才是明理的大道”[⑤]。或许这就是司马谈“愍学者之不达其意而师悖”之处，也是他的苦心所在。

与此相联系的是，《论六家要指》所运用的批评方法有必要进一步分析。司马谈在文中对阴阳、儒、墨、名、法五家的学术思想皆作了一分为二的分析，既见其长，又指其短，具有朴素的

---

① 白寿彝：《说“成一家之言”》，《白寿彝史学论集》下册，北京师范大学出版社 1994 年版，第 690 页。

② 需要说明的是，司马谈所批之儒生“似指西汉经生而言，非孔、孟、荀诸大儒之真相”。（参见蒋伯潜：《诸子通考》，浙江古籍出版社 1985 年版，第 23 页）

③ 白寿彝：《说“成一家之言”》，《白寿彝史学论集》下册，北京师范大学出版社 1994 年版，第 690 页。

④ 李长之：《司马迁之人格与风格》，生活·读书·新知三联书店 2013 年版，第 37 页。

⑤ 参见侯外庐、赵纪彬、杜国庠、邱汉生：《中国思想通史》第二卷，人民出版社 1957 年版，第 146 页。

辩证法的因素。如肯定阴阳家“序四时之大顺，不可失也”，但有“使人拘而多所畏”之过；肯定儒家“序君臣父子之礼，列夫妇长幼之别，不可易也”，但有“博而寡要，劳而少功，是以其事难尽从”之失；肯定墨家“强本节用，不可废也”，但有“俭而难遵，是以其事不可遍循”之烦；肯定法家“正君臣上下之分，不可改矣”，但有“严而少恩”之弊；肯定名家“正名实，不可不察也”，但有“使人俭而善失真”之尤。

司马谈这种在思想领域中的批判精神以及所运用的朴素的辩证分析方法，对司马迁的史学批评无疑有直接的影响。

第一，司马迁继承《论六家要指》的诸子批判精神，并在《史记》中有进一步发展。司马谈在《论六家要指》中概述先秦诸子六家的学术特点及其得失，但没有列举各家的代表人物及其著作。司马迁在进行诸子评述时，多以《论六家要指》为本，同时又有所发展与深化。横向上，他论及各学派的代表人物及其著作，并对诸子中部分人物作个案考察；纵向上，他梳理了某些学派的发展源流。具体说来，《史记》中设有单独的思想家列传，如《孔子世家》《老子韩非列传》《孟子荀卿列传》等，是以儒、道两家为主，记载了名、墨、法、阴阳等各家的代表人物及其言论。在其他列传中，也适当地反映了诸子各家的思想主张，如《商君列传》《李斯列传》所遵循的是法家思想，《酷吏列传》《货殖列传》反映了道家的主张，《封禅书》记载了阴阳家的活动等。另外，司马迁首创《儒林列传》，概述了自孔子以来儒家的发展脉络及学术传承关系等，构成了一部最早的儒学史。可以认为，在司马谈《论六家要指》的基础上，司马迁自觉地记载先秦诸子的学术思想及其发展，“《史记》开创了学术史的先河”[①]。

司马迁在记述学术史的过程中，对于先秦诸子，有称赞，亦有批评。例如，他肯定法家“治世不一道，便国不法古”的思想、执法严格的精神以及变法改革的功绩，但并不赞同其“严而少恩”，故批评吴起“以刻暴少恩亡其躯”[②]，批评商鞅“其天资刻薄人也”[③]，批评韩非“其极惨礉少恩”[④] 等。又如，他详细记载了邹衍的大小九州说以及五德终始说，肯定邹衍立说是出于“尚德”的需要，“要其归，必止乎仁义节俭”[⑤]，以及“以阴阳主运显于诸侯”[⑥] 的重大影响，但又指出其学说为“怪迂之变”，“其语闳大不经”[⑦]。再如，他尊重道家清静、无为的思想，在《史记》中常引老子之言评论史事与人物，但又有所保留，对其小国寡民不相往来的思想并不认可，认为“用此为务，挽近世涂民耳目，则几无行矣”[⑧]。可以认为，司马迁对于先秦诸子的论述，继承了其父司马谈的一些观点，在批判精神上也有许多契合之处。

值得注意的是，司马迁的这种诸子批判精神蕴含在他的历史

① 白寿彝：《史记新论》，求实出版社 1981 年版，第 60 页。
② 司马迁：《史记》卷六五《孙子吴起列传》，中华书局 1982 年版，第 2169 页。
③ 司马迁：《史记》卷六八《商君列传》，中华书局 1982 年版，第 2237 页。
④ 司马迁：《史记》卷六三《老子韩非列传》，中华书局 1982 年版，第 2156 页。
⑤ 司马迁：《史记》卷七四《孟子荀卿列传》，中华书局 1982 年版，第 2344 页。
⑥ 司马迁：《史记》卷二八《封禅书》，中华书局 1982 年版，第 1369 页。
⑦ 司马迁：《史记》卷七四《孟子荀卿列传》，中华书局 1982 年版，第 2344 页。
⑧ 司马迁：《史记》卷一二九《货殖列传》，中华书局 1982 年版，第 3253 页。

撰述中，自然反映到司马迁作为一个史学家所涉及的史学批评中。或许可以说，思想批判与史学批评的结合是其批判精神的显著特点。

第二，对《论六家要指》所运用的朴素的辩证方法，司马迁有所领悟与继承。这突出反映在司马迁的史论中，即对历史人物、史事与历史现象的评论中。如他为项羽、吕后立本纪，从体例设置和撰述内容上充分肯定了项羽灭秦、吕后执政对历史进步、社会发展的作用，并在其后论中慨叹项羽的业绩“近古以来未尝有也”，赞颂“高后女主称制，政不出房户，天下晏然。刑罚罕用，罪人是希。民务稼穑，衣食滋殖”[①]；但同时又对项羽的刚愎自用、不善于用人、迷信武力，吕后在宫廷斗争中的残忍刻薄等进行了批评。又如司马迁对秦皇朝的评价，并非仅仅局限于批判秦朝统治的残暴与短祚，而是充分肯定了秦统一天下的成就，并对当时学者的一般见解发出感叹：“秦取天下多暴，然世异变，成功大。传曰‘法后王’，何也？以其近己而俗变相类，议卑而易行也。学者牵于所闻，见秦在帝位日浅，不察其终始，因举而笑之，不敢道，此与以耳食无异。悲夫！”[②] 确如有的学者所言：“子长此论，可谓达时变，不随人唯诺者矣。”[③] 另外，司马迁对他所处的汉武之世，并非一味地称颂其盛世景象，

① 分别参见司马迁：《史记》卷七《项羽本纪》、卷九《吕太后本纪》，中华书局 1982 年版，第 339、412 页。

② 司马迁：《史记》卷一五《六国年表》序，中华书局 1982 年版，第 686 页。

③ 郝敬：《史汉愚按》卷二，见杨燕起、陈可青、赖长扬编：《历代名家评史记》，北京师范大学出版社 1986 年版，第 381 页。

而是秉持一种“见盛观衰”的批判精神，于盛中观衰，引发出对国家、对社会深刻的思考和忧虑。《史记》中包含着司马迁丰富的历史评论，其中多有精辟之论和卓越之见，还有很多是人所熟知的名篇，在中国古代历史理论发展史上具有重要的地位。它们大多具有一个共同的特色，即蕴含着朴素的辩证思想因素，这也是它们之所以成为名篇的原因之一。

这里要特别强调的是，这种朴素的辩证的方法同样蕴含在司马迁的史学批评中，如他对历史文献的辨析精神，对史籍全面分析的态度等。

二、司马谈临终遗言对司马迁史学批评的影响

元封元年（前110），汉武帝举行封禅泰山的大典，司马谈因未能从行忧愤而死，临终前与其子司马迁之间有一番发自肺腑的对话，其言之谆谆，其情之切切，读来使人为之动容：

> 太史公执迁手而泣曰：“余先周室之太史也。自上世尝显功名于虞夏，典天官事。后世中衰，绝于予乎？汝复为太史，则续吾祖矣。今天子接千岁之统，封泰山，而余不得从行，是命也夫，命也夫！余死，汝必为太史；为太史，无忘吾所欲论著矣。且夫孝始于事亲，中于事君，终于立身。扬名于后世，以显父母，此孝之大者。夫天下称诵周公，言其能论歌文、武之德，宣周、邵之风，达太王、王季之思虑，爰及公刘，以尊后稷也。幽、厉之后，王道缺，礼乐衰，孔

子修旧起废，论《诗》《书》，作《春秋》，则学者至今则之。自获麟以来四百有余岁，而诸侯相兼，史记放绝。今汉兴，海内一统，明主贤君忠臣死义之士，余为太史而弗论载，废天下之史文，余甚惧焉，汝其念哉！”迁俯首流涕曰：“小子不敏，请悉论先人所次旧闻，弗敢阙。”①

这是一个庄严、激动人心的场面。作为太史令的司马谈，其遗命主要围绕着勉励司马迁承担史职的主线，并为他指明了著述的使命与理想。其中司马谈对孔子《春秋》的高度赞扬和对史职的虔诚态度，深深影响了司马迁。

这首先表现在司马谈对孔子《春秋》的态度，坚定了司马迁继承孔子《春秋》的志向，同时也影响了司马迁的《春秋》观及对孔子的评价。遗言中，司马谈格外推崇孔子撰《春秋》，将其视为史家的典范，认为“学者至今则之”，其欲效法孔子之心溢于言表。他以儒家的孝道教育司马迁秉承家世传统，完成自己未能完成的著述，而其著述的理想正是孔子的《春秋》。

司马迁是深深理解其父司马谈的，他真诚地提出了秉承先人遗志、继承孔子《春秋》的作史旨趣：“先人有言：‘自周公卒五百岁而有孔子。孔子卒后至于今五百岁，有能绍明世，正《易传》，继《春秋》，本《诗》《书》《礼》《乐》之际？’意在

① 司马迁：《史记》卷一三〇《太史公自序》，中华书局1982年版，第3295页。

斯乎！意在斯乎！小子何敢让焉。"[①] 这里，司马谈把孔子撰《春秋》与周公的事业相提并论，将之看作是神圣的事业，并提出了"绍明世""继《春秋》"的崇高使命，司马迁毅然表示"小子何敢让焉"，表明了他当仁不让的勇气和完成先人遗愿的坚定志向。可以认为，在司马氏父子二人看来，继承《春秋》正是接续周公、孔子的神圣事业，这是一种自觉的史学发展意识，他们"极为看重史学是史学家们不应为之中断的、具有连续性的神圣事业"，"这是先秦时期的史家、史著中所不曾有的、更高层次的史学意识"。[②] 司马谈的这种史学意识促使他产生继《春秋》的撰述理想，但因其去世未果而终。司马迁继承其父遗志，将这种史学意识真正落实到实践，撰写了《史记》这部纪传体通史巨著，真正效法了孔子，继承了《春秋》的事业。

同时，司马迁在《史记》中专为孔子立世家，记述了他一生的行迹与经历，在其他篇章中也多次论及孔子作《春秋》，高度赞扬了孔子的卓越才干、崇高品格以及对中国学术文化的深远影响。司马迁由衷地发出"高山仰止，景行行止。虽不能至，然心向往之""自天子王侯，中国言《六艺》者折中于夫子，可谓至圣矣"[③] 的无限感慨。或许可以说，从精神层面上来讲，司马迁对孔子及《春秋》的景仰之情有源于司马谈的地方，而且表现得更为鲜明、论述得更为深刻。

---

① 司马迁：《史记》卷一三〇《太史公自序》。按张守节《史记正义》："先人，司马谈也。"中华书局 1982 年版，第 3296 页。

② 瞿林东：《中国古代史学批评纵横》，中华书局 1994 年版，第 6 页。

③ 司马迁：《史记》卷四七《孔子世家》，中华书局 1982 年版，第 1947 页。

其次表现在司马谈对史职的看法为司马迁所理解和遵循。遗言中，司马谈回顾了自孔子之后“诸侯相兼”“史记放绝”的情形。这主要涉及战国至汉兴之间的历史，由于经历了战国纷争、秦灭六国、反秦斗争以及楚汉战争，社会动荡不安，即使在秦短暂的统一期间，秦朝统治者接受李斯的建议，“烧天下《诗》《书》，诸侯史记尤甚”[①]，种种原因造成了史书的丢失散乱。司马谈继而讲到汉兴以来的“海内一统”与“明主贤君忠臣死义之士”，主张要对此加以记载，使“天下之史文”有所传续。这里，司马谈实则阐述了自己对史职的态度，字里行间饱含着一种严肃和坚贞。

值得关注的是，司马迁在撰写《史记》的过程中，曾经同上大夫壶遂有过一次辩论[②]，其辩论的内容之一是司马迁生当汉武治世为何要作史，司马迁对此作了如下的回答：

> 余闻之先人曰：“伏羲至纯厚，作《易·八卦》。尧、舜之盛，《尚书》载之，礼乐作焉。汤、武之隆，诗人歌之。《春秋》采善贬恶，推三代之德，褒周室，非独刺讥而已也。”汉兴以来，至明天子，获符瑞，封禅，改正朔，易服色，受命于穆清，泽流罔极，海外殊俗，重译款塞，请来

① 司马迁：《史记》卷一五《六国年表》序，中华书局 1982 年版，第 686 页。

② 壶遂，梁人，曾与司马迁等共同制定太初历。官至詹事，掌宫内皇后、太子事务，秩二千石。汉武帝拟用壶遂为丞相，病卒未果，司马迁寄予了惋惜之情，称其“深中隐厚”，“内廉行修，斯鞠躬君子也”。(参见司马迁：《史记》卷一〇八《韩长孺列传》，中华书局 1982 年版，第 2865 页)

献见者，不可胜道。臣下百官力诵圣德，犹不能宣尽其意。且士贤能而不用，有国者之耻；主上明圣而德不布闻，有司之过也。且余尝掌其官，废明圣盛德不载，灭功臣世家贤大夫之业不述，堕先人所言，罪莫大焉。①

这段话所涉及的内容有三，且逐层递进。一是司马迁追述历史上的“治世”时代，如伏羲、尧、舜、商汤、周武王之时，即有用历史记载反映他们“盛德”的必要。二是乱世而作的《春秋》也具有褒扬的作用。三是司马迁陈述了汉兴以来的治世景象，进而表明他要继承史学传统，记述汉兴以来的“明圣盛德”和“功臣世家贤大夫之业”的坚定决心。

可以看出，司马迁对史职的理解完全遵循司马谈的思想，而且包含着一种相同的情怀。对于记述历史的职责，司马谈以“余甚惧焉，汝其念哉”相嘱咐，司马迁以“堕先人所言，罪莫大焉”相承接，父子二人均将之视为一种神圣的使命高度重视，并表现出一种虔诚的态度。在中国史学史上，司马氏父子二人第一次对史家职责作出了如此庄严的表述。

综上，司马谈的《论六家要指》在批判精神和运用方法上给予司马迁一定的启迪，司马谈的临终遗言在著述理想和史家情怀上给予司马迁深刻的教诲，这种家学的深层次的影响，反映在司马迁的历史评论中，同样也反映在他的史学批评中。

---

① 司马迁：《史记》卷一三〇《太史公自序》，中华书局1982年版，第3299页。

第二节　司马迁对《春秋》的全面评论

一、从史学发展视野全面评论《春秋》

前述孟子和《春秋》三传都有对孔子《春秋》的评论，进而使《春秋》成为中国古代史学批评开端时期的一个重要萌生点。司马迁有继承《春秋》的自觉意识，并从史学发展的角度评论孔子《春秋》，将前人的认识提升到一个新的高度，这也成为司马迁史学批评思想中最为突出的内容。

在《史记》一书中，司马迁论及孔子《春秋》的地方很多，其中，尤以《太史公自序》对《春秋》的论述最为集中、明确，也历来为学者所重。总的来看，司马迁的论述主要涉及孔子作《春秋》的原因、《春秋》的编撰、内容与表述特点、社会功用及其对后世的影响等，现分述如下。

其一，关于孔子作《春秋》的原因。

司马迁在《史记》的《十二诸侯年表》序、《孔子世家》、《儒林列传》和《太史公自序》等多处叙及孔子为何作《春秋》，特别是《太史公自序》明确以问答形式提及这一问题。其文一一如下：

是以孔子明王道，干七十余君，莫能用，故西观周室，论史记旧闻，兴于鲁而次《春秋》，上记隐，下至哀之获麟。

子曰："弗乎弗乎，君子病没世而名不称焉。吾道不行矣，吾何以自见于后世哉?"乃因史记作《春秋》，上至隐公，下讫哀公十四年，十二公。

夫周室衰而《关雎》作，幽、厉微而礼乐坏，诸侯恣行，政由强国。故孔子闵王路废而邪道兴，于是论次《诗》《书》，修起礼乐。适齐闻《韶》，三月不知肉味。自卫返鲁，然后乐正，《雅》《颂》各得其所。世以混浊莫能用，是以仲尼干七十余君无所遇，曰"苟有用我者，期月而已矣"。西狩获麟，曰"吾道穷矣"。故因史记作《春秋》，以当王法，以辞微而指博，后世学者多录焉。

上大夫壶遂曰："昔孔子何为而作《春秋》哉?"太史公曰："余闻董生曰：'周道衰废，孔子为鲁司寇，诸侯害之，大夫壅之。孔子知言之不用，道之不行也，是非二百四十二年之中，以为天下仪表，贬天子，退诸侯，讨大夫，以达王事而已矣。'子曰：'我欲载之空言，不如见之于行事之深切著明也。'"

周室既衰，诸侯恣行。仲尼悼礼废乐崩，追修经术，以达王道，匡乱世反之于正，见其文辞，为天下制仪法，垂《六艺》之统纪于后世。作《孔子世家》第十七。桀、纣失其道而汤、武作，周失其道而《春秋》作。[①]

在司马迁看来，孔子作《春秋》，首先，是时代变化的反映。司马迁对于孔子所生活的春秋末期有着深刻的认识，即如“幽、厉微而礼乐坏，诸侯恣行，政由强国”“周道衰废”“周失其道”，这也是他在《史记》中所再三致意的。在《十二诸侯年表》序中，司马迁对这一时代有一个较为详细的解说：“及至厉王，以恶闻其过，公卿惧诛而祸作，厉王遂奔于彘，乱自京师始，而共和行政焉。是后或力政，强乘弱，兴师不请天子。然挟王室之义，以讨伐为会盟主，政由五伯，诸侯恣行，淫侈不轨，贼臣篡子滋起矣。齐、晋、秦、楚其在成周微甚，封或百里或五十里。晋阻三河，齐负东海，楚介江淮，秦因雍州之固，四海迭兴，更为伯主，文、武所褒大封，皆威而服焉。”他讲到了王室的衰微，纲纪的坏乱，礼义的废弃，诸侯的专政，并重点指出了齐、晋、秦、楚四国霸权的转移。面对这样一个历史局面，司马迁指出孔子“闵王路废而邪道兴”，“悼礼废乐崩”，这里的“闵”与“悼”字，反映出孔子对于时代的关注与担忧。司马迁在《太史公自序》中明确指出“周失其道而《春秋》作”。司马迁的这些认识，与孟子所讲“世衰道微，邪说暴行有作，臣弑其君者有之，子弑其父者有之。孔子惧，作《春秋》”[②] 有相

---

① 第1、2、3、4–5段引文分别参见司马迁：《史记》卷一四《十二诸侯年表》、卷四七《孔子世家》、卷一二一《儒林列传》、卷一三〇《太史公自序》，中华书局1982年版，第509、1943、3115、3297、3310页。

② 《孟子·滕文公下》，杨伯峻《孟子译注》本，中华书局1960年版，第155页。

通之处，都道出了孔子作《春秋》的时代原因。

其次，是孔子社会责任感的表现。瞿林东先生指出："中国史学家对史学工作历来有一种崇高的责任感；这种崇高的责任感不止表现为对历史的重视，还表现为对现实的关注。"[①] 司马迁是体察到孔子对于现实的关注及其内心强烈的社会责任感的。唯其如此，他在指出孔子一生周游列国、"干七十余君莫能用"的政治悲剧命运后，再三强调孔子作《春秋》。在司马迁看来，孔子虽然多次感叹"吾道穷矣""吾道不行矣"，但从未改变信念，始终锲而不舍，宁知其不可为而为之。孔子作《春秋》，其中自然包含着"君子病没世而名不称焉"，欲以立言"自见于后世"的感慨，但更为重要的是寄托自己的治世理想，为后世立法，即司马迁多次指出的"明王道""以当王法""以为天下仪表""以达王事"等。司马迁在回答壶遂所问"昔孔子何为而作《春秋》哉"时，曾引用孔子之言"我欲载之空言，不如见之于行事之深切著明也"。对此，唐人司马贞指出："孔子言我徒欲立空言，设褒贬，则不如附见于当时所因之事。人臣有僭侈篡逆，因就此笔削以褒贬，深切著明而书之，以为将来之诫者也。"[②] 清人王先谦认为："谓空言义理以教人，不如附见诸侯大夫僭逆之行事，垂诫尤切。"[③] 结合前人所论，可以认为，孔子是从经

① 瞿林东：《传统史学和史学传统》，《光明日报》1987年4月22日。

② 司马贞：《史记索隐》按语，参见司马迁：《史记》卷一三〇《太史公自序》，中华书局1982年版，第3298页。

③ 王先谦：《汉书补注》第九册"司马迁传第三十二"，上海古籍出版社2012年版，第4343页。

世的角度作《春秋》的，而司马迁也正是从以史经世的角度来认识孔子作《春秋》的。

其二，关于《春秋》的编撰。

根据《史记》所述，司马迁关于《春秋》编撰的认识主要包含以下三个方面的内容。

一是《春秋》的编次与断限。按《史记》中的《三代世表》序、《十二诸侯年表》序以及《孔子世家》所载，孔子所作《春秋》“纪元年，正时日月，盖其详哉”，“上记隐，下至哀之获麟”，“上至隐公，下讫哀公十四年，十二公”。这里，司马迁指出了《春秋》的编次与断限，即上起鲁隐公元年，下至鲁哀公十四年获麟之时，以鲁国十二公即隐、桓、庄、闵、僖、文、宣、成、襄、昭、定、哀为序编年记事，而且有详细的年月日记载。

二是《春秋》的取材。司马迁多次提到，孔子“因史文次《春秋》”“西观周室，论史记旧闻，兴于鲁而次《春秋》”“因史记作《春秋》”[①]等，这实际上说明了《春秋》的取材所自。在司马迁看来，西周王室的文献、各诸侯国的史记及其旧日的传闻等都在孔子参阅之列。在博览这些文献资料的基础上，孔子“去其烦重”，以鲁国史记（即《鲁春秋》）为主作《春秋》。当然，这些仅是司马迁的一个大概说法，不能反映孔子所利用的全部资料，不过从司马迁所用的“因”“论”“兴”等

---

① 分别参见《史记》卷一三《三代世表》、卷一四《十二诸侯年表》、卷四七《孔子世家》、卷一二一《儒林列传》，中华书局1982年版，第487、509、1943、3115页。

词，可以看出，孔子对这些资料有一个整理、分析、综合的过程，其中自然包含着对它们的批判与订正。

三是《春秋》的编撰宗旨。司马迁指出《春秋》“据鲁，亲周，故殷，运之三代”①，实则指出了《春秋》所遵循的一个宗旨，即以鲁国的历史为主，以周王室为宗主。这里的“亲周”，也反映了孔子作《春秋》的政治寓意，“运之三代”则与《太史公自序》所载“《春秋》采善贬恶，推三代之德”有相通之意，即融会贯通夏商周三代的经验。

其三，关于《春秋》的内容与表述特点。

在《史记·三代世表》序中，司马迁对比《春秋》与《尚书》在年月记载上的详略差异，并指出《历谱谍》《终始五德之传》等年月记载的乖谬，从而肯定《春秋》年月记载的详细与可靠。在《史记·十二诸侯年表》序中，司马迁指出：“表见《春秋》《国语》学者所讥盛衰大指著于篇。”他讲到了对《春秋》的利用与重点，即所谓的“盛衰大指”，其含义可以理解为他在《史记·太史公自序》所讲“万物之散聚皆在《春秋》”，反映了他对《春秋》的一种评价与推重。以上几点是司马迁对《春秋》内容的评论，包含着年月记载详细、记述可靠且蕴含着

---

① 司马迁：《史记》卷四七《孔子世家》，中华书局 1982 年版，第 1943 页。按此篇司马贞《史记索隐》讲：“言夫子修《春秋》，以鲁为主，故云据鲁。亲周，盖孔子之时周虽微，而亲周王者，以见天下之有宗主也。”另据泷川资言讲：“据鲁，据鲁史也。亲，当作‘新’。新周，从今周也。故殷，不法前殷也，与《论语》‘周监于二代，吾从周’，《中庸》‘生乎今之世，反古之道，灾及其身’，《荀子》‘舍后王而道上古，譬之犹舍己之君事人之君也’同义。运，犹通也。运之三代，考诸三王而不谬也。”（参见泷川资言：《史记会注考证》卷四七《孔子世家第十七》，上海古籍出版社 2015 年版，第 2477-2478 页）

“盛衰大指”。同时，在司马迁看来，孔子作《春秋》在文辞要求上是十分严肃认真的，他写道：“孔子在位听讼，文辞有可与人共者，弗独有也。至于为《春秋》，笔则笔，削则削，子夏之徒不能赞一辞。”[①] 这里，司马迁一方面指出《春秋》为孔子独自撰写，另一方面表明孔子在文辞上的谨慎态度。以长于文学著称的子夏，对于《春秋》都不能改动一个字，孔子在文辞上的严肃由此可见一斑。

关于《春秋》的表述特点，司马迁在《史记》中多次谈到，其文一一如下：

> （《春秋》——引者）约其文辞而指博。故吴、楚之君自称王，而《春秋》贬之曰“子”；践土之会实召周天子，而《春秋》讳之曰“天王狩于河阳”。推此类以绳当世。贬损之义，后有王者举而开之。
>
> 太史公曰：孔氏著《春秋》，隐、桓之间则章，至定、哀之际则微，为其切当世之文而罔褒，忌讳之辞也。
>
> 太史公曰：《春秋》推见至隐。
>
> （孔子——引者）因史记作《春秋》，以当王法，以辞微而指博，后世学者多录焉。[②]

---

① 司马迁：《史记》卷四七《孔子世家》，中华书局 1982 年版，第 1944 页。

② 分别参见司马迁：《史记》卷四七《孔子世家》、卷一一〇《匈奴列传》、卷一一七《司马相如列传》、卷一二一《儒林列传》，中华书局 1982 年版，第 1943、2919、3073、3115 页。

在司马迁看来，《春秋》在表述上总的特点是“约其文辞而指博”“辞微而指博”，即文辞简约、精微而旨意广博。其中又存在几种不同的情况。

比如，于属辞中寄寓褒贬善恶。像“吴楚之君自称王，而《春秋》贬之曰‘子’”。联系历史来看，西周以来只有周天子称“王”，各诸侯国君主只能称“公”。司马迁指出，孔子因吴国和楚国不遵从中原之礼而称“王”，故而于《春秋》中称其为“子”，其中寓有贬损之义。又，“践土之会实召周天子，而《春秋》讳之曰‘天王狩于河阳’”，司马迁在《周本纪》《晋世家》对此事有较详细的说明：“晋文公召襄王，襄王会之河阳、践土，诸侯毕朝，书讳曰：‘天王狩于河阳。’”“冬，晋侯会诸侯于温，欲率之朝周。力未能，恐其有畔者，乃使人言周襄王狩于河阳。壬申，遂率诸侯朝王于践土。孔子读史记至文公，曰‘诸侯无召王’‘王狩河阳’者，《春秋》讳之也。”可以看出，司马迁强调了孔子在表述史事上属辞的谨慎，并贯穿着为周天子隐讳、维护周天子权威的思想。这与前述《公羊传》《穀梁传》所讲《春秋》“为尊者讳”的书法有相通之处。在司马迁看来，孔子作《春秋》所蕴含的“贬损之义”，其目的在于“以绳当世”，使之成为批评当时政治的准绳。以上二例，也可以看作前述司马迁所说《春秋》“亲周”的具体表现。

又如，司马迁所言“《春秋》推见至隐”，即《春秋》往往从一些具体的事实出发推究出隐讳的道理，这是《春秋》的表述特点。对此，南朝宋裴骃《史记集解》引韦昭所论讲道：“推见事至于隐讳，谓若晋文召天子，经言‘狩河阳’之属。”司马贞《史记索隐》引李奇所论指出：“隐犹微也。言其义彰而文微，若隐公见弑，而经不书，讳之。”[①] 结合二人所论，可以认为，司马迁所讲《春秋》“推见至隐”，其中所蕴含的微言大义当是尊周的旨趣，这也与前述孔子于字词中寄寓褒贬善恶有相通的地方。

再如，明远世而讳当代。在司马迁看来，孔子对于隐、桓之间春秋早期的事情，记述明确，而对于定、哀之际春秋晚期的事情，因涉及孔子所生活的当世，则有所忌讳，表述委婉。司马迁所指出的“为其切当世之文而罔褒”，在今天看来，这或许有两种可能，一是时代太近，孔子不便评论；一是史事尚在发展过程中，孔子不好作出评论。不论出于何种原因，后人都是可以理解的。

其四，关于《春秋》的社会功用。

这是司马迁评论《春秋》的重点所在。司马迁在《陈涉世家》的小序中写道：“桀、纣失其道而汤、武作，周失其道而《春秋》作。秦失其政，而陈涉发迹，诸侯作难，风起云蒸，卒亡秦族。”[②] 很明显，司马迁把孔子作《春秋》与汤伐桀、武王伐纣以及陈涉反秦等史事相提并论，“同样看作是对于失道政治的一种否定力量，这就把《春秋》的政治功能强调到了无以复

---

① 司马迁：《史记》卷一一七《司马相如列传》，中华书局 1982 年版，第 3073 页。

② 司马迁：《史记》卷一三〇《太史公自序》，中华书局 1982 年版，第 3310-3311 页。这里所说的“小序”，是指《史记·太史公自序》中的一百三十篇序目，其性质及作用在于说明各篇的撰述宗旨。关于这一百三十篇序目的名称，自古以来的史家、学者提出了各自的见解，主要有唐颜师古的“引辞”说、清牛运震的“小序”说、清章学诚的“叙例”说或“自注”说以及今人的“略”说等。

加的高度了”[1]。而司马迁在回答壶遂所问“昔孔子何为而作《春秋》”时，集中表达了他对《春秋》社会功用的认识[2]：

> 夫《春秋》，上明三王之道，下辨人事之纪，别嫌疑，明是非，定犹豫，善善恶恶，贤贤贱不肖，存亡国，继绝世，补敝起废，王道之大者也……《春秋》辩是非，故长于治人。是故《礼》以节人，《乐》以发和，《书》以道事，《诗》以达意，《易》以道化，《春秋》以道义。拨乱世反之正，莫近于《春秋》。《春秋》文成数万，其指数千。万物之散聚皆在《春秋》。《春秋》之中，弑君三十六，亡国五十二，诸侯奔走不得保其社稷者不可胜数。察其所以，皆失其本已。故《易》曰“失之豪厘，差以千里”。故曰“臣弑君，子弑父，非一旦一夕之故也，其渐久矣”。故有国者不可以不知《春秋》，前有谗而弗见，后有贼而不知。为人臣者不可以不知《春秋》，守经事而不知其宜，遭变事而不知其权。为人君父而不通于《春秋》之义者，必蒙首恶之名。为

---

① 赵伯雄：《春秋学史》，山东教育出版社2004年版，第158页。

② 关于司马迁与壶遂的辩论，历来为学者所关注，从中考察司马迁对《春秋》的认识与评价。白寿彝指出：“司马迁有两大段答复壶遂的话，第一大段主要是说，《春秋》是礼义的大宗……这说的是史书的教育作用。第二大段，主要是讲《春秋》的褒贬问题……是说史书的政治意义。这两大段话表明了司马迁对于写史的重视。”（参见白寿彝：《说“成一家之言”》，《白寿彝史学论集》下册，北京师范大学出版社1994年版，第691页）张大可认为，司马迁答壶遂问，阐述了《春秋》具有刺讥与颂扬两个方面的作用，前者表现在为后人立法，为人伦立准则，后者表现在以周室为榜样，树立一种理想的境界。（参见张大可：《司马迁评传》，南京大学出版社1994年版，第137-145页）李长之以为，在司马迁看来，《春秋》是礼义的根本大法的例证和实施，是“是非”的权衡，是“王道”的纲领，是一切人“通权达变”的指南。（参见李长之：《司马迁之人格与风格》，生活·读书·新知三联书店2013年版，第74-76页）

人臣子而不通于《春秋》之义者，必陷篡弑之诛，死罪之名。其实皆以为善，为之不知其义，被之空言而不敢辞。夫不通礼义之旨，至于君不君，臣不臣，父不父，子不子。夫君不君则犯，臣不臣则诛，父不父则无道，子不子则不孝。此四行者，天下之大过也。以天下之大过予之，则受而弗敢辞。故《春秋》者，礼义之大宗也。夫礼禁未然之前，法施已然之后；法之所为用者易见，而礼之所为禁者难知。[①]

按司马迁之意，《春秋》具有三个方面的作用。一是达“王道”，是“王道之大者也”，这是从政治理想角度而言，即申言以礼义治天下的宗旨。二是善“治人”，司马迁将《春秋》置于“六艺”之中，肯定《易》《礼》《书》《诗》《乐》各自的作用，指出《春秋》所长在于明辨是非，在于治人。正因为如此，司马迁认为“拨乱世反之正，莫近于《春秋》”，从而突出了《春秋》在“六艺”之中的社会功用，这是从人事角度而言。三是明“礼义”，这是从社会伦理角度而言，也是司马迁所着重论述的。在司马迁看来，《春秋》之中“弑君三十六，亡国五十

① 司马迁：《史记》卷一三〇《太史公自序》，中华书局1982年版，第3297-3298页。

二，诸侯奔走不得保其社稷者不可胜数”①，这是一个上下失序、社会混乱的时代，其原因在于失掉了“礼义”这个根本。司马迁指出“《春秋》者，礼义之大宗也”，并深刻认识到《春秋》之礼义具有“禁未然之前”的作用，使人们在事情没有发生之前就有所觉察、有所防范，但这种防范作用却不容易被人所重视。

司马迁关于《春秋》达“王道”、善“治人”、明“礼义”的认识，与他在《史记·十二诸侯年表》序中所讲《春秋》“王道备，人事浃”，即《春秋》在王道与人伦的阐述上十分完备和周洽，是相通的。其中善“治人”与明“礼义”，可看作是人事方面。无论是王道，还是人事，都可以看作是对春秋时期王室衰微、是非混淆、礼崩乐坏的反映，孔子着眼于此作《春秋》，司马迁亦着眼于此论《春秋》，指出了《春秋》所具有的潜移默化的教育作用以及对于政治统治和社会生活的重要意义。

司马迁论述《春秋》明礼义的意义，受到后世学人的关注与重视。如清人皮锡瑞指出：“以礼说《春秋》尤为人所未发。

---

① 关于“弑君三十六，亡国五十二”，颜师古在《汉书·刘向传》的注中具体列举了所谓的弑君三十六，亡国五十二。（参见班固：《汉书》卷三六《刘向传》，中华书局 1962 年版，第 1940-1941 页）梁玉绳指出“《左氏》《春秋经》书弑者二十五，内讳不书弑者五，书卒者三，书杀者一，凡三十四事，此言三十六，通《传》数之，然通数当有三十七”，“此所言亡国，亦兼《经》《传》数之，盖专指诸夏，而四裔不与焉。然实止四十一，无五十二”。（参见梁玉绳：《史记志疑》卷三六“太史公自序传第七十”，中华书局 1981 年版，第 1467、1468 页）牛鸿恩在文章《“弑君三十六，亡国五十二”考实——兼驳“孔子所作〈春秋〉非‘经’而是‘传’说”》[《聊城大学学报》（社会科学版）2003 年第 5 期] 中对此作了系统梳理，指出先后提到这一说法的有《淮南子·主术训》、董仲舒、司马迁、刘向和班固。通过对比《春秋》和三传的有关记载以及颜师古、梁玉绳所举，文章认为“三十六”“五十二”都确有所指，是对《春秋经》《左氏传》通数的结果。

《春秋》拨乱反正，道在别嫌明微。学者知《春秋》近于法家，不知《春秋》通于礼家。知《春秋》之法，可以治已然之乱臣贼子，不知《春秋》之礼，足以禁未然之乱臣贼子。自汉以后，有用《春秋》之法，如诛意，如无将，而引经义以断狱者矣。未有用《春秋》之礼，别嫌疑，明是非，而明经义以拨乱者也。”① 这段话高度评价了司马迁所论，同时也阐明了《春秋》在礼、法两方面的重要作用，指出汉代以后学人对于《春秋》作用的片面理解以及对于《春秋》之礼作用的忽视。白寿彝先生认为，司马迁所讲“礼禁未然之前”的认识比过去的人前进了一步。“过去的人懂得‘殷鉴不远’，如《尚书·无逸》篇就讲了殷周两代四个先王的历史故事，叙述他们如何勤劳恭谨，目的是给后代看，作为借鉴。春秋战国时期，这种思想有所发展，但远不如司马迁所认识的那样深远。为了让人们在事情没有发生以前便能预先觉察，知所趋避，司马迁把掌握历史经验的意义提到一个新的高度。”② 无疑，这段话也把司马迁评论《春秋》的意义提升到一个新的高度。

其五，关于《春秋》对后世的影响。

在《史记·十二诸侯年表》序中，司马迁明确讲到了《春

---

① 皮锡瑞：《经学通论·春秋》，中华书局1954年版，第6页。按：司马迁关于《春秋》的这段论述，以“余闻之董生曰”起首，先引用了董仲舒关于孔子为何作《春秋》的认识，继而讲了自己对《春秋》的认识。或许因文字点断的不同，皮锡瑞将司马迁关于《春秋》的认识全部看作是董仲舒所言。对此，有学者指出：“董仲舒是有过这方面意思的表述，司马迁也是受了董仲舒思想的影响，但《史记》中的这段长篇议论，却是明确表达了司马迁对《春秋》的概括认识，视为司马迁所‘发’更为切合实际。”（参见杨燕起：《〈史记〉的学术成就》，北京师范大学出版社1996年版，第192页）

② 白寿彝：《史记新论》，求实出版社1981年版，第69页。

秋》一书对后世的影响：

> 七十子之徒口受其传指，为有所刺讥褒讳挹损之文辞不可以书见也。鲁君子左丘明惧弟子人人异端，各安其意，失其真，故因孔子史记具论其语，成《左氏春秋》。铎椒为楚威王傅，为王不能尽观《春秋》，采取成败，卒四十章，为《铎氏微》。赵孝成王时，其相虞卿上采《春秋》，下观近势，亦著八篇，为《虞氏春秋》。吕不韦者，秦庄襄王相，亦上观尚古，删拾《春秋》，集六国时事，以为八览、六论、十二纪，为《吕氏春秋》。及如荀卿、孟子、公孙固、韩非之徒，各往往捃摭《春秋》之文以著书，不可胜纪。汉相张苍历谱五德，上大夫董仲舒推《春秋》义，颇著文焉。[①]

这里，司马迁说到了《春秋》最初为口耳相传，然后列举了受《春秋》影响的一些著述，实际上司马迁讲到了《春秋》之学的发展：其中“一派是从《左氏春秋》到《吕氏春秋》，这是一个系统；孟子、荀卿、韩非这些人用《春秋》里面的事实写书，这又是一派；还有一派是汉代的张苍、董仲舒等人，从《春秋》里面引申出五行之说”[②]。从时间上看，自春秋晚期说到了汉初；从内容上看，或者推动了一些史书的出现，或者丰富了思想家的思想，或者促进了政治家理论的形成等。司马迁的这段

① 司马迁：《史记》卷一四《十二诸侯年表》，中华书局1982年版，第509-510页。
② 白寿彝：《史记新论》，求实出版社1981年版，第58页。

话不仅指出了《春秋》对后世的影响，也是相当精彩的关于史学史的论述，是“我国最早的史学简史”[1]。

需要指出的是，司马迁秉承先人遗志而撰述《史记》，也是受到了孔子《春秋》的影响，这一点表现在司马迁论及孔子和《春秋》的字里行间。前已述及，司马谈指明了效法《春秋》的撰述理想，司马迁深刻理解其父并提出了继承《春秋》的旨趣，自身也是对孔子及《春秋》推崇备至。尽管他对壶遂说“余所谓述故事，整齐其世传，非所谓作也，而君比之于《春秋》，谬矣”[2]，表面上不同意壶遂把他撰《史记》与孔子《春秋》相提并论，但事实上《春秋》正是他追求的目标。而在后人看来，《史记》不仅继承了《春秋》，同时又大大发展了《春秋》，为中国史学的发展奠定了广阔而深厚的基础，以至于可以这样认为：“在历代史书中对中国史学优良传统的形成与发展产生重大影响的莫过于《春秋》和《史记》。而《春秋》的影响主要反映在思想方面，《史记》的影响则不仅仅在思想方面，可以说涉及史学的所有领域，故其影响实际上超过了《春秋》。”[3]

二、司马迁《春秋》观的思想渊源

司马迁关于孔子《春秋》的认识，有着家学的渊源。此外，还受到孟子、董仲舒等人的思想影响，特别是董仲舒的影响更为

---

① 参见白寿彝：《史记新论》，求实出版社 1981 年版，第 58 页。

② 司马迁：《史记》卷一三〇《太史公自序》，中华书局 1982 年版，第 3299-3300 页。

③ 瞿林东：《〈史记〉与中国史学传统》序言，见张桂萍：《〈史记〉与中国史学传统》，重庆出版社 2004 年版，第 2 页。

突出。

首先来看孟子的影响。孟子是战国时期率先评论孔子《春秋》的思想家，他讲到了孔子作《春秋》的原因以及《春秋》所具有的社会功用等，是中国古代史学批评开端时期的代表性论断。

司马迁对孟子有深刻的认识。他在《史记》立有《孟子荀卿列传》，将孟子、荀卿作为战国时期儒家学派的重要代表。司马迁于传中叙述了孟子的政治遭遇、立身行道、退而著书等情况，即在战国纷争、"以攻伐为贤"的年代，孟子重义轻利，倡导仁政，其学说被视为"迂远而阔于事情"，从而不为世用，于是孟子"退而与万章之徒序《诗》《书》，述仲尼之意"。这些多与孔子的遭遇有相似之处。司马迁还多次以孔子、孟子并称，"其传孟子虽与荀卿、邹忌等同列，然叙忌等尊崇处，即云岂与仲尼菜色陈、蔡，孟轲困于齐、梁同乎哉。又云卫灵公问阵，孔子不答；梁惠王谋攻赵，孟子称太王去邠，岂有意阿世苟合而已哉。皆以孔子、孟子并称，是尊孟子亦自史迁始也"①。这表明司马迁开创了尊孟子之先河。结合司马迁对孟子生平的叙述，可以认为，司马迁阐明了孟子对孔子学说的忠实继承。

既然在司马迁看来，孟子继承了孔子的学说，那么孟子对《春秋》的评论，司马迁自然是有所吸收的。在这方面，司马迁或引用孟子评论《春秋》的话，或在此基础上作出自己的诠释。前者如司马迁在《孔子世家》中所言"《春秋》之义行，则天下

① 赵翼：《陔余丛考》卷五"史记三"，上海古籍出版社 2011 年版，第 79 页。

乱臣贼子惧焉”，“孔子曰‘后世知丘者以《春秋》，而罪丘者亦以《春秋》’”。后者如司马迁在《十二诸侯年表》序中详细阐述了孔子作《春秋》的时代特点，是对孟子“孔子惧，作《春秋》”[①]的进一步解说。

其次来看董仲舒的影响。董仲舒是西汉著名的春秋公羊学家，在司马迁看来，“汉兴至于五世之间，唯董仲舒名为明于《春秋》，其传公羊氏也”[②]。可见司马迁对于董仲舒的公羊学是有深刻了解的，而且于当时的公羊学者中，他也最推崇董仲舒。[③]他在回答壶遂所问孔子为何作《春秋》时，首先以“余闻董生曰”立论，肯定了董仲舒对《春秋》的看法，继而在此基础上阐述了自己的观点。[④]可以说，司马迁关于《春秋》的认识，受到了董仲舒的影响。为说明这种影响的具体表现，试把司马迁所论《春秋》之语和董仲舒的相关言论列一简表示之：

① 《孟子·滕文公下》，杨伯峻《孟子译注》本，中华书局1960年版，第155页。

② 司马迁：《史记》卷一二一《儒林列传》，中华书局1982年版，第3128页。

③ 司马迁是否受学于董仲舒，对此史籍没有明确记载，学者们通过受学时间、地点等方面的考察，一般认为董仲舒与司马迁之间有师承关系。[参见吴汝煜：《〈史记〉与公羊学》，《徐州师范大学学报》（哲学社会科学版）1982年第2期。张大可：《司马迁评传》，南京大学出版社1994年版，第69-74页]

④ 按：文中的“董生”，裴骃《史记集解》引服虔曰：“仲舒也。”（参见司马迁：《史记》卷一三〇《太史公自序》，中华书局1982年版，第3297、3298页）

司马迁《史记》		董仲舒《春秋繁露》	
十二诸侯年表	《春秋》："王道备，人事浃。"	玉杯	《春秋》论十二世之事，人道浃而王道备。
太史公自序	子曰："我欲载之空言，不如见之于行事之深切著明也。"	俞序	孔子曰："吾因其行事，而加乎王心焉，以为见之空言，不如行事博深切明。"
	夫《春秋》，上明三王之道，下辨人事之纪，别嫌疑，明是非，定犹豫，善善恶恶，贤贤贱不肖。	盟会要	立义以明尊卑之分，强干弱枝，以明大小之职；别嫌疑之行，以明正世之义；采摭托意，以缵失礼；善无小而不举，恶无小而不去，以纯其美；别贤不肖，以明其尊。
	《春秋》辩是非，故长于治人。	玉杯	《春秋》正是非，故长于治人。
	万物之散聚皆在《春秋》。	重政	《春秋》变一谓之元，元犹原也，其义以随天地终始也，故人惟有终始也，而生不必应四时之变，故元者，为万物之本。
	拨乱世反之正，莫近于《春秋》。	王道	《春秋》记纤芥之失，反之王道。
	《春秋》之中，弑君三十六，亡国五十二，诸侯奔走不得保其社稷者不可胜数。察其所以，皆失其本已……故有国者不可以不知《春秋》，前有谗而弗见，后有贼而不知。	灭国上	弑君三十六，亡国五十二。
		俞序	至于杀君亡国，奔走不得保社稷，其所以然，是皆不明于道，不览于《春秋》也。故卫子夏言："有国家者，不可不学《春秋》，不学《春秋》，则无以见前后旁侧之危，则不知国之大柄。"
	故《春秋》者，礼义之大宗也。	楚庄王	《春秋》义之大者也，得一端而博达之。

由上表可以看出，司马迁关于孔子作《春秋》的原因及功用的许多认识，都可以从董仲舒那里找到相似的踪迹。另外，司马迁关于《春秋》的一些看法，有的似乎直接吸取了《公羊传》的思想，如《公羊传·哀公十四年》讲："君子曷为为《春秋》？拨乱世，反诸正，莫近诸《春秋》"。司马迁同样赋予了《春秋》"拨乱反正"的意义，指出"拨乱世反之正，莫近于《春秋》"。可以这样认为，司马迁深受以董仲舒为代表的"春秋公羊学"的影响。同时，也必须注意到，司马迁与董仲舒的思想有很大的不同，董仲舒更多的是以天意论《春秋》，司马迁则是明确的据人事论《春秋》，而且他对于"春秋公羊学"也是有所批判的。

另外，司马迁在阐述《春秋》明礼义的观点时，提出了"礼禁未然之前"的思想，这种思想亦见于《大戴礼记·礼察》《礼记·经解》以及贾谊的《陈政事疏》。如《大戴礼记·礼察》讲："凡人之知，能见已然，不能见将然。礼者禁于将然之前，而法者禁于已然之后，是故法之用易见，而礼之所为生难知也。"[①]《礼记·经解》指出："夫礼，禁乱之所由生，犹坊止水之所自来也。""故礼之教化也微，其止邪也于未形，使人日徙善远罪而不自知也，是以先王隆之也。《易》曰：'君子慎始，差若毫厘，缪以千里。'此之谓也。"[②] 贾谊在《陈政事疏》中认为："夫礼者禁于将然之前，而法者禁于已然之后，是故法之所

① 《大戴礼记·礼察》，王聘珍《大戴礼记解诂》本，中华书局1983年版，第22页。
② 《礼记·经解》，《十三经注疏》本，中华书局1980年版，第1610-1611页。

用易见，而礼之所为生难知也。”① 不难看出，这些说法都强调了礼防患于未然的思想，在语句上也有相吻合之处，故而有学者指出：“盖古有此语，而史公用之也。”②

第三节　司马迁对历史文献的利用与批评

一、关于“六经”的评论与运用

司马迁撰《史记》，“述历黄帝以来至太初而讫”③，在综合古今典籍方面十分突出。他在《史记·太史公自序》讲到“紬史记石室金匮之书”“罔罗天下放失旧闻”“厥协《六经》异传，整齐百家杂语”，在《报任安书》中也有“网罗天下放失旧闻”④ 的说法。这是指出了《史记》的取材：一是“石室金匮之书”⑤，即司马迁参阅了西汉皇家所收藏的各种档案资料，这在《史记》中有充分的表现，主要包括天子的诏令策文、官吏的奏议上书、来往信件、律令、军法、章程、礼仪等各种规章制度等。二是“‘六经’异传”，“六经”即《诗》《书》《礼》《乐》《易》《春秋》，“异传”，据张守节《史记正义》与司马贞《史记索隐》的解释，谓如丘明《春秋外传》《国语》、子夏《易

① 班固：《汉书》卷四八《贾谊传》，中华书局 1962 年版，第 2252 页。

② 泷川资言：《史记会注考证》卷一三〇《太史公自序第七十》，上海古籍出版社 2015 年版，第 4320 页。

③ 司马迁：《史记》卷一三〇《太史公自序》，中华书局 1982 年版，第 3321 页。

④ 班固：《汉书》卷六二《司马迁传》，中华书局 1962 年版，第 2735 页。

⑤ 司马迁：《史记》卷一三〇《太史公自序》，中华书局 1982 年版，第 3296 页。按司马贞《史记索隐》：“石室、金匮皆国家藏书之处。”

传》、毛公《诗》及韩婴《外传》、伏生《尚书大传》之类等。[①]司马迁对此主要做了"协"的工作，即认为"经传是比较正确、可靠的，就是要把六经异传综合起来，把它们都吸收到《史记》里面去"[②]。三是"百家杂语"，即先秦以来的诸子百家及其他种种杂说。具体说来，"'百家'者，老、庄、申、韩、商、管、晏、孟、荀、墨、孙、吴、司马、尉缭、邹、慎、田、淳于等诸子百家而言"，"'杂语'的包括范围更广，概指《甘石历五星法》《山海经》《离骚赋》《贾谊文》等一类载籍"。[③] 司马迁对此主要做了"整齐"的工作，"'整齐'这两个字，有综合排比的意思，也有批判、订正的意思"，"说明司马迁对百家杂语是有批判取舍的"。[④] 从以上内容可以看出，司马迁撰《史记》，取

① 司马迁：《史记》卷一三〇《太史公自序》，中华书局 1982 年版，第 3321 页。

② 白寿彝：《史记新论》，求实出版社 1981 年版，第 52 页。王先谦指出："协，合也，言稽合同异，折衷取裁。"（参见王先谦：《汉书补注》第九册"司马迁传第三十二"，上海古籍出版社 2012 年版，第 4352 页）顾颉刚认为司马迁在《太史公自序》所说"厥协《六经》异传，整齐百家杂语"，意为"《六经》的异传，他要调和；百家的杂语，他要整齐"。他也是把"协"理解为"调和"。（参见顾颉刚：《战国秦汉间人的造伪与辨伪》，吕思勉、童书业编著：《古史辨》第七册上编，上海古籍出版社 1982 年版，第 50 页）朱本源认为："'协'应训为'和'，如《尚书·尧典》：'协和万邦。'《尚书·汤誓》中有'有众率怠弗协'，《史记·殷本纪》在引用时把'弗协'通俗化为'不和'。可见，'协"六经"异传'（'厥'是虚词）就是努力把'六经'的各种'传'中的不同说法协调起来。"［参见朱本源：《试释司马迁"考信于'六艺'"说的真谛》，《陕西师范大学学报》（哲学社会科学版）1995 年第 3 期］

③ 王克奇：《中国古典文献学的开拓者司马迁》，《中国史研究》1986 年第 2 期。

④ 白寿彝：《史记新论》，求实出版社 1981 年版，第 54 页。

材极为广博，后代学人对此也多有称颂[1]。当然，《史记》取材的广博，一方面得益于西汉皇朝的政治大一统及在此基础上的学术文化发展。史载："汉兴，改秦之败，大收篇籍，广开献书之路。迄孝武世，书缺简脱，礼坏乐崩，圣上喟然而称曰：'朕甚闵焉！'于是建藏书之策，置写书之官，下及诸子传说，皆充秘府。"[2] 西汉皇朝的重视，自然为文化的积累和发展创造了良好的客观环境。另一方面，司马迁继承父业任太史令，因"百年之间，天下遗文古事靡不毕集太史公"[3]，从而具备了良好的主观条件。

广泛的取材，为司马迁撰写《史记》提供了前提。司马迁在运用历史文献时，态度审慎，富有辨析精神。他提出了一些取舍材料的原则，如"考信于六艺""折中于夫子""不离古文者近是"[4]，可以看作是司马迁在历史文献学发展初期的贡献。值得注意的是，司马迁对于历史文献的辨析、利用以及所发表的评论，是司马迁史学批评思想的一个重要内容。

首先来看司马迁对于"六经"的运用及评论。司马迁重视

---

① 关于《史记》的史料来源，白寿彝将之分为经传、"百家杂语"、档案材料和司马迁的亲身见闻四个部分。（参见白寿彝：《史记新论》，求实出版社 1981 年版，第 52-57 页）杨燕起将之分为古今典籍、秦代图书律令、汉代档案、实地考察访古问故与亲身闻见五个方面。（参见杨燕起：《〈史记〉的学术成就》，北京师范大学出版社 1996 年版，第 58-63 页）据卢南乔统计，司马迁所征引之书为 81 种。（参见卢南乔：《论司马迁及其历史编纂学》，《文史哲》1955 年第 11 期）金德建统计，司马迁所征引之书约有八九十种之多。（参见金德建：《司马迁所见书考》，上海人民出版社 1963 年版，第 1-30 页）张大可指出："通计载于《史记》中的司马迁所见书共一百零三种，其中六经及训解书二十四种，诸子百家书五十二种，历史地理及汉室档案二十种，文学书七种，这仅仅是司马迁因事论及的一部分。"（见张大可：《司马迁评传》，南京大学出版社 1994 年版，第 197-198 页）

② 班固：《汉书》卷三〇《艺文志》，中华书局 1962 年版，第 1701 页。

③ 司马迁：《史记》卷一三〇《太史公自序》，中华书局 1982 年版，第 3319 页。

④ 分别参见司马迁：《史记》卷六一《伯夷列传》、卷四七《孔子世家》后论和卷一《五帝本纪》后论，中华书局 1982 年版，第 2121、1947、46 页。

“六经”的学术价值，将之作为记载历史的文献资料，尤其表现在《诗》与《书》上，这在《史记》中有明确的表述：

太史公曰：余以《颂》次契之事，自成汤以来，采于《书》《诗》。

自《诗》《书》称三代“戎狄是膺，荆荼是征”，齐桓越燕伐山戎，武灵王以区区赵服单于，秦缪用百里霸西戎，吴楚之君以诸侯役百越。

太史公曰：余每读《虞书》，至于君臣相敕，维是几安，而股肱不良，万事堕坏，未尝不流涕也。

故《书》道唐虞之际，《诗》述殷周之世。

夫学者载籍极博，犹考信于六艺。《诗》《书》虽缺，然虞夏之文可知也。

故言九州山川，《尚书》近之矣。至《禹本纪》《山海经》所有怪物，余不敢言之也。

太史公曰：夫神农以前，吾不知已。至若《诗》《书》所述虞夏以来，耳目欲极声色之好，口欲穷刍豢之味，身安逸乐，而心夸矜执能之荣。①

可以看出，司马迁融《诗》《书》入史，将二者作为可以征

① 分别参见司马迁：《史记》卷三《殷本纪》、卷二〇《建元以来侯者年表》、卷二四《乐书》、卷三〇《平准书》、卷六一《伯夷列传》、卷一二三《大宛列传》、卷一二九《货殖列传》，中华书局1982年版，第109、1027、1175、1442、2121、3179、3253页。

信的史料用以撰写春秋时期以前的历史。我们可以认为，司马迁是第一个事实上以“六经皆史”从事历史撰述的史学家。

司马迁对于“六经”的重视，还在于提出了自己的一些看法，他指出：

> 《易》著天地阴阳四时五行，故长于变；《礼》经纪人伦，故长于行；《书》记先王之事，故长于政；《诗》记山川溪谷禽兽草木牝牡雌雄，故长于风；《乐》乐所以立，故长于和；《春秋》辩是非，故长于治人。是故《礼》以节人，《乐》以发和，《书》以道事，《诗》以达意，《易》以道化，《春秋》以道义。[①]

这是司马迁对“六经”的全面认识。在他看来，“六经”对于治理国家而言各有其重要的作用和不同的特点，其中《易》讲述变化之道，《礼》规范人们的言行举动，《书》记载历代先王的事迹，用以借鉴、指导政事，《诗》记载风俗民情，长于表达情意，《乐》促进人们的和谐，《春秋》善于明辨是非等。联系前述孔子对《诗》《书》《礼》《乐》《春秋》之教的论述，可以看出，司马迁的认识是对孔子的一种继承与发展。

不仅如此，司马迁在《史记》中往往引用“六经”作为论述根据，如《外戚世家》载：“《易》基《乾坤》，《诗》始《关

---

① 司马迁：《史记》卷一三〇《太史公自序》，中华书局 1982 年版，第 3297 页。

雎》，《书》美厘降，《春秋》讥不亲迎。夫妇之际，人道之大伦也。礼之用，唯婚姻为兢兢。”这是根据“六经”说明人伦之中夫妇的重要。又如《孔子世家》中，司马迁引用《诗》之“高山仰止，景行行止”，借以说明对孔子的景仰之情。《张释之冯唐列传》中，司马迁引用《书》之“不偏不党，王道荡荡；不党不偏，王道便便”，借以评论张、冯二人等。类似的例子很多，在此不一一赘述。

除了对“六经”的全面认识，司马迁还有对《诗》《易》《春秋》的单独评论。前节已述司马迁对《春秋》的评论，这里着重考察司马迁关于《诗》与《易》的认识。

关于对《诗》的认识。司马迁在《史记》中引用了许多《诗》句，形式多样，作用不一，或融《诗》入史，或以《诗》明意，或据《诗》发论等，其中有些涉及司马迁对《诗》的评论。联系司马迁以《诗》为史的思想，这种评论自是司马迁史学批评的一个重要内容。

在对“六经”的全面认识中，司马迁指出《诗》区别于其他“五经”的特点在于“《诗》记山川溪谷禽兽草木牝牡雌雄，故长于风”和“《诗》以达意”。[①] 前者突出了《诗》在反映社会风俗方面的史料价值，后者强调了《诗》在表达情意方面的功用，也是对先秦以来“诗言志”思想的继承。司马迁在《史记·司马相如列传》讲道：“《大雅》言王公大人而德逮黎庶，

① 司马迁：《史记》卷一三〇《太史公自序》，中华书局1982年版，第3297页。

《小雅》讥小己之得失，其流及上。所以言虽外殊，其合德一也。”在司马迁看来，《大雅》歌颂王公大人之德，具有普及黎民的一种教化作用，《小雅》刺讥个人之得失，以达到对上讽谏的作用。无论是对下教化，还是对上讽谏，似都可以视为“《诗》以达意”的表现和内容。

司马迁关于《诗》之教化功用的认识，如：

> 周道之兴自此始，故诗人歌乐思其德。
>
> 召公卒，而民人思召公之政，怀棠树不敢伐，哥咏之，作《甘棠》之诗。
>
> 襄公之时，修行仁义，欲为盟主。其大夫正考父美之，故追道契、汤、高宗，殷所以兴，作《商颂》。①

在司马迁看来，“诗人歌乐思其德”是对周代先王德行、德政的歌颂；《甘棠》之诗表达了人民对召公的怀念，亦是对召公之政的称赞；《商颂》是宋襄公之大夫正考父对宋襄公仁义的赞美。另外，司马迁在《太史公自序》中引先人之言“汤、武之隆，诗人歌之”，这主要指《诗》中歌颂商汤开国的作品《长

---

① 分别参见司马迁：《史记》卷四《周本纪》、卷三四《燕召公世家》和卷三八《宋微子世家》，中华书局1982年版，第112、1550、1633页。按：《史记·周本纪》所讲“诗人歌乐思其德”，司马贞《史记索隐》认为“即《诗·大雅篇》‘笃公刘’是也”。又，关于《商颂》的作者，梁玉绳指出：“案：昭七年《左传》及《鲁语》《诗序》言正考父佐戴、武、宣，得《商颂》十二篇于周太师，以《那》为首。则是从戴至襄百四五十年，正考父非襄公大夫也，非作《颂》之人也，非追作之也。但史公此说实本《韩诗》。”（参见梁玉绳：《史记志疑》卷二〇“宋微子世家第八”，中华书局1981年版，第967页）

生》《殷武》，歌颂周武王功业的作品《武》《酌》《桓》等篇。由上可以看出，司马迁认为《诗》蕴含着对于统治者德政、仁义的颂扬之情。

司马迁关于《诗》之讥刺作用的认识，如：

懿王之时，王室遂衰，诗人作刺。

周道衰，诗人作刺。

周道缺，诗人本之衽席，《关雎》作。仁义陵迟，《鹿鸣》刺焉。

夫周室衰而《关雎》作。[①]

司马迁认为，《关雎》《鹿鸣》等诗都属于讥刺之作，主要针对周王室的衰落以及道德的败坏，是对时政的一种讽谏。[②]

---

① 分别参见司马迁：《史记》卷四《周本纪》、卷一三《三代世表》、卷一四《十二诸侯年表》和卷一二一《儒林列传》，中华书局1982年版，第140、502-503、509、3115页。按：关于《周本纪》与《三代世表》所讲“诗人作刺”，据《汉书·匈奴传》记载：“至穆王之孙懿王时，王室遂衰，戎狄交侵，暴虐中国。中国被其苦，诗人始作，疾而歌之，曰：‘靡室靡家，猃允之故；岂不日戒，猃允孔棘。’”对此颜师古注曰：“《小雅·采薇》之诗也。”（参见班固：《汉书》卷九四上《匈奴传》，中华书局1962年版，第3744、3745页）这里，《汉书·匈奴传》所说的周懿王时的衰微与《史记·周本纪》所说的“懿王之时，王室遂衰”是相符的，可以推测《周本纪》与《三代世表》所称说的“诗人作刺”与《汉书·匈奴传》所载“诗人始作，疾而歌之”是指同样的诗，即《小雅·采薇》。

② 一些学者提出，司马迁关于《诗》之讥刺作用的认识主要本于《鲁诗》。一方面，从司马迁的学术渊源来看，司马迁之时，《诗》有齐、鲁、韩三家，《鲁诗》出于鲁人申培公。孔安国从申培公受《诗》，司马迁从孔安国问业，所学当为《鲁诗》。另一方面，从思想旨趣来看，《鲁诗》更注重《诗》的讽谏作用。就以上三诗而言，《采薇》是周懿王时期诗人刺时之作，《关雎》是刺周康王贪色不愿早朝之作，《鹿鸣》是刺周王不能厚养贤者之作。（具体参见清陈寿祺、陈乔枞：《三家诗遗说考》“鲁诗遗说考”卷一，《诗经要籍集成》第38册，学苑出版社2002年版，第394页。金德建：《〈史记〉所引〈诗经〉系〈鲁诗〉说》，《司马迁所见书考》，上海人民出版社1963年版，第44-49页。陈桐生：《史记与诗经》，人民文学出版社2000年版，第19-23页）

无论教化、颂扬，还是讥刺，都反映了《诗》与社会、政治间的密切联系。在《太史公自序》中，司马迁还讲道：“夫《诗》《书》隐约者，欲遂其志之思也。”“《诗》三百篇，大抵贤圣发愤之所为作也。此人皆意有所郁结，不得通其道也，故述往事，思来者。”“所谓‘《诗》《书》隐约’，《诗》在这里是主体，《书》是陪客，所以下文专提出三百篇来，这里不可在字面上拘泥。”① 在司马迁看来，《诗》三百篇，大多为贤圣发愤所作。他们内心皆有所郁结，通过《诗》含蓄委婉地发其所忧、所怨、所思、所感，正所谓“《诗》以达意”。联系前述《诗》与政治间的密切联系，《诗》之隐约与贤圣之郁结也就不难理解了，究司马迁对《诗》的认识，归根到底集中于《诗》的讽谏精神。

关于对《易》的认识。司马迁在《史记》中提及伏羲作《易·八卦》②、周文王“益《易》之八卦为六十四卦”③，以及

---

① 白寿彝：《司马迁两题》，见《白寿彝史学论集》下册，北京师范大学出版社 1994 年版，第 715 页。

② 《史记·太史公自序》载“伏羲至纯厚，作《易·八卦》”。（司马迁：《史记》卷一三〇《太史公自序》，中华书局 1982 年版，第 3299 页）

③ 司马迁：《史记》卷四《周本纪》，中华书局 1982 年版，第 119 页。另外，《史记·三代世表》载“季历生文王昌。益《易卦》”。（参见司马迁：《史记》卷一三《三代世表》，中华书局 1982 年版，第 492 页）

孔子读《易》、作《易》传、授《易》的情况。[①] 在《太史公自序》中，司马迁指出《易》区别于其他“五经”的特点在于“长于变”和“《易》以道化”，这一认识受到孔子“《易》以神化”之说的影响。此外，《史记》中论及《易》的地方主要有：

太史公曰：盖孔子晚而喜《易》。《易》之为术，幽明远矣，非通人达才孰能注意焉！

太史公曰：《春秋》推见至隐，《易》本隐之以显。[②]

这主要涉及《易》的内容及特点。在司马迁看来，《易》能够说明隐微之事，但只有“通人达才”方能领略。在表述特点上，与《春秋》“推见至隐”不同，《易》是“本隐之以显”，

① 比如《史记·田敬仲完世家》后论讲：“太史公曰：盖孔子晚而喜《易》。”《史记·孔子世家》载：“孔子晚而喜《易》，序《彖》《系》《象》《说卦》《文言》。读《易》，韦编三绝。曰：‘假我数年，若是，我于《易》则彬彬矣。’”《史记·仲尼弟子列传》讲：“孔子传《易》于瞿，瞿传楚人馯臂子弘，弘传江东人矫子庸疵，疵传燕人周子家竖，竖传淳于人光子乘羽，羽传齐人田子庄何，何传东武人王子中同，同传菑川人杨何。何元朔中以治《易》为汉中大夫。”值得注意的是，司马迁关于孔子学《易》、作《易传》、授《易》的观点可信，并得到出土文献的证明。1973 年湖南长沙马王堆汉墓出土帛书中的《周易》经传问世后，以韩仲民、李学勤、谢维扬为代表的不少学者通过对帛书《系辞》《易传》《易之义》《要》篇的分析，关于孔子学《易》、作《易传》的看法大致在学术界获得认同。[具体参见韩仲民：《帛书“系辞”浅说——兼论易传的编纂》，《孔子研究》1988 年第 4 期。李学勤：《周易经传溯源·从帛书“易传”看孔子与“易”》，长春出版社 1992 年版。谢维扬：《至高的哲理：千古奇书“周易”·伟大的里程碑》，生活·读书·新知三联书店 1997 年版。孔祥骅：《子夏与〈周易〉的传授》，《华东师范大学学报》（哲学社会科学报）1998 年第 3 期] 在出土帛书《周易》的卷后“附有佚书《要》等两篇，记录着孔子与其弟子研讨《易》理的问答。这个发现为孔子授《易》增加了一条证据”。（参见匡亚明：《孔子评传》，南京大学出版社 1990 年版，第 361 页）而且据考证，《孔子世家》应是现存最早谈及孔子与《易传》关系的文献。（参见林存光、郭沂：《旷世大儒——孔子》，河北人民出版社 2000 年版，第 165 页）

② 分别参见司马迁：《史记》卷四六《田敬仲完世家》和卷一一七《司马相如列传》，中华书局 1982 年版，第 1903、3073 页。

即《春秋》是从一些具体的事实推究出隐讳的道理，而《易》则是通过探讨精微深隐的道理来把握明显具体的事情。正如司马贞《史记索隐》引韦昭所说：“《易》本阴阳之微妙，出为人事乃更昭著也。”① 可以这样认为，《易》中包含着一种社会历史的法则或规律，在指导人事方面有重要价值。

二、关于其他文献的辨析、评论与利用

司马迁将“六经”看作可征信的史料，对于其他文献也秉持一种认真辨析的精神，而于辨析之中包含了对文献的史料价值的评论。这种辨析突出地反映在《五帝本纪》后论中：

> 太史公曰：学者多称五帝，尚矣。然《尚书》独载尧以来；而百家言黄帝，其文不雅驯，荐绅先生难言之。孔子所传宰予问《五帝德》及《帝系姓》，儒者或不传。余尝西至空桐，北过涿鹿，东渐于海，南浮江淮矣，至长老皆各往往称黄帝、尧、舜之处，风教固殊焉，总之不离古文者近是。予观《春秋》《国语》，其发明《五帝德》《帝系姓》章矣，顾弟弗深考，其所表见皆不虚。《书》缺有间矣，其轶乃时时见于他说。非好学深思，心知其意，固难为浅见寡闻道也。余并论次，择其言尤雅者，故著为本纪书首。

① 司马迁：《史记》卷一一七《司马相如列传》，中华书局1982年版，第3073页。

这里，司马迁对“五帝”“黄帝”作了全面的考察，分别讲到了“学者”、《尚书》、“百家”、《五帝德》、《帝系姓》、自己的游历、《春秋》和《国语》等，并把这些综合起来，进而得出如下几点认识：一是《尚书》记载的最早人物是尧，未有记载黄帝之语。二是百家所言黄帝之文，有“不雅驯”之失①，需要认真辨析。三是孔子所传的《五帝德》《帝系姓》，经与《春秋》《国语》相参证，认为可信、不虚妄。四是通过游历考察和访古问故，认为长老所讲黄帝、尧、舜之事“不离古文者近是”②，即选择其中符合于《五帝德》和《帝系姓》的传说。通过这一番辨析，司马迁作出总结：关于黄帝、“五帝”，虽然《尚书》缺载，但却有《五帝德》《帝系姓》等文献依据，还有民间长老传说的参考，故而司马迁“择其言尤雅者”，将黄帝“著为本纪书首”。同时，司马迁主张对于文献“好学深思，心知其意”，要在博闻、深思、慎取。司马迁关于黄帝传说的辨析精神由此可见一斑。

有学者认为：“《五帝本纪·赞》不作一了语，其一段传疑，不敢自信之意，往往于运笔虚活承转处见之，字字是若存若亡光

---

① 张守节《史记正义》指出：“驯，训也。谓百家之言皆非典雅之训。”（参见司马迁：《史记》卷一《五帝本纪》，中华书局1982年版，第47页）吕思勉认为“百家”有二义：“一《汉书·艺文志》小说家有《百家》百二十九卷，此为小说一家之学。一太史公言：百家言黄帝，其文不雅驯；（《五帝本纪·赞》）《汉书》称孝武帝罢黜百家；（《本纪·赞》）此该儒家以外诸家言之也。”（参见吕思勉：《秦汉史》，上海古籍出版社1983年版，第762页）

② 司马贞《史记索隐》指出：“《五帝德》《帝系姓》皆《大戴礼》及《孔子家语》篇名。以二者皆非正经，故汉时儒者以为非圣人之言，故多不传学也。”“古文即《帝德》《帝系》二书也。近是圣人之说。”（参见司马迁：《史记》卷一《五帝本纪》，中华书局1982年版，第47页）

景，其引证原委又似历历有据，正其不敢自信处，盖多闻而能阙疑，多见而能阙殆也。‘好学深思，心知其意’，是作史之本；‘择其言犹雅者’是作史之法。一部《史记》，要领尽此矣。”①这里指出了司马迁辨析的艺术性手法，如运笔灵活、承转处见其自信，辨析的要旨即多闻阙疑、多见阙殆，并由此领略出《史记》一书的精神所在。

应当强调的是，《史记·五帝本纪》后论的意义不仅说明了司马迁辨析文献的谨慎态度，而且确定了《史记》的上限，即以《五帝本纪》开篇，又以黄帝居于五帝之首。从某种意义上说，这实际上是解决了中国历史应当从何时开始书写的问题，即中华文明之源的问题，进而确定了将黄帝作为中华文明的人文初祖。这一认识受到后世史家、政治家的广泛认同，在中国史学发展上产生了深远影响，在当今的社会现实中仍具有重要意义。②

司马迁慎于辨析文献的精神在《史记》的诸表序中也有鲜明的反映。表作为《史记》体裁的一个组成部分，其宗旨在于说明“并时异世，年差不明”③的错综复杂的历史事实。《史记》有十表，白寿彝对此有高度的评价，认为“这些表包含着很多学问，是从许多繁杂的历史事件中，挑选重要的事情，可以当作

---

① 录自葛鼎、金蟠《史记》卷一钟惺语，见杨燕起、陈可青、赖长扬编：《历代名家评史记》，北京师范大学出版社1986年版，第319页。

② 关于司马迁以黄帝作为中华文明之源对后世产生的认同和影响，详见瞿林东：《黄帝祭祀与历史文化认同》《从史学发展看炎黄文化的民族凝聚力》《黄帝文化精神与统一多民族国家的历史》，分别载于2005年4月5日《光明日报》，黄爱萍、王俊义编：《炎黄文化与中华民族》，中国人民大学出版社1995年版，朱恪孝、谢阳举主编：《黄帝与中华文化学术研讨会论文集》，西北大学出版社2008年版。

③ 司马迁：《史记》卷一三〇《太史公自序》，中华书局1982年版，第3319页。

一定时期的简史来阅读的”，并能最大限度地集中体现“通古今之变”这一要求。[1] 另外，表前的序，言简意赅，指陈历史发展大势，纵论时代变化特点，表现出司马迁宏达的通识和深刻的历史思想。

司马迁作十表，需要渊博的学识，而取材的严谨也是一个基本的要素。司马迁在表序中，往往交代此表的起讫和材料依据等，特别是《三代世表》《十二诸侯年表》以及《六国年表》的序，更为突出，反映了司马迁对于取材的审慎以及对于文献的史料价值的评论。比如，《三代世表》序指出：

> 太史公曰：五帝、三代之记，尚矣。自殷以前诸侯不可得而谱，周以来乃颇可著。孔子因史文次《春秋》，纪元年，正时日月，盖其详哉。至于序《尚书》则略，无年月；或颇有，然多阙，不可录。故疑则传疑，盖其慎也。
>
> 余读谍记，黄帝以来皆有年数。稽其历谱谍终始五德之传，古文咸不同，乖异。夫子之弗论次其年月，岂虚哉！于是以《五帝系谍》《尚书》集世纪黄帝以来讫共和为《世表》。

这里，司马迁确定《三代世表》的上下限为黄帝以来讫于

① 白寿彝：《史记新论》，求实出版社1981年版，第38页。

共和[①]，因此考察这篇序，当结合《五帝本纪》后论对黄帝传说的辨析，以及《太史公自序》所述《三代世表》的小序，即“维三代尚矣，年纪不可考，盖取之谱牒旧闻，本于兹，于是略推，作《三代世表》第一”。在司马迁看来，五帝、三代的历史久远，而殷之前的年代已无法考列。司马迁在此基础上进行辨析，认为其中包含两种情况：一是可信者，即《尚书》和《五帝本纪》后论所考察的《五帝德》《帝系姓》等。司马迁相信孔子在《春秋》和《尚书》上关于纪年的处理，它们在年月记载上虽有很大的详略差异，但都是可信的，同时对孔子“疑则传疑”的慎重态度表示赞许，慨叹“夫子之弗论次其年月，岂虚哉”。二是不可信者，即“谍记”，如“历谱谍”“终始五德之传”。此类书自黄帝以来皆有年数，并与《五帝德》《帝系姓》的记载相互抵牾。通过这一番辨析，司马迁取其可信者作为根据，弃其不可信者，并结合历史久远的特点，大略地谱列出世系而不纪年，以示慎重。

又如，《十二诸侯年表》序，司马迁确定此表的上下限是“自共和讫孔子”[②]。读此序，并结合《太史公自序》中此表的小序所说“幽、厉之后，周室衰微，诸侯专政，《春秋》有所不纪；而谱牒经略，五霸更盛衰，欲睹周世相先后之意，作《十

① 关于《三代世表》的内容涉及五帝，而篇名只言三代，对此司马贞《史记索隐》讲道：“以三代代系长远，宜以名篇；且三代皆出自五帝，故叙三代要从五帝而起也。”（参见司马迁：《史记》卷一三《三代世表》，中华书局1982年版，第487页）

② 按：此表与《三代世表》相接，其断限起自西周共和元年（前841），止于周敬王崩之年（前476）。司马迁这里讲讫于孔子卒之年（前479），是一个大概的说法，表现出司马迁对孔子的敬重，从而又照顾到周王世系的更替。

二诸侯年表》第二”，可以得到如下认识：司马迁首先以简洁的语言概括春秋时期的形势特点，显示出他对春秋历史的深刻理解和准确把握。继而他讲到孔子作《春秋》，并评论了受《春秋》影响的一些著述，包括《左氏春秋》《铎氏微》《虞氏春秋》《吕氏春秋》，以及荀卿、孟子、公孙固、韩非之徒“捃摭《春秋》之文以著书”等。之后，他进一步讲道：

> 儒者断其义，驰说者骋其辞，不务综其终始；历人取其年月，数家隆于神运，谱谍独记世谥，其辞略，欲一观诸要难。于是谱十二诸侯，自共和讫孔子，表见《春秋》《国语》学者所讥盛衰大指著于篇，为成学治古文者要删焉。①

在司马迁看来，“儒者”“驰说者”“历人”“数家”“谱谍”等对《春秋》各有所取之处，或是偏重大义，或是施展文辞，或是看重其中的年月或世系、谥号，或是推重天命。其缺点或在于“不务综其终始”，即考究本末原委，或在于文辞简略，难以观察要旨。在此表的小序中，司马迁还提到“谱牒经略”②，即认为“谱谍”之类的书记述简略。在这一认识的基础上，司马迁讲到对《春秋》和《国语》的利用和评价，即其中所蕴含的“盛衰大指”。也就是说，在司马迁看来，与以上诸书相比，《春秋》《国语》可以“综其终始”“观诸要”。考虑到司马迁作此

① 司马迁：《史记》卷一四《十二诸侯年表》，中华书局1982年版，第511页。
② 司马迁：《史记》卷一三〇《太史公自序》，中华书局1982年版，第3303页。

表旨在“睹周世相先后”，可以看出他对《春秋》《国语》的推崇之意。近人王国维认为：“太史公作《十二诸侯年表》，实为《春秋》《国语》作目录，故云‘为成学治古文者要删’。”[①]“目录”之说不必考究，这实则指出了《十二诸侯年表》与《春秋》《国语》在“综其终始”上的相承与相通。

再如，《六国年表》序，司马迁纵论战国时代的发展大势及秦朝的兴亡，并对秦朝在历史上的地位给予充分肯定，表现出一种辩证的思想。序中，司马迁讲到秦烧天下《诗》《书》和诸侯史记，唯有《秦记》保留下来，成为他作此表的主要依据，具有重要的史料价值，但它“不载日月，其文略不具”，即《秦记》在日月记载上缺失，且文辞简略。在评论《秦记》的同时，司马迁指出：“然战国之权变亦有可颇采者，何必上古。”[②]这里的“战国之权变”，指纵横家书，主要记载了战国时期各国纵横家的策谋权变等，即后来刘向编进《战国策》的各种资料[③]。也就是说，司马迁肯定了“战国之权变”的史料价值，并认为在取材上不必固守“上古”。有学者指出“六国时事多见于《秦记》，故《年表》总论以《秦记》发端，以《秦记》收结”[④]，这一则表明了对《秦记》史料价值的肯定，一则表明了对司马迁利用《秦记》的认同。

---

① 王国维：《观堂集林》卷七《史记所谓古文说》，中华书局1959年版，第308页。

② 司马迁：《史记》卷一五《六国年表》，中华书局1982年版，第686页。

③ 参见杨宽：《战国史》，上海人民出版社2016年版，第12页。

④ 牛运震：《史记评注》卷三《六国年表》，见杨燕起、陈可青、赖长扬编：《历代名家评史记》，北京师范大学出版社1986年版，第383页。

需要关注的是，《史记》十表高度概括了三代以来至汉武帝时期约三千年的历史，与本纪、书、世家、列传相互配合，相得益彰，形成一幅整体历史的画卷；同时，它也反映出司马迁划分历史阶段的思想。大致说来，从《三代世表》《十二诸侯年表》《六国年表》《秦楚之际月表》到《汉兴以来诸侯王年表》等，基本明确了五帝、夏商周三代、春秋、战国、秦、汉初的历史发展阶段。而这种划分历史阶段的思想也鲜明地反映在司马迁所列本纪之中，即从《五帝本纪》《夏本纪》《殷本纪》《周本纪》《秦本纪》《秦始皇本纪》《项羽本纪》到《高祖本纪》等。这种思想可以说是司马迁再三予以关注和致意的。是否可以这样认为，两千多年前，司马迁撰写了中国史学上第一部通史，第一次明确列出了中国历史进程的阶段性发展，反映了中华文明发展的历史谱系，是中华民族认识自身历史的伟大先行者。他所列出的这一历史发展谱系，受到后世的广泛认同，在中国史学发展上具有深远的影响。

除了《史记》的表序，司马迁对于文献的辨析精神还散见于《史记》的其他篇章中，如《仲尼弟子列传》后论指出：

> 太史公曰：学者多称七十子之徒，誉者或过其实，毁者或损其真，钧之未睹厥容貌，则论言弟子籍，出孔氏古文近是。余以弟子名姓文字悉取《论语》弟子问并次为篇，疑者阙焉。

关于仲尼弟子，司马迁总结了学者或誉或毁的两种倾向，认为二者皆失其真，此其一。其二，司马迁辨析相关的材料，即“论言弟子籍”[①]，认为“出孔氏古文近是”。《汉书·艺文志》载：“武帝末，鲁共王坏孔子宅，欲以广其宫，而得《古文尚书》及《礼记》《论语》《孝经》凡数十篇，皆古字也。”又载：“《论语》古二十一篇。出孔子壁中。”据此可知，司马迁认为“论言弟子籍”，以出于孔子壁中的古文书籍最为可信。其三，指明写作此传的原则，即疑者无征，缺而不载。联系司马迁在《三代世表》序中对孔子“疑则传疑”态度的称许，以及在《高祖功臣侯者年表》序中所提出的“著其明，疑者阙之”，这可以看作是司马迁对待文献的一个基本原则，也是司马迁对待历史记载的认真态度，其中包含着对《穀梁传》所讲“信以传信，疑以传疑”的“信史”原则的继承。

又如，《大宛列传》后论讲道：

> 太史公曰：《禹本纪》言“河出昆仑。昆仑其高二千五百余里，日月所相避隐为光明也。其上有醴泉、瑶池”。今自张骞使大夏之后也，穷河源，恶睹本纪所谓昆仑者乎？故言九州山川，《尚书》近之矣。至《禹本纪》《山海经》所有怪物，余不敢言之也。

---

① 有学者指出，司马迁所讲的“论言弟子籍”和“论语弟子问”名称虽有所不同，实同指《论语》一书。（参见金德建：《论〈史记〉“论言弟子籍”“论语弟子问”即指〈论语〉》，《司马迁所见书考》，上海人民出版社 1963 年版，第 205-208 页）

这里，司马迁根据张骞出使大夏“穷河源”的实地考察，认为关于九州山川的记载，以《尚书》之言最为可信，而《禹本纪》和《山海经》所言不可取。这实则是在当时历史条件下对三书史料价值的不同评价。

这里，我们还要附带说一说司马迁对民间传闻及口述史料的辨析与批评。司马迁撰《史记》，通过游历与考察，采用了一些民间传闻及口述史料。在运用这些史料时，司马迁慎之又慎，认真地予以辨析、评论。

比如，上文已简略提到司马迁在《五帝本纪》对于各地长老所讲黄帝、尧、舜的事迹，以“不离古文者近是”，选择其中符合于《五帝德》和《帝系姓》的传说。

又如，《苏秦列传》中，司马迁对有关苏秦事迹的传闻进行辨析，认为：“然世言苏秦多异，异时事有类之者皆附之苏秦。”[①] 应当说，“这也是对苏秦传说的批评，是很有见解的”[②]。司马迁提出要区别“异时事有类之者”的情况，表明了他对史料认真、严肃的态度。这种情况在史书记载中常常会出现，今天看来，司马迁的这一认识对于辨别史料的真伪具有一定的方法论意义。

再如，《刺客列传》后论指出：

> 太史公曰：世言荆轲，其称太子丹之命，“天雨粟，马

---

① 司马迁：《史记》卷六九《苏秦列传》，中华书局1982年版，第2277页。

② 白寿彝：《史记新论》，求实出版社1981年版，第54页。

生角”也，太过。又言荆轲伤秦王，皆非也。始公孙季功、董生与夏无且游，具知其事，为余道之如是。

这里，司马迁发表了两点评论：一是关于天助太子丹即“天雨粟，马生角”的传说有夸大之嫌；二是关于荆轲刺伤秦王之事不可信。同时，司马迁说明其所论主要依据公孙季功与董生的讲述，他们与秦始皇的侍医夏无且有过直接交往，知道荆轲刺秦王一事的原委，“为余道之如是”①。可以看出，司马迁言之有据，态度极其认真严谨。

总起来看，司马迁撰《史记》，接触了许多文献资料，他在运用这些文献资料的过程中有辨析、有评论，对于文献资料的轻重、真伪、去取，均有明确的态度、适当的处置，充分反映了他在这一领域中的史学批评见解和方法。

---

① 按：“为余道之”的“余”字，王国维、顾颉刚等认为应指司马谈，不可能是司马迁。如王国维指出：“公孙季功、董生（非仲舒）曾与秦夏无且游。考荆轲刺秦王之岁，下距史公之生，凡八十有三年，二人未必能及见史公道荆轲事。又樊它广及平原君子辈行亦远在史公前。然则此三传（指《刺客列传》《范郦滕灌列传》《郦生陆贾列传》——引者）所纪，史公或追纪父谈语也。”（参见王国维：《太史公行年考》，《观堂集林》卷一一，中华书局1959年版，第509页）顾颉刚认为，司马迁生年以公元前135年说为可信，“若是则史迁之生上距荆轲之死已九十二年。公孙、董生既与夏无且游，则必秦末汉初人也，待史迁之长而告之，不将历百数十岁乎！是必不可能者也”。（参见顾颉刚：《司马谈作史》，《史林杂识初编》，中华书局1963年版，第226页）此外，张大可提出：“设若公孙季功及董生与夏无且为逮及的忘年之交，二人与司马迁亦为相接的忘年之交，司马迁仍有可能从二人游。此当存疑待考。”（参见张大可：《史记论赞辑释》，陕西人民出版社1986年版，第284页）

第四节　司马迁对史学功用的认识

一、"居今之世，志古之道，所以自镜也"

关于史学社会功用的认识和阐说，是司马迁史学批评在理论上的重要成就。

认识历史、记述历史究竟有何意义？这是自古以来人们就十分关注的问题，也是关于史学功用的重要问题。先秦时期，人们在这方面初步提出了一些见解，如前述楚国大夫申叔时论史书的教育作用、孟子论"孔子成《春秋》而乱臣贼子惧"等，反映了在史学兴起的最初阶段人们对这个问题的思考和探索。

历史的发展是史学发展的背景，也为其注入了丰富的内容。生活在西汉政治大一统时代的司马迁，撰写了中国史学上第一部通史，成为中华民族认识自身历史的先驱。他在《史记》中写下了掷地有声的一句话："居今之世，志古之道，所以自镜也"，并赋予"述往事，思来者"之深意。[①] 这两句话，讲到了认识历史、记述历史的意义所在，反映了司马迁对史学功用的认识，也给后人留下深刻的启示。

首先来分析"居今之世，志古之道，所以自镜也"的含义。司马迁在《高祖功臣侯者年表》序中讲道：

---

① 分别参见司马迁：《史记》卷一八《高祖功臣侯者年表》序、卷一三〇《太史公自序》，中华书局1982年版，第878、3300页。

居今之世，志古之道，所以自镜也，未必尽同。帝王者各殊礼而异务，要以成功为统纪，岂可绲乎？观所以得尊宠及所以废辱，亦当世得失之林也，何必旧闻？

这段话主要包含了三层意思。第一，司马迁提出了认识历史的意义。他指出，生活在现今的人们，通过记述古代之事而了解其中的经验，是为了“自镜”，即将历史作为现实的一面镜子，从中获得有益的借鉴。同时司马迁注意到，古今“未必尽同”，历史可以作为现实的一面镜子，但不是要模仿历史、照搬历史。第二，司马迁认为，不同时期的统治者虽然在采取的礼法制度和要务上有所不同，但都以获得成功作为共同的根本目标。是否可以这样理解，司马迁以最高统治者为例说明历史与现实的关系，即后代的最高统治者可以借鉴前代成功的经验，但又要根据自身所处的时势采取措施，而不可完全照搬前代统治者的举措。第三，司马迁考察汉高祖时所封功臣侯者的后代命运，认为其中的经验教训可作为现实的借鉴。这也是司马迁对历史与现实关系的一种认识，即当代的得失亦有其可借鉴之处，不必舍近求远，一味寻求古代的借鉴。

概而言之，司马迁肯定了认识历史的“自镜”价值，并就历史与现实之间的紧密联系与区别作了深刻的阐发，旨在说明要正确地认识历史、以史为鉴，同时也要重视现实的借鉴，但反对混淆古今、以今泥古。司马迁的这一认识，是深刻而辩证的，“不仅把学习历史、研究历史、认识历史的意义讲得十分透彻，而且也回答了当时和后人在对待认识历史问题上的疑虑”[1]。

司马迁提出的以历史“自镜”的思想，反映了司马迁关于史学功用的见解，在《史记》一书中，司马迁也是贯穿着以历史“自镜”的旨趣，或评论历史人物，或讽喻今世。比如《项羽本纪》后论所讲项羽“自矜功伐，奋其私智而不师古，谓霸王之业，欲以力征经营天下，五年卒亡其国”，这是明确批评项羽“不师古”，刚愎自用且一味地迷信武力，以致失败。与项羽相反的是，汉初统治集团懂得以历史“自镜”的道理，故而深知史书的重要，史载：

> 陆生时时前说称《诗》《书》。高帝骂之曰：“乃公居马上而得之，安事《诗》《书》!”陆生曰：“居马上得之，宁可以马上治之乎？且汤、武逆取而以顺守之，文武并用，长久之术也。昔者吴王夫差、智伯极武而亡；秦任刑法不变，卒灭赵氏。向使秦已并天下，行仁义，法先圣，陛下安得而有之？”高帝不怿而有惭色，乃谓陆生曰：“试为我著秦所以失天下，吾所以得之者何，及古成败之国。”陆生乃粗述存亡之征，凡著十二篇。每奏一篇，高帝未尝不称善，左右呼万岁，号其书曰《新语》。[2]

这里，陆贾以历史上商汤、周武王、吴王夫差、智伯的事

① 瞿林东：《中国史学通论》，武汉出版社 2006 年版，第 44 页。

② 司马迁：《史记》卷九七《郦生陆贾列传》，中华书局 1982 年版，第 2699 页。

例，从正反两个方面总结政治得失的经验，指出秦之亡在于未“行仁义，法先圣”，即以历史“自镜”，以此来警醒汉高祖刘邦。刘邦采纳了陆贾的建议，命其“著秦所以失天下，吾所以得之者何，及古成败之国”，表明了他真正认识到总结历史经验的重要性。一部《新语》，即陆贾所撰写的政论和史论，在汉高祖刘邦的朝廷之上，激起如此强烈的反应，与其说是汉初君臣懂得了历史经验的重要性，毋宁说是他们通过陆贾的撰述而真正懂得了历史经验的重要，从而真正懂得了史书对于人们认识历史、总结历史经验的重要性。在司马迁的史笔下，史学社会功用的巨大魅力，表现得淋漓尽致。

二、“述往事，思来者”

“述往事，思来者”，这是司马迁对于记述历史的意义的认识，也是对史学功用的认识。

司马迁在撰述《史记》的过程中，因李陵事件受牵连而被处以腐刑。在狱中，他感受到了社会的世态炎凉，发出感慨：“因为诬上，卒从吏议。家贫，财赂不足以自赎，交游莫救，左右亲近不为一言。身非木石，独与法吏为伍，深幽囹圄之中，谁可告诉者！”[①] 并经历了一番复杂的生与死的思想斗争：

> 假令仆伏法受诛，若九牛亡一毛，与蝼蚁何异？而世又

① 司马迁：《报任安书》，见班固：《汉书》卷六二《司马迁传》，中华书局 1962 年版，第 2730 页。

不与能死节者比，特以为智穷罪极，不能自免，卒就死耳。何也？素所自树立使然。人固有一死，死有重于泰山，或轻于鸿毛，用之所趋异也……仆虽怯耎欲苟活，亦颇识去就之分矣，何至自湛溺累绁之辱哉！且夫臧获婢妾犹能引决，况若仆之不得已乎！所以隐忍苟活，函粪土之中而不辞者，恨私心有所不尽，鄙没世而文采不表于后也。

……

草创未就，适会此祸，惜其不成，是以就极刑而无愠色。仆诚已著此书，藏之名山，传之其人通邑大都，则仆偿前辱之责，虽万被戮，岂有悔哉！①

可以看出，在生与死的抉择中，司马迁选择了“隐忍苟活”，选择了“就极刑而无愠色”，因为他心怀先人的遗愿，胸怀宏大的抱负。他的内心世界是极度痛苦的，却又是无比坚强的。同时，司马迁由自身的遭际联想到古人：

古者富贵而名摩灭，不可胜记，唯俶傥非常之人称焉。盖西伯拘而演《周易》；仲尼厄而作《春秋》；屈原放逐，乃赋《离骚》；左丘失明，厥有《国语》；孙子膑脚，《兵法》修列；不韦迁蜀，世传《吕览》；韩非囚秦，《说难》《孤愤》。《诗》三百篇，大氐贤圣发愤之所为作也。此人皆

① 司马迁：《报任安书》，见班固：《汉书》卷六二《司马迁传》，中华书局1962年版，第2732-2733、2735页。

意有所郁结，不得通其道，故述往事，思来者。及如左丘明无目，孙子断足，终不可用，退论书策以舒其愤，思垂空文以自见。仆窃不逊，近自托于无能之辞，网罗天下放失旧闻，考之行事，稽其成败兴坏之理，凡百三十篇，亦欲以究天人之际，通古今之变，成一家之言。①

这一段话在《史记·太史公自序》中也有大意相近的记述，主要反映了司马迁以古人自况、自励，发愤撰述《史记》的决心和旨趣。在司马迁看来，历史上的一些前贤先哲都经历过类似的遭际，他们心有郁结，故而著书立说以抒发其愤懑之情、通达其郁结之意，进而提升为“述往事，思来者”的意境。

这里的“往事”，可以理解为“历史”，从另一种意义上来说，“述往事，思来者”是司马迁通过古人发愤著书的经历，说明记述历史的意义所在，即“令将来之人，见己志也”②，使后人在阅读史书、了解历史的基础上感悟古人的思想。司马迁体察到古人“述往事，思来者”之意，而他自己也是这样做的，即在撰述《史记》中寄予了“述往事，思来者”之情，这突出地

---

① 司马迁：《报任安书》，见班固：《汉书》卷六二《司马迁传》，中华书局1962年版，第2735页。

② 按颜师古的注释，“思来者”是“令将来之人，见己志也”。（参见班固：《汉书》卷六二《司马迁传》，中华书局1962年版，第2736页）关于“述往事，思来者”的内涵，一些学者作了探讨和分析。如白寿彝认为，“‘往事’是历史，‘来者’是理想；就是说，要通过叙述往事来表达他的理想”。（参见白寿彝：《史记新论》，求实出版社1981年版，第70页）又如彭忠德通过对“来者”“思”之语法的分析，并结合其他古籍中的相关表述，指出：“来者”意为“将来之人”，“思”意为“使……思考”，司马迁所讲古人著书以“述往事，思来者”，应释作“记述历史，使将来之人思考”，如同颜师古所说的“令将来之人，见己志也”。（参见彭忠德：《也释“述往事，思来者”》，《文献》1997年第1期）

体现在《报任安书》中。比如司马迁讲到自己之所以选择“隐忍苟活”，缘于“恨私心有所不尽，鄙没世而文采不表于后也”。又如他列举古人发愤著书的事例，两次提及左丘失明、孙子断足。而他们与其他古人的不同之处是因为他们皆在身体发肤上有所损害，不仅仅是遭遇了困境、逆境。司马迁自身遭受腐刑，在他看来“祸莫憯于欲利，悲莫痛于伤心，行莫丑于辱先，而诟莫大于宫刑。刑余之人，无所比数，非一世也，所从来远矣”，为此，他心有郁结，“是以肠一日而九回，居则忽忽若有所亡，出则不知所如往。每念斯耻，汗未尝不发背沾衣也”。[①] 这里，司马迁特意两次提及左丘与孙子，说明他们的遭际更易引起司马迁在感情上的共鸣。而司马迁指出他们“退论书策以舒其愤，思垂空文以自见”，并阐发要效法二人，“自托于无能之辞”，即通过撰述《史记》向后人表达自己的思想。

就司马迁撰《史记》而言，“述往事，思来者”主要包含着两个方面的内容：一是为后人留下可供思考的“究天人之际，通古今之变”的历史撰述，一是寓论断于叙事，在记述历史时表达自己的思想、感情等，让后人从中了解自己。这两个方面的内容又是相互统一、不可分割的。前者在《史记》中有多次表现，或是总的说明，如《太史公自序》讲司马迁撰《史记》“藏之名山，副在京师，俟后世圣人君子”。或是对某一个内容的说明，如《孝武本纪》和《封禅书》讲太史公“退而论次自古以

① 以上参见司马迁：《报任安书》，见班固：《汉书》卷六二《司马迁传》，中华书局1962年版，第2733、2727、2736页。

来用事于鬼神者，具见其表里。后有君子，得以览焉”。《六国年表》序说：“余于是因《秦记》，踵《春秋》之后，起周元王，表六国时事，讫二世，凡二百七十年，著诸所闻兴坏之端。后有君子，以览观焉。”《汉兴以来诸侯王年表》序指出：“臣迁谨记高祖以来至太初诸侯，谱其下益损之时，令后世得览。”《高祖功臣侯者年表》序写道：“于是谨其终始，表其文，颇有所不尽本末；著其明，疑者阙之。后有君子，欲推而列之，得以览焉。”这些表明了司马迁记述历史意在令后人观览并有所启迪和思考。后者主要表现为司马迁的史论，即对历史人物、史事与历史现象的评论等，为历来学者所关注。白寿彝先生指出：“《史记》在‘述往事，思来者’方面的成就是很值得注意的。他把历史事实、自己的理想、评论三者很好地紧密地结合在一起，这也是我们应当学习和继承的好传统。”[①] 换言之，司马迁的史学批评，是把客体、主体及相关认识很好地结合起来了。

司马迁撰写了中国史学上第一部纪传体通史《史记》，成为中国古代史学的奠基者，同时在中国古代史学批评的开端时期也作出了杰出的贡献。他的史学批评思想蕴含于《史记》全书之中，较之以前零星的史学批评来说，显示出一定的气势和较多的方面。司马迁具有继承《春秋》的自觉的史学发展意识，对《春秋》的评论尤其是其功用的认识系统而深刻；在广博的取材中，他秉持审慎的辨析精神，辨析之中包含着对众多文献资料真

① 白寿彝：《史记新论》，求实出版社 1981 年版，第 71 页。

伪及其价值的分析与评论；他所提出的“居今之世，志古之道，所以自镜也”和“述往事，思来者”，讲到了认识历史、记述历史的意义所在，具有重要的理论价值。这种自觉性、深刻性及理论性，都是之前的史学批评中所不曾出现的，从而奠定了中国古代史学批评发展的基础。

此外，司马迁曾明确提出自己的撰述旨趣是“究天人之际，通古今之变，成一家之言”，反映了司马迁崇高的思想境界。它不仅为历代史家所称道，成为历代史家所追求的一种理想目标，而且其“通古今之变”的宗旨，逐渐发展成为史学批评的标准或原则之一，降至南宋郑樵讲“会通之义大矣哉”[①]，清代章学诚论“通史家风”[②]，都在中国古代史学批评史上具有重要的理论价值。这也从一个侧面反映了司马迁奠定了史学批评发展的基础以及对后世的深远历史影响。

---

① 郑樵：《通志总序》，中华书局 1987 年版，第 1 页。

② 章学诚：《文史通义·申郑》，叶瑛《文史通义校注》本，中华书局 1985 年版，第 463 页。

第五章 皇朝史撰述与史学批评的展开

班固的《汉书》和荀悦的《汉纪》是中国史学上最早的皇朝史撰述，前者为纪传体皇朝史之楷模，后者为编年体皇朝史之先河。二书在史学批评方面皆有所涉及，而且在很大程度上与作者本人的历史撰述思想相联系，从而进一步推动了两汉时期史学批评的发展。

第一节 班彪、班固父子对《史记》的评论

一、班彪评论《史记》及其续作“后传”的旨趣

班彪、班固父子对于司马迁《史记》的评论，开学人全面、系统评论《史记》的先声，在中国史学史以及中国史学批评史上都具有十分重要的意义。班氏父子评论《史记》，在思想观念上是一致的，但从他们受到《史记》启发而对待自己的撰述活动时，却又有所不同。

班彪（3—54），字叔皮，汉代著名的学者。史载，他"斟酌前史而讥正得失"[1]，由此展开了对《史记》的全面评论，内容涉及取材、断限、记述内容、思想观点、叙事成就以及体裁体例等。

首先，班彪按时代顺序叙述《史记》之前的史籍，同时也是指出司马迁撰《史记》的材料根据，在此基础上阐述《史记》的基本情况。其文如下：

唐虞三代，《诗》《书》所及，世有史官，以司典籍，暨于诸侯，国自有史，故《孟子》曰"楚之《梼杌》，晋之《乘》，鲁之《春秋》，其事一也"。定、哀之间，鲁君子左丘明论集其文，作《左氏传》三十篇，又撰异同，号曰《国语》，二十一篇，由是《乘》《梼杌》之事遂暗，而《左氏》《国语》独章。又有记录黄帝以来至春秋时帝王公侯卿大夫，号曰《世本》，一十五篇。春秋之后，七国并争，秦并诸侯，则有《战国策》三十三篇。汉兴定天下，太中大夫陆贾记录时功，作《楚汉春秋》九篇。孝武之世，太史令司马迁采《左氏》《国语》，删《世本》《战国策》，据楚、汉列国时事，上自黄帝，下讫获麟，作本纪、世家、列传、书、表凡百三十篇，而十篇缺焉。[2]

① 范晔：《后汉书》卷四〇上《班彪列传上》，中华书局1965年版，第1324页。
② 范晔：《后汉书》卷四〇上《班彪列传上》，中华书局1965年版，第1325页。

可以看出，班彪所讲到的《史记》基本情况包括：一是所依据的主要史籍，即《左氏》《国语》《世本》《战国策》以及《楚汉春秋》等；二是《史记》的断限，即“上自黄帝，下讫获麟”；三是所包含的五个部分或五种体例，即本纪、世家、列传、书、表；四是总篇数及其残缺情况。

班彪以简洁的语言梳理《史记》之前的多种史籍，从中也可以看出他对史学发展趋向的一种把握。如由“《诗》《书》所及，世有史官”到“暨于诸侯，国自有史”以及《孟子》所讲的楚、晋、鲁各国史书，再到定、哀之间，“《乘》《梼杌》之事遂暗，而《左氏》《国语》独章”，反映了史学在萌芽阶段的一些重要变化，包含着春秋时期各诸侯国国史的出现，春秋晚期私人历史撰述的兴起等。另外，在班彪看来，《战国策》乃“春秋之后，七国并争，秦并诸侯”的一种反映，《楚汉春秋》则是陆贾因“汉兴定天下”而“记录时功”所作，显示了班彪对时代变动与史书撰写关系的一种理解。

其次，班彪指出司马迁记事的功绩及其疏略之处：

> 迁之所记，从汉元至武以绝，则其功也。至于采经摭传，分散百家之事，甚多疏略，不如其本，务欲以多闻广载为功，论议浅而不笃。[1]

---

① 范晔：《后汉书》卷四〇上《班彪列传上》，中华书局1965年版，第1325页。

班彪充分肯定司马迁对于西汉历史的记载，同时又指出其书“甚多疏略”“论议浅而不笃”等问题，并分析其中的原因在于取材上的广泛以及“欲以多闻广载”的主观愿望。班彪所论《史记》有“疏略”处，自在所难免。至于“论议浅而不笃”，似难以成为定论，因司马迁与班氏父子在历史见解上本有很多歧异，班彪所论未必中肯。

再次，班彪对《史记》的思想观点加以评论，认为：

> 其论术学，则崇黄老而薄《五经》；序货殖，则轻仁义而羞贫穷；道游侠，则贱守节而贵俗功：此其大敝伤道，所以遇极刑之咎也。

在班彪看来，司马迁在“论术学”“序货殖”“道游侠”三个方面不符合正宗的儒家思想，并认为这是司马迁遭遇极刑的原因所在，他在篇中感慨“诚令迁依《五经》之法言，同圣人之是非，意亦庶几矣”①。

在批评司马迁的异端思想之后，班彪紧接着肯定司马迁在叙事方面的才华，赞其为“良史之才”。他讲道：“然善述序事理，辩而不华，质而不野，文质相称，盖良史之才也。”② 继而，提出《史记》等一些史籍的功用：

---

① 以上参见范晔：《后汉书》卷四〇上《班彪列传上》，中华书局1965年版，第1325页。
② 范晔：《后汉书》卷四〇上《班彪列传上》，中华书局1965年版，第1325页。

夫百家之书，犹可法也。若《左氏》《国语》《世本》《战国策》《楚汉春秋》《太史公书》，今之所以知古，后之所由观前，圣人之耳目也。

在班彪看来，《史记》与《左氏》《国语》《世本》《战国策》《楚汉春秋》等书，具有同样的性质及作用，即“今之所以知古，后之所由观前，圣人之耳目也”。这实则说明了史书是今人认识古代、后世认识今人的一种途径，肯定了史书对于人们认识历史的重要性。

最后，班彪对《史记》的体例作出具体的评论：

司马迁序帝王则曰本纪，公侯传国则曰世家，卿士特起则曰列传。又进项羽、陈涉而黜淮南、衡山，细意委曲，条例不经。若迁之著作，采获古今，贯穿经传，至广博也。一人之精，文重思烦，故其书刊落不尽，尚有盈辞，多不齐一。若序司马相如，举郡县，著其字，至萧、曹、陈平之属，及董仲舒并时之人，不记其字，或县而不郡者，盖不暇也。①

前面班彪已指出《史记》所包含的五种体例，这里他分析了“本纪”“世家”“列传”三种体例的含义，认为它们分别是

① 范晔：《后汉书》卷四〇上《班彪列传上》，中华书局1965年版，第1327页。

记述“帝王”“公侯传国”“卿士特起”。同时，班彪通过列举具体的篇章，指出司马迁在体例上的种种不足之处，其中主要有两种情况：一是“细意委曲，条例不经”，如“进项羽、陈涉而黜淮南、衡山”；二是“尚有盈辞，多不齐一”，“若序司马相如，举郡县，著其字，至萧、曹、陈平之属，及董仲舒并时之人，不记其字，或县而不郡者”。具体说来，前者主要是非难司马迁在立传上的名实不符，即项羽、陈涉本非帝王、诸侯，而司马迁却为项羽立本纪，为陈涉立世家；淮南、衡山二王本为公侯，而司马迁却将他们归入列传。后者主要是讲司马迁在叙述人物的生平、地望时没有严格的规范，或有或无不统一。班彪在指出司马迁体例所存在问题的同时，又分析了其之所以如此的原因，即司马迁取材广博，贯通古今，以一个人的精力难免会有重复、冗词、删削不当以及无暇顾及之处。可以说，班彪所分析的原因有其合乎情理的地方，他没有一味地苛责司马迁，而是体察到了其撰述上的苦心所在，这种态度在史学批评中是难能可贵的。

总的来说，班彪对《史记》的评论，可以看作是一篇重要的史学批评专文。他既充分肯定了《史记》在取材、叙事等方面的成就，同时也指出了《史记》在一些方面的不足，尤其批评了其异端思想，反映了二人所处时代及其思想旨趣的不同。他的评论及其中的一些观点，如“良史之才”“条例不经”和对待术学、货殖、游侠的价值观等，又引发出后人在此基础上的许多评论，不仅开拓了关于马、班思想比较的研究，也成为史学批评史上的一个重要问题推动着史学批评的发展。

班彪全面评论《史记》，与其续作《史记》的旨趣密切相关。据《后汉书·班彪列传》记载："彪既才高而好述作，遂专心史籍之间。武帝时，司马迁著《史记》，自太初以后，阙而不录，后好事者颇或缀集时事，然多鄙俗，不足以踵继其书。彪乃继采前史遗事，傍贯异闻，作后传数十篇，因斟酌前史而讥正得失。"班彪既有感《史记》"自太初以后，阕而不录"，又不满当时学人对《史记》的续作，于是作后传数十篇。[①] 他"斟酌前史而讥正得失"，在全面评论《史记》的基础上，又明确提出了撰述后传的思想等，他讲道：

> 今此后篇，慎核其事，整齐其文，不为世家，唯纪、传而已。传曰："杀史见极，平易正直，《春秋》之义也。"[②]

这里，他指出后篇在史事、材料和体例上的要求，以及效法《春秋》"平易正直"的旨趣。这是隐含着对司马迁《史记》的"纠正"，但他仍然保持着《史记》的通史性质和整体体例的面貌。

---

① 关于班彪续作《史记》的篇数，主要有以下几种说法：一是王充所云"班叔皮续《太史公书》百篇以上"。（参见王充：《论衡·超奇》，黄晖《论衡校释》本，中华书局 1990 年版，第 615 页）一是范晔《后汉书·班彪列传》所载"作后传数十篇"。一是刘知幾所说班彪"作《后传》六十五篇"。（参见刘知幾：《史通·古今正史》，浦起龙《史通通释》本，上海古籍出版社 2009 年版，第 314 页）《后传》已经佚失，其内容基本被班固所吸收编入了《汉书》。

② 范晔：《后汉书》卷四〇上《班彪列传上》，中华书局 1965 年版，第 1327 页。

二、班固评论《史记》及其撰述《汉书》的旨趣

班彪续作《史记》之志及其对《史记》的评论，对其子班固产生了最直接的影响。班固（32—92），字孟坚，东汉扶风安陵（今陕西咸阳）人，史学家。史载，“固以彪所续前史未详，乃潜精研思，欲就其业”[①]，他在《汉书·司马迁传》后论中对司马迁所作的评论，基本上继承了其父班彪的观点，其文如下：

故司马迁据《左氏》《国语》，采《世本》《战国策》，述《楚汉春秋》，接其后事，讫于天汉。其言秦汉，详矣。至于采经摭传，分散数家之事，甚多疏略，或有抵梧。亦其涉猎者广博，贯穿经传，驰骋古今，上下数千载间，斯以勤矣。又其是非颇缪于圣人，论大道则先黄老而后六经，序游侠则退处士而进奸雄，述货殖则崇势利而羞贱贫，此其所蔽也。然自刘向、扬雄博极群书，皆称迁有良史之材，服其善序事理，辨而不华，质而不俚，其文直，其事核，不虚美，不隐恶，故谓之实录。乌呼！以迁之博物洽闻，而不能以知自全，既陷极刑，幽而发愤，书亦信矣。迹其所以自伤悼，《小雅》巷伯之伦。夫唯《大雅》“既明且哲，能保其身”，难矣哉！[②]

---

① 范晔：《后汉书》卷四〇上《班彪列传上》，中华书局1965年版，第1333页。
② 班固：《汉书》卷六二《司马迁传》，中华书局1962年版，第2737-2738页。

这里，班固讲到了司马迁著《史记》所依据的历史文献、撰述特点、思想倾向及叙事才华、作史态度等方面，大多是沿袭了其父班彪的观点，其中又有所发展，如指出司马迁“其言秦汉，详矣”的撰述特点，又如总结前贤之说而概括《史记》堪称“实录”的优良品格等。

与班彪稍有不同的是，班固没有将司马迁遭遇极刑的原因归之于他的异端思想，而是对其深表同情和惋惜。他感慨司马迁博物洽闻却难以自全，相信司马迁所作的《报任安书》，并将其比作因遇谗而作诗的巷伯[①]。不仅如此，班固作《司马迁传》，全文收录司马迁的《报任安书》，以此讲述司马迁遭李陵之祸的原委始末以及忍辱著书的宏大抱负等。刘知幾称赞了班固的这一做法，认为司马迁在《太史公自序》中关于遭李陵之祸的叙述十分简略，“令读者难得而详。赖班固载其《与任安书》，书中具述被刑所以。傥无此录，何以克明其事者乎”[②]，此论可谓知人之言。

此外，结合班固所撰《司马迁传》的宗旨，即“乌呼史迁，薰胥以刑！幽而发愤，乃思乃精，错综群言，古今是经，勒成一家，大略孔明。述《司马迁传》第三十二”[③]，也可以看出班固对司马迁遭刑的同情以及撰述《史记》成就的肯定。

---

① 据颜师古注，“书亦信矣”，“言其报任安书，自陈己志，信不谬”；“巷伯，奄官也，遇谗而作诗，列在《小雅》。其诗曰‘萋兮菲兮，成是贝锦’是也”。（参见班固：《汉书》卷六二《司马迁传》颜师古注，中华书局1962年版，第2738、2739页）

② 刘知幾：《史通·杂说上》，浦起龙《史通通释》本，上海古籍出版社2009年版，第431页。

③ 班固：《汉书》卷一〇〇下《叙传下》，中华书局1962年版，第4257页。按：关于“薰胥以刑”，颜师古曰：“晋说近是矣。《诗·小雅·雨无正》之篇曰‘若此无罪，沦胥以铺’。胥，相也。铺，遍也。言无罪之人，遇于乱政，横相牵率，遍得罪也。《韩诗》沦字作薰。薰者，谓相薰蒸，亦渐及之义耳。此叙言史迁因坐李陵，横得罪也。”

班固对《史记》的认识，并不仅仅承袭其父班彪的观点，而又有自己的独到见解。他讲道：

固以为唐虞三代，《诗》《书》所及，世有典籍，故虽尧舜之盛，必有典谟之篇，然后扬名于后世，冠德于百王，故曰："巍巍乎其有成功，焕乎其有文章也!"汉绍尧运，以建帝业，至于六世，史臣乃追述功德，私作本纪，编于百王之末，厕于秦、项之列。太初以后，阙而不录，故探撰前记，缀辑所闻，以述《汉书》，起元高祖，终于孝平、王莽之诛，十有二世，二百三十年，综其行事，旁贯《五经》，上下洽通，为春秋考纪、表、志、传，凡百篇。①

在班固看来，唐虞三代即有用典籍反映其盛德伟绩的要求与传统，汉皇朝建立了伟大功业，自当有撰述加以颂扬。在此基础上，他指责司马迁撰《史记》将汉"编于百王之末，厕于秦、项之列"，实则否定了司马迁采用通史的撰述形式把汉皇朝置于整个历史发展的过程之中。

正是在这一批评的启发下，他改变了其父续作《史记》的初衷，整理汉皇朝一代史事而撰《汉书》，以此来凸现汉皇朝的伟大功绩与历史地位。他明确概括《汉书》的内容、体裁和撰

① 班固：《汉书》卷一〇〇下《叙传下》，中华书局 1962 年版，第 4235 页。按：关于"春秋考纪"，颜师古注曰："谓帝纪也。而俗之学者不详此文，乃云《汉书》一名春秋考纪，盖失之矣。"

述思想等。具体说来，关于记事内容，即《汉书》上起汉高祖，下讫王莽的败亡，包括高祖、惠帝、高后、文帝、景帝、武帝、昭帝、宣帝、元帝、成帝、哀帝、平帝十二世二百三十年的历史，即如刘知幾所评《汉书》“究西都之首末，穷刘氏之废兴，包举一代”[①]。关于体裁，由纪、表、志、传四个部分组成，共百篇。关于撰述思想，明确以《五经》之义为宗旨等。

从《汉书·叙传》中，我们可以很清晰地读出班固之所以另行断限撰述《汉书》，主要缘于一种宣扬汉朝功德的思想旨趣，而最直接的推动力，则缘于他对《史记》撰述形式的批评。如果说《汉书·叙传》中的这段记载是班固自己对撰述旨趣的一种交代和说明，那么宋人所纂《太平御览》中的史料则反映了后世学者对班固作史意图的认识。史载：

> 《后汉书》曰班彪续司马迁《后传》数十篇，未成而卒。明帝命其子固续之。固以史迁所记乃以汉氏继百王之末，非其义也。大汉当可独立一史，故上自高祖、下至王莽，为纪、表、传、志九十九篇。[②]

这段史料出自一部已经佚失的《后汉书》。很显然，文中的看法与《汉书·叙传》的说明旨趣相通，都明确指出了班固对《史记》“以汉代继百王之末”的撰述形式的批评，以及班固撰

---

① 刘知幾：《史通·六家》，浦起龙《史通通释》本，上海古籍出版社2009年版，第20页。
② 李昉等：《太平御览》卷六〇三《史传上》，中华书局1960年版，第2713页。

《汉书》的宣汉思想。

班固对司马迁的批评及其撰述《汉书》的“宣汉”思想，反映了一种鲜明的皇朝意识与正宗思想。这一方面与他所处的时代有关。班固处在东汉明帝、章帝时代，封建社会的基本秩序已经明确，意识形态领域儒家思想正宗化、神学化突出，有学者指出：“班固不是像司马迁那样，去答复历史怎样变化发展，而是去答复如何维持目前的局面。他们承担的时代任务不同，因而在他们的历史著作上出现了很大的差异。”① 另一方面又受到其父班彪思想的影响。史载，班彪“唯圣人之道然后尽心焉”，曾于两汉之际著《王命论》，宣扬“刘氏承尧之祚，氏族之世，著乎《春秋》。唐据火德，而汉绍之”、高祖为“帝尧之苗裔”等，为光武帝刘秀统一进行理论论证。② 班固讲“汉绍尧运”，无疑是对班彪思想的继承。这一“宣汉”的主旨，亦是当时历史形势使然。另外，班彪续作《史记》，虽无断代之意，却也为班固撰《汉书》奠定了重要基础。班固在《汉书》中继承、吸收了班彪评论《史记》的一些观点。具体说来，如不立世家，将陈胜、项羽立为传，从维护皇朝统治秩序出发撰写货殖、游侠等传，表现出与司马迁不同的思想旨趣等。

还应注意的是，班固在《汉书》中为司马迁立传，并于传末以“赞曰”发表评论，可谓一篇精彩的史学批评专文。从严

① 白寿彝：《司马迁与班固》，原载《史学史资料》1979年第2期，见陈其泰、张爱芳编：《〈汉书〉研究》，大百科全书出版社2009年版，第434页。

② 班固：《汉书》卷一〇〇上《叙传上》，中华书局1962年版，第4207、4208、4211页。

格意义上讲，这不仅开中国古代正史为史学家立传的先河，也日益发展成为正史评论史学家的一种重要形式。

班固因批评司马迁《史记》的通史形式不足以体现汉皇朝的历史地位，故断代为史，开创了一种新的著史形式。班固在主观上意在宣扬汉朝功德，在客观上却由此丰富了中国史学的表现形式，为史学及史学批评的发展提供了新的生成点。《汉书》是中国史学上第一部纪传体皇朝史，这种体裁“恰恰符合中国古代社会演进过程中皇朝更迭的周期性特点”[①]，被此后修史者相继沿用，成为历代纪传体皇朝史的楷模，至今仍有其可资参考的价值。另外，《汉书》问世后，关于《史记》《汉书》的比较逐渐得到历代学人的关注与研究，成为史学批评中的一个重要问题。不仅如此，学人关于《史记》《汉书》的比较与评论，又继而成为后人评论的目标，在此基础上不断展开辩难，日益丰富着史学批评的内容，推动着史学批评的发展。

第二节　荀悦的史学批评思想

一、汉献帝提出的问题：“班固《汉书》文繁难省”

荀悦（148—209），字仲豫，东汉颍川颍阴（今河南许昌）人，著名的史学家和思想家。他所撰写的《汉纪》，是中国史学上第一部编年体皇朝史，反映了历史编纂学上继《汉书》之后

① 陈其泰：《再建丰碑：班固和〈汉书〉》，生活·读书·新知三联书店1994年版，第48页。

又一个新的发展。而此书的产生，与汉献帝及其史学批评有着密切联系。

荀悦自己曾多次表白《汉纪》一书是奉汉献帝诏命而作。《汉纪序》有载：

> 建安元年，上巡省幸许昌，以镇万国。外命元辅征讨不庭，内齐七政允亮圣业，综练典籍，兼览传记。其三年，诏给事中秘书监荀悦抄撰《汉书》，略举其要，假以不直，尚书给纸笔，虎贲给书吏。悦于是约集旧书……凡为三十卷，数十余万言，作为《帝纪》，省约易习，无妨本书，有便于用，其旨云尔。会悦迁为侍中，其五年书成乃奏。

这里很明确地交代了《汉纪》一书的撰述始末。汉献帝留心前朝历史，“综练典籍，兼览传记”，于建安三年（198）诏命荀悦改编《汉书》，并提供纸笔、图书典籍方面的支持。荀悦受命后，经过两年多的努力，于建安五年（200）撰成《汉纪》三十卷奏上。《汉纪》卷一《高祖皇帝纪》序中也有“臣悦职监秘书，摄官承乏，祗奉明诏，窃惟其宜。谨约撰旧书，通而叙之，总为帝纪”的记载。这里的“旧书”与《汉纪序》中所讲相同，皆为班固所撰《汉书》。显然，《汉纪》一书是荀悦奉汉献帝的诏命“抄撰”《汉书》而成。

那么，汉献帝为何要命荀悦“抄撰”《汉书》？后代史家作了更为明确地解读。东晋史家袁宏讲：“上既好文章，颇有才意，以《汉书》为繁，使悦删取其要，为《汉纪》三十篇。”①南朝宋史家范晔为荀悦作传时讲道：“帝好典籍，常以班固《汉书》文繁难省，乃令悦依《左氏传》体以为《汉纪》三十篇，诏尚书给笔札。”② 可见，汉献帝之所以命荀悦改编《汉书》，是因为他在阅读《汉书》时“文繁难省”的感受，由此希望能有一部更为简要的典籍叙述前朝史事，进而从中汲取经验教训。从前引《汉纪序》中荀悦讲此书“省约易习，无妨本书，有便于用”，可以看出荀悦对《汉书》的改编达到了汉献帝的要求。

综上，汉献帝从阅读便利的角度提出了对《汉书》的批评，而这一批评成为荀悦撰《汉纪》的直接原因以及要解决的主要问题，并从客观上促进了史学的发展。可以看出，《汉纪》从撰述之始便与史学批评联系在一起。

二、荀悦改纪传体《汉书》为编年体《汉纪》

荀悦奉诏“抄撰”《汉书》而成《汉纪》。那么，荀悦的“抄撰”究竟包含哪些内容？荀悦对《汉书》又做了怎样的改造？在《汉纪》的序及书末等多处，荀悦对此作了明确的交代，其文一一如下：

> 悦于是约集旧书，撮序《表》《志》总为《帝纪》，通比其事，列系年月。其祖宗功勋、先帝事业、国家纲纪、天

① 袁宏：《后汉纪》卷二九《孝献皇帝纪》，中华书局2002年版，第567页。
② 范晔：《后汉书》卷六二《荀悦列传》，中华书局1965年版，第2062页。

地灾异、功臣名贤、奇策善言、殊德异行、法式之典，凡在《汉书》者，本末体殊，大略粗举；其经传所遗阙者差少而求志，势有所不能尽繁重之语，凡所行之事，出入省要，删略其文。凡为三十卷，数十余万言，作为《帝纪》，省约易习，无妨本书，有便于用，其旨云尔。

谨约撰旧书，通而叙之，总为帝纪，列其年月，比其时事，撮要举凡，存其大体，旨少所缺，务从省约，以副本书，以为要纪。

凡《汉纪》，其称年本纪、表、志、传者，书家本语也。其称论者，臣悦所论，粗表其大事，以参得失，以广视听也……于是乃作考旧，通连体要，以述《汉纪》。①

总起来看，荀悦讲到了对《汉书》的沿袭，也讲到了对《汉书》的改造，从而明确了《汉纪》一书的编撰特点等。

第一，沿用《汉书》的帝纪作为全书的纲领，凸显西汉一代的兴衰。荀悦自述“约集旧书，撮序《表》《志》总为《帝纪》”，“谨约撰旧书，通而叙之，总为帝纪”，这是讲到了《汉纪》一书的总体结构，即以《汉书》的帝纪为纲，并适当采用《汉书》表、志的有关内容，这是《汉纪》对《汉书》的继承之处。关于《汉书》的记事内容，班固自谓“起元高祖，终于孝

① 分别参见荀悦：《汉纪序》、卷一《高祖皇帝纪》、卷三〇《孝平皇帝纪》，《两汉纪》，中华书局2002年版，序第1-2页，第1、547页。

平、王莽之诛，十有二世，二百三十年”①。这里的“十有二世”，包括高祖、惠帝、高后、文帝、景帝、武帝、昭帝、宣帝、元帝、成帝、哀帝、平帝等十二位西汉的执政者。《汉书》为每一位执政者各设一纪，确立了皇朝史中一帝一纪的记载模式。《汉纪》在结构上沿用《汉书》的十二帝纪为纲，在记事内容上同样沿袭了《汉书》。荀悦在《汉纪序》中开宗明义地讲到此书的内容特点：

> 凡《汉纪》十二世，十一帝，通王莽二百四十二年。一祖三宗。高祖定天下，孝惠、高后值国家无事，百姓安集。太宗升平，世宗建功，中宗治平，昭、景称治。元、成、哀、平历世陵迟，莽遂篡国也。

这里，荀悦用简练的语言指陈西汉一代历史发展大势、各帝王为治特点等，不仅是对《汉纪》一书内容的高度概括，也凸显出《汉纪》皇朝史的鲜明特点。

第二，采用编年记事的方法。荀悦自述撰写《汉纪》是“通比其事，列系年月”，“列其年月，比其时事”，这是讲在以帝纪为纲的结构之下，在各帝纪下按照时间顺序记述史事。这反映了《汉纪》一书编年体的鲜明特点，也是荀悦对《汉书》最大的改造与突破。这一改造创立了编年体皇朝史，开创了编年体

---

① 班固：《汉书》卷一〇〇下《叙传下》，中华书局1962年版，第4235页。

发展的新阶段。还需注意的是，荀悦所讲“通比其事，列系年月”，还包含着对传统编年体史书记事方法的一种创新。白寿彝先生这样讲道：“荀悦撰《汉纪》，提出‘通比其事，列系年月’，这是对编年体的一个重要发展。这八个字的内容，不只是要按年月把史事通通地安排起来，还包容有类比的办法。《汉纪》有时因记一个人而连类记载跟这人有关的事或同类的人，有时因记一件事而连类记载跟这事有关的事或同类的事，有时因记一个人的事而连类记载这人的其他的事。这样的做法，就大大地减少了编年体以年月局限记载范围的困难了。”① 《汉纪》这种类比的方法，扩大了编年体史书记事的范围，较《春秋》与《左传》在记事方法上有很大的进步。②

---

① 白寿彝：《谈史学遗产》，《白寿彝史学论集》上册，北京师范大学出版社1994年版，第476页。

② 关于《汉纪》类比的方法及具体事例，史学界多有诠释和阐发。比如白寿彝先生指出：“《汉纪》对于主要的史事是一律按照年月日顺序来编排的。它对于无年月可考或不便分散于年月之下的史事，作为补充的记事，用连类列举的方法作一些安排。例如张良是刘邦的重要谋士，不可不记其生平。但他的生平就不好按年去记，《汉纪》便把这样的记载安排在沛公二年‘迁张良于留’之下，这是张良第一次在《汉纪》出现的地方。又如张骞使西域各国都不可不记。《汉纪》便在武帝元光六年‘张骞封博望侯’之下，先记张骞的出使，接着就记西域各国。这一记事方法是《汉纪》在体例上的一个很重要的创造，使它避免了《左传》那样在体例上的庞杂，对于后来的编年史有相当大的影响。”（参见白寿彝：《史学史教本初稿》，《白寿彝史学论集》下册，北京师范大学出版社1994年版，第909-910页）又如邹贤俊将这种方法称之为类述法，指出：“《汉纪》的类述法，一般可分为两种：一为纵向类述，即在记述人或事时，将其前因或后果顺便作必要的交代。如写汉元年韩信为治粟都尉时，便接着追述他的生平，写他在这以前寄食下乡、乞食漂母、裤下受辱、亡楚归汉的经历。写文帝前十四年拜冯唐为车骑都尉、主中尉及郡车骑士时，则预述冯唐‘至景帝时为楚相，卒为名臣’；一为横向类述，即不仅记述主要的人和事，还同时述及与之有关的人和事。《汉纪》武帝元光六年，写‘张骞从卫青有功，封博望侯’时，既写了张骞出使西域的过程，又相当详尽地叙述西域各国的概况。武帝太初二年记‘丞相石庆薨’时，兼述石庆之父石奋及其子孙因谨慎媚上而得高官。《汉纪》的这种于编年记事之中，又能兼用纵横交织、依类并举的写法，不仅能较好地反映错综复杂的客观历史面貌，丰富著作内容，而且给编年史体注入新的活力，使它从根本上改变了过去那种简略、机械而零散的陈旧模式。这在体例上的确是一个很重要的创造。”（参见邹贤俊：《汉纪》，仓修良主编：《中国史学名著评介》第一卷，山东教育出版社1990年版，第176-177页）

第三，“务从省约”的表述特点。前述汉献帝对《汉书》“文繁难省”的批评是荀悦撰《汉纪》的直接原因，因此简练自然成为《汉纪》在文字表述上要达到的一个基本要求。荀悦在《汉纪》中多次讲到了这一点，诸如“省约易习，无妨本书”，“务从省约，以副本书”等，并提到了为此所做的工作。一是取材上的精炼。荀悦在《汉纪序》中明确交代：“其祖宗功勋、先帝事业、国家纲纪、天地灾异、功臣名贤、奇策善言、殊德异行、法式之典，凡在《汉书》者，本末体殊，大略粗举。”这是对《汉书》内容的一种筛选并使之凝练，意在“撮要举凡，存其大体”。二是表述上的简约。荀悦自述在改编《汉书》过程中，“势有所不能尽繁重之语，凡所行之事，出入省要，删略其文”，这是讲到了对《汉书》所记史事删繁化简的工作。由于在取材和表述上的精炼，荀悦出色地将八十余万字的《汉书》改编为不足十八万字的《汉纪》，达到了汉献帝的要求，此书亦被后世誉为“辞约事详”[①] 之作。

第四，对史论的重视。荀悦在自述中讲到对《汉书》纪传部分内容的继承，也讲到对《汉书》内容的发展，即在《汉纪》中特设“论”的内容：

凡《汉纪》，其称年本纪、表、志、传者，书家本语也。其称论者，臣悦所论，粗表其大事，以参得失，以广视

① 范晔：《后汉书》卷六二《荀悦列传》，中华书局 1965 年版，第 2062 页。

听也。[①]

这里荀悦讲的“称论者”“悦所论”，当指《汉纪》书中的三十八则“荀悦曰”。从荀悦的自述中可以看出，这是荀悦的精心之作。荀悦有一种历史评论的自觉意识，就其所叙述的史事阐发自己的历史见解，目的在于“参得失”和“广视听”，即以历史上的得失之道启发人们的智慧。从史学批评的角度来看，这段话反映了荀悦对自己史论的一种认识。

以上所讲，是荀悦自述改编《汉书》的原则与方法等，其中最大的突破是改纪传体为编年体，以编年体的形式撰述西汉一代史事，开创了编年体皇朝史的新格局。正因如此，荀悦《汉纪》受到历代学人的推重。唐代史家刘知幾这样评论：“荀悦厌其（《汉书》——引者注）迂阔，又依左氏成书，翦截班史，篇才三十，历代褒之，有逾本传。”[②] 近代学人梁启超将荀悦《汉纪》奉为“现存新编年体之第一部书也”，指出：“盖自班固以后，纪传体既断代为书，故自荀悦以后，编年体亦循其则。每易一姓，纪传家既为作一书，编年家复为作一纪而皆系以朝代之名。”[③] 在梁启超看来，班固《汉书》与荀悦《汉纪》分别作为纪传体断代史与编年体断代史的开山之作，在中国史学史上产生了深远影响。

---

① 荀悦：《汉纪》卷三〇《孝平皇帝纪》，《两汉纪》，中华书局2002年版，第547页。
② 刘知幾：《史通·二体》，浦起龙《史通通释》本，上海古籍出版社2009年版，第26页。
③ 梁启超：《中国历史研究法》，上海古籍出版社1998年版，第19-20页。

三、荀悦论史书功用与史书编撰

荀悦在史学批评方面最重要的成就，是对史书功用的认识及其历史编撰思想，这集中表现在《汉纪》以及他的政论著作《申鉴》之中。

首先来看荀悦对史书功用的认识。从总体来说，荀悦充分肯定了史书在资治方面的重要功用，他这样讲道：

> 昔晋之《乘》，楚之《梼杌》，鲁之《春秋》，虞、夏、商、周之《书》，其揆一也。皆古之令典，立之则成其法，弃之则坠于地，瞻之则存，忽焉则废，故君子重之，《汉书纪》其义同矣……兹亦有国之常训，典籍之渊林。[①]

这里，荀悦提出了史为令典的重要观点。在荀悦看来，无论是先秦晋、楚、鲁等诸侯国的国史，还是儒家六经之一《尚书》，以及自己所撰著的《汉纪》，都具有法典的性质和作用，是“有国之常训，典籍之渊林”。这就从根本上肯定了史书有益于治理国家。正因如此，君子应当重视史书，“立之则成其法”，更好地发挥史书“令典”的效用。

史书资治功用的具体表现，可以从鉴戒和“嗣赏罚，辅法教”两个方面来认识。第一个方面，关于史书的鉴戒作用，荀

---

① 荀悦：《汉纪序》，《两汉纪》，中华书局2002年版，第2页。

悦结合所撰《汉纪》的内容多次予以阐述。在《汉纪序》中，他明确宣称："凡《汉纪》有法式焉，有监戒焉。"在《汉纪》的卷末，他再次强调：

> 《易》称"多识前言往行，以畜其德"。《诗》云"古训是式"。中兴已前一时之事，明主贤臣，规模法则，得失之轨，亦足以监矣。撰《汉书》百篇，以综往事，庶几来者亦有监乎此。
>
> ……
>
> 爰著典籍，以立旧勋。综往昭来，永监后昆！[①]

显然，荀悦撰述《汉纪》有着非常明确的鉴戒旨趣，即通过记述西汉一朝史事，总结成败得失之道，为后来者提供经验教训，即所谓的"综往昭来，永监后昆"。荀悦这种以史为鉴的思想继承并发展了传统儒家的观点。这里他所称引的《易》出自《易·大畜·象传》，意思是讲历史知识有益于提高人的道德修养。他所称引的《诗》出自《诗·大雅·烝民》，意思是讲先王遗典是个人立身处世的准则。它们皆强调了读史的重要性。荀悦由此出发阐述史书的鉴戒作用，表明所作《汉纪》正是为后人提供读史的一种借鉴。白寿彝先生指出："这里他（指荀悦——引者注）一再在全书的首尾指出鉴戒之意，可见他编《汉纪》

① 荀悦：《汉纪》卷三〇《孝平皇帝纪》，《西汉纪》，中华书局2002年版，第547页。

是有明确政治目的的。他说的这些话，申述以史‘资治’的意义及为符合这一目的而应采取的内容，是班固没有明白说过的，对后来的正宗史学是有影响的。”①

除了在《汉纪》中反复阐明史书的鉴戒作用外，荀悦在其政论著作《申鉴》中也表达了这种史鉴的思想。他在讲到学习的必要性时指出：

> 君子有三鉴，鉴乎前，鉴乎人，鉴乎镜。世人镜鉴。前惟顺，人惟贤，镜惟明。夏、商之衰，不鉴于禹、汤也。周、秦之弊，不鉴于群下也。侧弁垢颜，不鉴于明镜也。故君子惟鉴之务。②

与普通的人仅仅以镜为鉴不同，有知识、有教养的君子有“三鉴”：以历史为鉴、以贤人为鉴和以明镜为鉴。“三鉴”之中，又以史鉴最为重要，它实则关涉到朝代的兴衰，恰如“夏、商之衰，不鉴于禹、汤也”。荀悦这种对史鉴意义的认识，与其撰述《汉纪》鲜明的鉴戒旨趣在思想上是相通的。

第二个方面，荀悦认为历史记载具有“嗣赏罚，辅法教”的作用。他在其政论著作《申鉴》中指出：

---

① 白寿彝：《史学史教本初稿》，《白寿彝史学论集》下册，北京师范大学出版社 1994 年版，第 907 页。

② 荀悦：《申鉴》卷四《杂言上》，黄省曾、孙启治《申鉴注校补》本，中华书局 2012 年版，第 141 页。

古者天子、诸侯有事，必告于庙。朝有二史，左史记言，右史记动。动为《春秋》，言为《尚书》。君举必记，臧否成败无不存焉。下及士庶，苟有茂异，咸在载籍。或欲显而不得，或欲隐而名章。得失一朝，而荣辱千载。善人劝焉，淫人惧焉。故先王重之，以副赏罚，以辅法教。[①]

《后汉书·荀悦列传》中有一段与此相近的话语，文中有言“宜于今者备置史官，掌其典文，纪其行事。每于岁尽，举之尚书。以助赏罚，以弘法教”[②]。这两段话都明确肯定了历史记载对于推行赏罚和法教的重要性，可以作为施政的辅助手段。这里，荀悦还详细阐述了历史记载为什么具有如此功用的原因。在荀悦看来，无论是天子诸侯，还是士人庶民，他们的善恶成败“咸在载籍”，正所谓“得失一朝，而荣辱千载”，故而历史记载可以警醒世人的言行举止，发挥惩恶劝善的功用，使善人得到鼓励，使恶人有所畏惧。正因如此，历史记载的功用为先王所重，用以作为政治统治的工具。需要注意的是，荀悦在这里所强调的历史记载“善人劝焉，淫人惧焉”，承袭了《左传》评《春秋》“惩恶而劝善”“上之人能使昭明，善人劝焉，淫人惧焉”[③] 的思想。同时也可以看出，史书惩恶劝善的功用及对政治统治的意义，从先秦至东汉是一脉相承的。

---

① 荀悦：《申鉴》卷二《时事》，黄省曾、孙启治《申鉴注校补》本，中华书局2012年版，第105页。

② 范晔：《后汉书》卷六二《荀悦列传》，中华书局1965年版，第2062页。

③ 分别见《左传》“成公十四年”“昭公三十一年”，杨伯峻《春秋左传注》本，中华书局1990年版，第870、1513页。

荀悦在论述史书“以嗣赏罚，以辅法教”的作用之后，继而又阐发了史官记事的具体原则：

各备史官，使掌其典。不书诡常，为善恶则书，言行足以为法式则书，立功事则书，兵戎动众则书，四夷朝献则书，皇后、贵人、太子拜立则书，公主、大臣拜免则书，福淫祸乱则书，祥瑞灾异则书。先帝故事，有起居注，日用动静之节必书焉，宜复其式。内史掌之，以纪内事。[①]

这里，荀悦详细列举了史官应记述的各种史事，诸如先帝事业、人物的功业和善恶，国家的军事行动与民族交往以及自然界的祥瑞灾异等。联系荀悦对所撰《汉纪》内容的说明：

凡《汉纪》有法式焉，有监戒焉；有废乱焉，有持平焉；有兵略焉，有政化焉；有休祥焉，有灾异焉；有华夏之事焉，有四夷之事焉；有常道焉，有权变焉；有策谋焉，有诡说焉；有术艺焉，有文章焉：斯皆明主贤臣，命世立业，群后之盛勋，髦俊之遗事。是故质之事实而不诬，通之万方而不泥。可以兴，可以治；可以动，可以静；可以言，可以行。惩恶而劝善，奖成而惧败。[②]

---

① 荀悦：《申鉴》卷二《时事》，黄省曾、孙启治《申鉴注校补》本，中华书局2012年版，第105-106页。

② 荀悦：《汉纪序》，《两汉纪》，中华书局2002年版，第2页。

显然，《汉纪》的内容贯彻着荀悦所讲述的史官记事原则，而在具体内涵方面有了进一步的丰富与发展，举凡国家的纲纪制度、军事外交、思想文化、天地灾异以及明主贤臣等，《汉纪》皆有所载，从而更好地发挥史书对于辅政的作用。正因如此，荀悦宣称《汉纪》“可以兴，可以治；可以动，可以静；可以言，可以行。惩恶而劝善，奖成而惧败”，同样寄寓着他在《申鉴》中所强调的史书“嗣赏罚，辅法教”的观念。

再来看荀悦的历史编撰思想。在肯定史书资治功用的基础上，荀悦明确提出“立典有五志”的观点：

夫立典有五志焉：一曰达道义，二曰彰法式，三曰通古今，四曰著功勋，五曰表贤能。于是天人之际、事物之宜，粲然显著，罔不备矣。[①]

这里，荀悦将史书撰写的原则和取材标准高度概括为“达道义”“彰法式”“通古今”“著功勋”“表贤能”五个方面。所谓“达道义”，在于强调封建国家的纲纪和义理，荀悦将此视为封建统治的根本，他这样讲道：

圣王之制，务在纲纪，明其道义而已。

经称“立天之道曰阴与阳，立地之道曰柔与刚，立人

① 荀悦：《汉纪》卷一《高祖皇帝纪》，《两汉纪》，中华书局2002年版，第1页。

之道曰仁与义”。阴阳之节在于四时五行，仁义之大体在于三纲六纪……于是在上者则天之经，因地之义，立度宣教以制其中，施之当时则为道德，垂之后世则为典经，皆所以总统纲纪，崇立王业。[①]

在荀悦看来，纲纪、仁义、道德，是“立人之道”的根本，是“崇立王业”的根本，自然也是史书撰述的灵魂所在，故而荀悦将“达道义”放于“五志”之首。

如果说“达道义”主要着眼于思想道德的角度，那么“彰法式”则是从统治制度与法则的层面来说明史书编撰的原则。荀悦指出：

先王立政，以制为本……上有常制则政不颇，下有常制则民不二；官无淫度则事不悖，民无淫制则业不废。贵不专宠，富不独奢，民虽积财无所用之。故世俗易足而情不滥，奸宄不兴，祸乱不作。此先王所以纲纪天下，统成大业，立德兴功，为政之德也。[②]

在荀悦看来，制度是先王为政之本，是先王成就大业的关键。因此，“彰法式”作为史书撰写的重要原则，意在彰显古代

---

① 分别参见荀悦：《汉纪》卷七《孝文皇帝纪上》、卷二五《孝成皇帝纪二》，《两汉纪》，中华书局2002年版，第97、437页。

② 荀悦：《汉纪》卷七《孝文皇帝纪上》，《两汉纪》，中华书局2002年版，第97–98页。

先王之制，提供统治的法则。前述荀悦肯定史书具有法典的性质和作用，“立之则成其法”。那么，“彰法式”的编撰原则可以看作是荀悦这一史学观的具体体现。

荀悦所说的“通古今”，与前述“综往昭来，永监后昆”的思想一致，即考察西汉一朝的治乱兴亡、得失成败之处，为当今统治提供鉴戒。这一原则可以看作是荀悦以史为鉴的旨趣在史书取材上的一种反映。荀悦所说的“著功勋”“表贤能”，是叙述明主贤臣之功德业绩，这两种原则明确体现了史书具体的记事内容。值得注意的是，前述西汉司马谈、司马迁父子强调史家职责要记载汉兴以来的“明主贤君忠臣死义之士”“明圣盛德”“功臣世家贤大夫之业”。[①] 应当说，荀悦的思想包含着对司马氏父子的一种继承。

荀悦曾在自述中多次提及《汉纪》一书的内容，如在《汉纪序》中所讲的“祖宗功勋、先帝事业、国家纲纪”与“功臣名贤、奇策善言、殊德异行、法式之典”等，又如在《汉纪》书末所讲的“明主贤臣，规模法则，得失之轨”[②] 等。可以看出，《汉纪》的内容贯穿和实践着“立典有五志”的思想。

荀悦“立典有五志”的思想在中国史学批评史上第一次明确概括了史书编撰原则和内容范围，并得到后代史家的继承与发挥，在中国史学史上以及史学批评史上产生了深远的影响。东晋史家干宝就史家书事之体提出了自己的“五志”说：“体国经野

① 司马迁：《史记》卷一三〇《太史公自序》，中华书局 1982 年版，第 3295、3299 页。
② 荀悦：《汉纪》卷三〇《孝平皇帝纪》，《两汉纪》，中华书局 2002 年版，第 547 页。

之言则书之，用兵征伐之权则书之，忠臣烈士孝子贞妇之节则书之，文诰专对之辞则书之，才力技艺殊异则书之。”① 唐代史家刘知幾充分肯定了荀悦和干宝二人的观点，认为“采二家之所议，征五志之所取，盖记言之所网罗，书事之所总括，粗得于兹矣”。同时，刘知幾在荀悦、干宝二人的基础上又提出了“三科”说，即“一曰叙沿革，二曰明罪恶，三曰旌怪异”，指出“以此三科，参诸五志，则史氏所载，庶几无阙”②。无论是干宝的“五志”说，还是刘知幾的“三科”说，都可以看作是对荀悦“立典有五志”说的重要补充，同时反映出关于史书内容范围认识的一种继承与发展。

关于荀悦的史学批评思想，还应注意的一点是荀悦对司马迁撰《史记》与班固撰《汉书》的认识。他在《汉纪》中简要叙述了司马迁遭遇李陵之祸的经过，指出：“司马子长既遭李陵之祸，喟然而叹，幽而发愤，遂著史记，始自黄帝，以及秦、汉，为《太史公记》。”③ 他还选录了班固《汉书·司马迁传》所载司马迁的《报任安书》以及此传后论中班固对司马迁的评论，从中可以看出他对司马迁遭遇的同情，以及对班固所评司马迁“良史之才”和“是非颇谬于经”的认同。荀悦在讲到班固撰《汉书》时指出：“彪子固，字孟坚。明帝时为郎，据太史公司马迁《史记》，自高祖至于孝武大功臣绍其后事，讫于孝平、王莽之

① 参见刘知幾：《史通·书事》，浦起龙《史通通释》本，上海古籍出版社 2009 年版，第 212 页。

② 刘知幾：《史通·书事》，浦起龙《史通通释》本，上海古籍出版社 2009 年版，第 213 页。

③ 荀悦：《汉纪》卷一四《孝武皇帝纪五》，《两汉纪》，中华书局 2002 年版，第 247 页。

际，著帝纪、表、志、传以为《汉书》，凡百篇。”① 班固撰《汉书》，高祖至孝武帝之间史事基本依据司马迁的《史记》，这是不言而喻的，然在历史撰述中明确表述出来的，荀悦似是第一人。

班固的《汉书》与荀悦的《汉纪》，分别以纪传体和编年体的形式撰述西汉一代史事，开创了皇朝史的新格局，不仅推动了两汉史学的发展，也呈现出两汉史学批评发展的新局面。一方面，这两部皇朝史的产生皆与史学批评有着一定的关联。班固之所以断代为史撰《汉书》，缘于他对司马迁《史记》“以汉代继百王之末”撰述形式的批评；荀悦之所以效法《左传》体例撰《汉纪》，缘于汉献帝对《汉书》“文繁难省”的感慨。这种史学批评催生出新的历史编撰形式，也是史学批评推动史学发展最为直接的表现。另一方面，这两部皇朝史在史学批评的具体内容上也有着重要的成就。比如班固所立《汉书·司马迁传》，日益发展成为正史评论史学家的重要形式；班彪、班固父子对司马迁良史之才和叙事成就的称赞以及思想异端的指责，成为史学批评发展史上有影响的评论而引发后世学人的诸多评论，为后世史学批评的发展提供了新的生长点。又如荀悦对史书“古之令典”的性质的总结，对史书资治功用的充分肯定，以及明确提出“立典有五志”的历史编撰思想，在继承前人思想基础上又有着新的史学见解，在中国史学批评史上产生了深远影响。凡此种种，皆呈现出继司马迁《史记》之后两汉史学批评的新进展。

---

① 荀悦：《汉纪》卷三〇《孝平皇帝纪》，《两汉纪》，中华书局2002年版，第545页。

第六章　刘向、刘歆的文献整理与史学批评

文献整理是一件有古老历史的传统工作。先秦时期，孔子修《诗》《书》，正《礼》《乐》，序《易传》，作《春秋》，成为后人所知道的第一个历史文献学家。“文献”一词，也是孔子最早提出来的。他讲：“夏礼，吾能言之，杞不足征也；殷礼，吾能言之，宋不足征也。文献不足故也。足，则吾能征之矣。”[①] 孔子指出讲授前朝制度当以历史文献为依据，表现出对于历史文献的重视。司马迁撰《史记》，运用大量的历史文献并加以辨析，其中包含着对文献史料价值的评论等，初步反映了文献整理与史学批评的联系。这种联系在西汉末年的刘向、刘歆父子那里有了更为明显的反映与发展。刘向、刘歆父子作为中国历史文献学史上的突出代表，他们的文献整理成果中包含着丰富的史学批评思想，真正开启了文献目录之书与史学批评的重要关联。

① 《论语·八佾》，杨伯峻《论语译注》本，中华书局1980年版，第26页。

第一节　刘向《别录》的史学批评模式

一、刘向“论其指归，辨其讹谬”的学术批评宗旨

刘向（前79—前8），字子政，西汉沛（今江苏沛县）人。汉成帝时，他受诏主持了中国历史上第一次大规模的皇家图书整理工作，真正奠定了中国历史文献学的基础。有学者指出：“刘向是中国历史文献学的创始者。他在中国历史文献学史上的地位，有类于《史记》《汉书》在中国史学编纂史上的地位。”[①]

刘向在历史文献学上的一个重要创举，是开创了撰写书录（或称为“叙录”）的范例。史载，刘向受诏整理皇家藏书，“每一书已，向辄条其篇目，撮其指意，录而奏之”[②]。南朝梁人阮孝绪对刘向校书的过程作了较详细的阐述：

> 昔刘向校书，辄为一录。论其指归，辨其讹谬，随竟奏上，皆载在本书。时又别集众录，谓之《别录》，即今之《别录》是也。[③]

由此可知，刘向每校一书，即撰一书录，后结集成书，称为

① 白寿彝：《中国史学史》第一卷，上海人民出版社2006年版，第34页。

② 班固：《汉书》卷三〇《艺文志》，中华书局1962年版，第1701页。

③ 阮孝绪：《七录序》，见道宣：《广弘明集》卷三，上海古籍出版社1991年版，第112页。

《别录》。这是刘向校书的过程，也是《别录》成书的过程。《隋书·经籍志二》史部“簿录”类著录有“《七略别录》二十卷，刘向撰”。刘向自谓撰写书录的初衷在于“条其篇目，撮其指意”，实际上包含对所校之书的认识与评论，蕴含着一种批评精神。而阮孝绪所言“论其指归，辨其讹谬”，则具有更鲜明的批评意味[①]。

刘向《别录》一书早佚，清人辑有八篇“书录”及其他零散语句[②]，从中可以充分感受到刘向的这种批评精神。比如《管子书录》讲：“凡《管子》书，务富国安民，道约言要，可以晓合经义。”《晏子书录》云：“其书六篇，皆忠谏其君，文章可观，义理可法，皆合六经之义。”这涉及评论书的内容、思想及表述等，一方面可以看出刘向对《管子》《晏子》二书的价值判断，另一方面又可以看出这种价值判断是建立在尊经的基础之上。又如《列子书录》说列子“其学本于黄帝、老子，号曰道家”，又指出其书“《穆王》《汤问》二篇，迂诞恢诡，非君子之言也。至于《力命篇》一推分命；《杨子》之篇，唯贵放逸；二义乖背，不似一家之书。然各有所明，亦有可观者”。这不仅评

① 姚名达分析刘向等写定书录的义例，将其概括为八项工作：一是著录书名与篇目，二是叙述雠校之原委，三是介绍著者的生平与思想，四是说明书名含义、著书原委以及书之性质，五是辨别书之真伪，六是评论思想或史事之是非，七是叙述学术源流，八是判定书之价值。（参见姚名达：《中国目录学史》，上海古籍出版社 2005 年版，第 29－33 页）不难看出，除前三项之外，其余五项或多或少地反映出刘向对所校之书的一种批评意识，特别是对书之性质、真伪及价值的说明与判断。

② 清人所辑的八篇“书录”分别是《战国策书录》《管子书录》《晏子书录》《孙卿书录》《韩非子书录》《列子书录》《邓析书录》《说苑叙录》。（严可均辑：《全上古三代秦汉三国六朝文》第一册《全汉文》卷三七“刘向”，中华书局 1958 年版）按：卷中又有《关尹子书录》和《子华子书录》，疑为宋人依托。

论了著者的学术渊源，而且概括了各篇的主旨及其思想的异同等。再如《孙卿书录》谓“观孙卿之书，其陈王道甚易行，疾世莫能用。其言凄怆，甚可痛也”[①]。这是对书之功用、语言等特点的评论，同时也似乎感受到刘向校书过程中那种深切的历史感和他对作者的惋惜之情，蕴含着一个批评家的情怀。

以上所列书录主要是诸子之书。同理，刘向于史籍的书录中亦多有评论，其中所反映的正是刘向的史学批评思想。比如《周书书录》记：“周时诰誓、号令也。盖孔子所论百篇之余也。”《世本书录》讲：“古史官明于古事者之所记也。录黄帝已来帝王诸侯及卿大夫系谥名号，凡十五篇也。”[②] 这论及《周书》《世本》的性质与内容。又有《战国策书录》，详细评论了《战国策》一书的内容、主旨及其历史价值等，反映了刘向在史学批评方面的卓识。

二、《战国策书录》的史学批评思想

清人所辑的八篇比较完整的书录，多涉及诸子之书，唯有《战国策书录》一篇所说的是史书，故而在史学批评上具有代表性。研读这篇书录，可以详细了解刘向对《战国策》一书的认识和评论。

第一，关于《战国策》的编次特点。刘向在开篇简述了此

---

① 以上参见严可均辑：《全上古三代秦汉三国六朝文》第一册《全汉文》卷三七“刘向”，中华书局 1958 年版，第 332–334 页。

② 严可均辑：《全上古三代秦汉三国六朝文》第一册《全汉文》卷三八“刘向”，中华书局 1958 年版，第 336、337 页。

书的校雠原委，其中提到“臣向因国别者略以时次之，分别不以序者以相补，除复重，得三十三篇”，“其事继春秋以后，讫楚、汉之起，二百四十五年间之事”[①]，这实际说明了此书的体裁与历史断限，即以国为别、以时为序，记载了自春秋以后至楚、汉兴起间约二百四十五年的史事。从这一历史断限中，可以看出刘向将秦朝之兴亡纳入了战国时期的历史，反映了他对于历史阶段认识的特点，即“战国”上继“春秋”，下至秦朝之亡，这也是他不同于司马迁而接近于班固的地方[②]。

第二，关于《战国策》的主旨。此书原有多种写本和诸多不同的书名，刘向在总结此书主旨的基础上定名曰《战国策》，他讲道：

> 中书本号，或曰《国策》，或曰《国事》，或曰《短长》，或曰《事语》，或曰《长书》，或曰《修书》。臣向以为战国时，游士辅所用之国，为之策谋，宜为《战国策》。[③]

按刘向之意，此书主要是记战国时期各国说客游士的策谋权变，他以《战国策》名书，一则表明史书的内容，二则反映战

① 刘向：《战国策书录》，见严可均辑：《全上古三代秦汉三国六朝文》第一册《全汉文》卷三七“刘向”，中华书局1958年版，第331页。

② 今本《战国策》，篇数与刘向所校三十三篇相符，但所记最晚之事，是《齐策》中记齐王建朝秦后的齐人之歌和《燕策》中记燕灭之后的高渐离事，并未及“楚、汉之起”，与刘向所讲有所出入。

③ 刘向：《战国策书录》，见严可均辑：《全上古三代秦汉三国六朝文》第一册《全汉文》卷三七“刘向”，中华书局1958年版，第331页。

国时代的特点。刘向对时代特点的把握和对史书主旨的揭示，都充分显示了他的功力和史识。而随着《战国策》的广泛流传，它几乎成了战国时代的历史符号而为人们所称引。

第三，关于《战国策》的时代特点。前述刘向以《战国策》名书，意在反映“战国”那个特定的时代[①]，文中他又以较多的笔墨就战国的时代特点及其史事作了详细的评论。首先，刘向概括了战国初期、中期和晚期的特点。他以“田氏取齐，六卿分晋，道德大废，上下失序”为战国之开端。至战国中期秦孝公时，则诸侯间“遂相吞灭，并大兼小，暴师经岁，流血满野”，是一个战争频仍的年代。再往后，便是战国时代高潮的到来，刘向写道：“晚世益甚，万乘之国七，千乘之国五，敌侔争权，盖为战国。”这就是说，“敌侔争权”代替了“并大兼小”，于是出现了“上无天子，下无方伯；力功争强，胜者为右；兵革不休，诈伪并起”的历史局面。在这种历史局面下，思想领域出现了极大的反差：“孟子、孙卿儒术之士，弃捐于世，而游说权谋之徒，见贵于俗。”其次，刘向重点评论了秦朝兴亡之故。在历史断限上，刘向是把秦朝的兴亡看作战国时期历史的最后一幕的。他认为，秦国得以吞灭六国、“并有天下”的历史原因，一是“势便形利，权谋之士，咸先驰之”，而尤以张仪的“连横”之

① “战国”一词，战国时代已经有了，但并非时代的名称，而是指当时连年进行兼并战争的七个强国韩、赵、魏、齐、楚、秦、燕而言。西汉初年，“战国”这个词的意义还没有变化，司马迁撰《史记》，是用“六国”或“六国时”作为春秋之后的时代名称的，他所作《六国年表》就是战国时代的年表。西汉末年刘向整理《战国策》一书时，开始把“战国”作为一个特定的历史时代看待。(参见杨宽：《战国史》，上海人民出版社2016年版，第2页)

策，发挥了重要作用，使诸侯“西向事秦”。二是凭借优越的地理条件和自身历代经营的成果。刘向这样写道：“是故始皇因四塞之固，据崤、函之阻，跨陇、蜀之饶，听众人之策，乘六世之烈，以蚕食六国，兼诸侯，并有天下。”这里，刘向连用了因、据、跨、听、乘五个动词，表明了秦国在主客观方面的有利条件。关于秦朝的败亡，刘向强调了它不能以道德、仁义“以缀天下之心”，加之任刑罚、信小术，燔烧诗书，坑杀儒士等一连串的错误政策，最终造成“天下大溃”的严重后果。从“并有天下”后仅仅十四年便走向“天下大溃”，刘向得出这样一个结论：“诈伪之弊也。”这个结论，反映了他对战国形势尤其是战国晚期形势的认识。至此，刘向也就为战国的历史画上了一个句号。

刘向评《战国策》，进而评论战国时代的特点及战国时期史事，于史评中彰显着恢宏的史论，表明了中国史学中史论与史评的融合，这也反映出刘向作为一位文献整理者的卓识。但是刘向将秦朝的历史纳入秦国的历史加以评论，没有肯定秦朝作为一个朝代在历史上应有的位置，反映了他在史识上的缺陷。

第四，关于《战国策》的历史价值。书录的最后，刘向在分析战国时代特点的基础上，对此书的历史价值作出了肯定：

战国之时，君德浅薄，为之谋策者，不得不因势而为资，据时而为□[1]。故其谋扶急持倾，为一切之权，虽不可以临国教化兵革，救急之势也。皆高才秀士，度时君之所能行，出奇策异智，转危为安，运亡为存，亦可喜，皆可观。[2]

这里，刘向把“时君”与“谋策者”加以区别，即“君德浅薄”而“谋策”之士则“不得不因势而为资，据时而为□”。刘向从当时的时势即“救急之势”来看待“谋策者”的所作所为，认为他们“皆高才秀士，度时君之所能行，出奇策异智，转危为安，运亡为存，亦可喜，皆可观”。这就设身处地地评价了“谋策者”及其谋的作用，亦肯定了此书“可观”的价值。这一段文字，反映了刘向无苛求古人之心，而有知人论世之明。今天看来，这一认识，不仅对于全面评论战国历史深有启发，而且对于评价历史人物也具有方法论的意义。

第二节　刘歆《七略》的史学批评价值

一、《七略》对史官和《春秋》等五经的认识

刘歆（？—23），字子骏，刘向之子。汉哀帝时，他继承父业主持校书工作，在历史文献学上具有突出的贡献。刘歆校书的成就所得，是在刘向《别录》的基础上撰成《七略》。《七略》

① 此处脱字。

② 刘向：《战国策书录》，见严可均辑：《全上古三代秦汉三国六朝文》第一册《全汉文》卷三七“刘向”，中华书局1958年版，第331页。

因被班固采用写成《汉书·艺文志》而流传至今。[1]

《七略》发展了学术分类的观念，并以序文的形式穷原竟委，奠定了中国文献学和目录学“辨章学术，考镜源流”的传统，亦被史家评为“剖判艺文，总百家之绪”[2]。《七略》于史官、史籍等多有评论，在史学批评上显示出一定的价值。

一是论及古代史官的职责、功用与演变。《六艺略》关于《春秋》家的序文开篇写道：

> 古之王者世有史官，君举必书，所以慎言行，昭法式也。左史记言，右史记事，事为《春秋》，言为《尚书》，帝王靡不同之。[3]

这讲到了中国古代史官的一些情况，如建置甚早，历来受到统治者的重视；有“左史记言，右史记事”的分类与具体职责，并撰成《尚书》与《春秋》两种不同体裁的史书；遵循着“君举必书”的法度，而其功用体现在“所以慎言行，昭法式也”，即通过记录君主的一言一行来规诫君主，并为后世树立准则。

---

① 班固《汉书·艺文志》脱胎于刘歆的《七略》，刘歆《七略》又是继其父刘向的《别录》而作，这在《汉书·艺文志》序中有明确的说明。清姚振宗认为：“《艺文志》序一篇，六略总序六篇，每篇篇序三十三篇，综凡四十篇。除去班氏接记后事之语，皆《辑略》节文也。”（参见刘向、刘歆：《七略佚文》，姚振宗、邓骏捷《七略别录佚文·七略佚文》本，上海古籍出版社2008年版，第88页）应当指出的是，班固在《七略》的删改上表现出自己的特色，或调整篇目、分类，或改易文字，或删略题解等。总的来说，《汉书·艺文志》不仅体现了班固的学术思想，亦包含了刘向、歆父子的学术思想。《七略》虽已佚失，然通过《汉书·艺文志》可以观其大致面貌。

② 班固：《汉书》卷三六《楚元王传》，中华书局1962年版，第1972-1973页。

③ 班固：《汉书》卷三〇《艺文志》，中华书局1962年版，第1715页。

另外，《诸子略》关于道家的序文指出：

道家者流，盖出于史官，历记成败存亡祸福古今之道，然后知秉要执本，清虚以自守，卑弱以自持，此君人南面之术也。[①]

这虽是考察道家之源，却也道出了史官之流及其职责等。道家是否出于史官的观点这里不来深究，重要的是，刘歆指出了古代史官的职责在于“历记成败存亡祸福古今之道”，其中无疑包含着从成败兴亡之故中总结历史经验或教训。正因如此，先秦时期人们往往将史书用于历史教育，如《国语·楚语上》所载“教之故志，使知废兴者而戒惧焉”，这里的“故志”，据韦昭注，正是“所记前世成败之书”。刘歆所讲史官的职责，不仅表明了史官具有突出的历史意识，也逐步发展成为历代史家撰写史书的一个重要宗旨，如司马迁撰《史记》，明确提出了“稽其成败兴坏之理”[②]，这也是中国古代历史理论的一个重要方面。另外，刘歆讲道家学说为“君人南面之术”，从道家源于史官的角度来看，这也反映出古代史官在政治中的重要地位。

二是以仁、义、礼、智、信五常解说《乐》《诗》《礼》《书》《春秋》，并推崇“《易》为之原”。《六艺略》的序文讲道：

---

① 班固：《汉书》卷三〇《艺文志》，中华书局1962年版，第1732页。

② 司马迁：《报任安书》，见班固：《汉书》卷六二《司马迁传》，中华书局1962年版，第2735页。

六艺之文：《乐》以和神，仁之表也；《诗》以正言，义之用也；《礼》以明体，明者著见，故无训也；《书》以广听，知之术也；《春秋》以断事，信之符也。五者，盖五常之道，相须而备，而《易》为之原。故曰“《易》不可见，则乾坤或几乎息矣”，言与天地为终始也。①

据清人所辑《七略》的佚文，其中有“《书》以决断。断者，义之证也”，“《诗》以言情。情者，性之符也”②。可以看出，一方面，刘歆以《乐》《诗》《礼》《书》《春秋》，对应仁、义、礼、智、信的五常之道。《白虎通》中有关于“五经象五常”之论，其文曰：“经所以有五何？经，常也。有五常之道，故曰《五经》。《乐》仁，《书》义，《礼》礼，《易》智，《诗》信也。人情有五性，怀五常不能自成，是以圣人象天五常之道而明之，以教人成其德也。”③《白虎通》是东汉章帝时班固在白虎观会议众人所议的基础上撰集而成，是东汉皇家对五经经义的正

① 班固：《汉书》卷三〇《艺文志》，中华书局1962年版，第1723页。

② 参见严可均辑：《全上古三代秦汉三国六朝文》第一册《全汉文》卷四一“刘歆”，中华书局1958年版，第351、352页。

③ 《白虎通》卷九“五经·五经象五常”，陈立《白虎通疏证》本，中华书局1994年版，第447页。按：对于五经所应五常，陈立作了如下疏证：《礼记·乐记》：“乐，乐其所自生。”又《郊特牲》云：“乐，阳气也。”东方阳属仁，故乐为仁也。《荀子·劝学篇》云：“《书》者，政事之纪。”书中所载是非邪正，读之可决断事，故《书》为义也。《荀子·劝学篇》云：“《礼》者，法之大分，群类之纲纪也。”《书钞》引《六艺论》：“《礼》序尊卑之制，崇敬让之节。”故为礼也。《管子·山权数篇》：“《易》者，所以守吉凶成败也。”《礼疏》引《六艺论》：“《易》者，阴阳之象，天地之所变化，政教之所生，读之则可知吉凶消长，进退存亡之道。”故《易》为智也。《管子·山权数篇》：“《诗》者，所以纪物也。”《荀子·儒效篇》云：“《诗》者，言是其志也。”《诗疏》引《说题词》云：“在事为诗，言志在心不可知，发诸言则信而可知。”故《诗》为信也。

宗解释。这里所称的五经及其所应之五常与刘歆所讲稍有差异，但思想旨趣相通，是汉代经学思想的一种表现，未可信从。

另一方面，刘歆指出“《易》为之原”，即认为《乐》《诗》《礼》《书》《春秋》的原则皆出于《易》。史载“歆及向始皆治《易》”[①]，可知二人对于《易》有深入的研究。刘歆推崇《易》，将之作为其他五经的本原，文中也有具体的表现。如《六艺略》以《易》家为首，又如在《书》《礼》《乐》家的序文中，开篇都引《易》作为论说依据：《书》家序文引《易》“河出图，洛出书，圣人则之”，《礼》家序文引《易》“有夫妇、父子、君臣、上下，礼义有所错”，《乐》家序文引《易》“先王作乐崇德，殷荐之上帝，以享祖考”。不惟如此，《诸子略》《兵家略》《数术略》中许多家的序文也往往引《易》作为论说依据，这在《七略》中都有鲜明的反映，兹不一一列举。

此外，《六艺略》序文还讲到古今学者学经的情况，指出：“古之学者耕且养，三年而通一艺，存其大体，玩经文而已，是故用日少而畜德多，三十而五经立也。”这是说古之学者务以通经为事，却也提到了学经的功用所在，即“畜德多”。

三是肯定孔子整理六经的贡献，并具体讲到了孔子修《春秋》的背景、目的和影响等。如《易》家序文称：“孔氏为之《彖》《象》《系辞》《文言》《序卦》之属十篇。”《书》家序文讲：“故《书》之所起远矣，至孔子纂焉，上断于尧，下讫于

① 班固：《汉书》卷三六《楚元王传》，中华书局1962年版，第1967页。

秦，凡百篇，而为之序，言其作意。”《诗》家序文说：“孔子纯取周诗，上采殷，下取鲁，凡三百五篇。”[①]《春秋》家的序文则对孔子修《春秋》作了如下论述：

> 周室既微，载籍残缺，仲尼思存前圣之业，乃称曰：“夏礼吾能言之，杞不足征也；殷礼吾能言之，宋不足征也。文献不足故也，足则吾能征之矣。”以鲁周公之国，礼文备物，史官有法，故与左丘明观其史记，据行事，仍人道，因兴以立功，就败以成罚，假日月以定历数，借朝聘以正礼乐。有所褒讳贬损，不可书见，口授弟子，弟子退而异言。丘明恐弟子各安其意，以失其真，故论本事而作传，明夫子不以空言说经也。《春秋》所贬损大人当世君臣，有威权势力，其事实皆形于传，是以隐其书而不宣，所以免时难也。及末世口说流行，故有《公羊》《穀梁》《邹》《夹》之《传》。四家之中，《公羊》《穀梁》立于学官，邹氏无师，夹氏未有书。[②]

这段文字概述了孔子修《春秋》的相关内容。一是“周室既微”的时代背景；二是因“载籍残缺”而“思存前圣之业”的主观愿望，反映了孔子对于古代制度文化等的重视；三是对鲁国文献及史官记事法度的参考；四是“因兴以立功，就败以成

① 以上参见班固：《汉书》卷三〇《艺文志》，中华书局1962年版，第1704、1706、1708页。
② 班固：《汉书》卷三〇《艺文志》，中华书局1962年版，第1715页。

罚”“以正礼乐”的旨意，与《左传》所评“惩恶而劝善”“上之人能使昭明，善人劝焉，淫人惧焉”[①] 相通；五是“假日月”的记事特点和“有所褒讳贬损，不可书见”的表述特点；六是对后世的影响，即《春秋》诸传的形成及其在汉代的发展情况。

刘歆对孔子整理六经的认识还反映在他的《移书让太常博士》中，其文曰：“周室既微而礼乐不正，道之难全也如此。是故孔子忧道之不行，历国应聘。自卫反鲁，然后乐正，《雅》《颂》乃得其所；修《易》，序《书》，制作《春秋》，以纪帝王之道。”[②]关于孔子整理六经的过程与意义等，司马迁在《孔子世家》及《十二诸侯年表》序中有较详细的论述，综观刘歆的这些认识和文字表述，当是对司马迁所论的继承。

《七略》中还论及一些史书，如《六艺略》于《春秋》家后列有《国语》二十一篇，题“左丘明著”；《世本》十五篇，认为“古史官记黄帝以来讫春秋时诸侯大夫”；《战国策》三十三篇，称“记春秋后”；《太史公》百三十篇，指出“十篇有录无书”。[③] 这些多讲到史书的著者、篇名、记事内容等，而从这些史书的著录形式中可以看出汉代史学尚未独立的情况。另外，《诸子略》小说家中列有《周考》七十六篇，称“考周事也”，《青史子》五十七篇，题为“古史官记事也”，据此可将二者纳入史书的范畴。刘歆认为：“小说家者流，盖出于稗官。街谈巷

① 分别见《左传》成公十四年、昭公三十一年，杨伯峻《春秋左传注》本，中华书局1990年版，第870、1513页。

② 班固：《汉书》卷三六《楚元王传》，中华书局1962年版，第1968页。

③ 参见班固：《汉书》卷三〇《艺文志》，中华书局1962年版，第1714页。

语，道听途说者之所造也。”[1] 如果说小说家所记多为“街谈巷语，道听途说者”，那么其中自然会有与史事相关者，即如《周考》与《青史子》。关于小说家与史学的关系，从刘歆所著录书目中，可窥知一二。其后，《隋书·经籍志二》将史书明确分为十三类，其中“杂史”类小序讲道：“又有委巷之说，迂怪妄诞，真虚莫测。然其大抵皆帝王之事，通人君子，必博采广览，以酌其要，故备而存之，谓之杂史。”刘知幾著《史通·杂述》篇，专论“与正史参行”的“史氏流别”凡十种，其中之一为“琐言”，而所谓“琐言”，即“街谈巷议，时有可观，小说卮言，犹贤于已。故好事君子，无所弃诸”。由上所讲，《隋书·经籍志二》“杂史”包含的“委巷之说”以及刘知幾所讲“琐言”，其中自有与刘歆所言“小说家”相类之处，而他们已将此纳入了史的范围。

二、文献目录之书与史学批评的密切关联

刘向、刘歆父子于文献整理成果中所具有的史学批评见解，在中国古代史学批评的开端时期占有一定的地位。这种地位不仅仅反映在其史学批评的具体成就，更重要的是，《别录》《七略》所蕴含史学批评旨趣的模式及思想，开启了文献目录之书与史学批评的重要关联，在推动后世文献学、目录学发展的同时也推动了史学批评的发展。

---

① 参见班固：《汉书》卷三〇《艺文志》，中华书局1962年版，第1744、1745页。

从史学的角度来看，刘向所撰书录，“为后世的史书提要，提供了一个古老的范本”[①]，并贯彻了一种批评的旨趣。换言之，“提要”实则开创了一种史学批评的模式。后世许多目录书继承了刘向书录这种解题的体例，同时也使解题的这种批评模式及其中所蕴含的史学批评思想表现得更加明确。例如，南宋高似孙所撰《史略》，是一部具有史学简史性质的目录书。作者在序中讲到其旨趣在于“仍依刘向《七录》（当是《别录》之误——引者）法，各汇其书，而品其指意”[②]。所谓“品其指意”，显示出明确的史学批评意识。从《史略》的编次特点来看，作者于每一类史书既列举书目与作者，同时也或多或少地评介其内容等。如卷四讲史典、史表、史略、史钞、史评、史赞、史草、史例、史目、通史和《资治通鉴》等。其中于通史一类，列举有梁武帝《通史》、李延寿的《南史》和《北史》、高峻《小史》、姚康复《统史》、萧肃《合史》以及苏辙《古史》等书目，并简要介绍了《通史》《小史》和《统史》的起讫和体裁等，而对《南史》《北史》和《古史》作了较为详细的评论，涉及作者撰述此书的缘由、体裁、内容、表述特点及思想旨趣等。[③] 有学者指出：“如果说刘知幾的《史通》是一部史评的理论著作，那么从《史略》的内容和结构来看，它应是一部史评的历史著作，

---

① 白寿彝：《中国史学史》第一卷，上海人民出版社2006年版，第91页。

② 高似孙：《史略序》，《丛书集成初编》本，中华书局1985年版，第1页。

③ 高似孙：《史略》卷四“通史”，《丛书集成初编》本，中华书局1985年版，第79-81页。

或者说是一部史评简史。”[①] 从整体面貌上来看，或许高似孙的《史略》在解题上不如刘向书录的体例之纯，但必须承认其解题之中包含了更加明确和丰富的史学批评思想，使目录书与史学批评的联系显现得更为突出。

如果说刘向通过书录解题架起了目录书与史学批评联系的桥梁的话，那么刘歆的《七略》在史学批评上的意义则表现在以各种序文的形式考察学术源流、评论是非得失的思想。这种思想被后世一些史志书和目录书所继承，在史学批评上呈现出鲜明的特色。尤为典型的如《隋书·经籍志》史部大序及诸类小序。其史部大序不仅明确提出了史官所应具备的素养，即“博闻强识，疏通知远”[②]，还勾勒了两汉、魏晋以来史学的发展梗概。而史部将史书分为正史、古史、杂史、霸史、起居注、旧事、职官、仪注、刑法、杂传、地理、谱系、簿录十三个类别，每一类皆有小序纵向梳理源流、横向评析特点，或多或少、或显或隐地反映出著者的史学批评思想。如“正史”类小序讲到正史之源于国史的情况，简要评介了《史记》《汉书》《三国志》等正史的形成、编纂特点以及在后代的不同命运。“古史”类小序评论了荀悦《汉纪》“言约而事详，辩论多美”的特点，以及《竹书纪年》的编纂、内容和性质等。“霸史”类小序则着重阐发此类史书产生的时代特点，反映出对史书与时代关系的认识，而对这种史学现象的认识无疑是古代史学批评上的一个重要问题，等

① 瞿林东：《谈中国古代的史论和史评》，《东岳论丛》2008 年第 4 期。
② 魏徵等：《隋书》卷三三《经籍志二》，中华书局 1973 年版，第 992 页。

等。从中国古代史学批评的发展历程来看，隋唐时期是深入发展时期，而主要代表作之一正是《隋书·经籍志》的史部诸序。同时，《隋书·经籍志》也是全面继承《七略》《汉书·艺文志》所开创的各种序文传统的最为突出的代表。可以说，《隋书·经籍志》史部诸序所具有的双重代表性，在很大程度上决定了其在联结目录书与史学批评方面的重要价值。

从较宽泛的意义上看，一些目录书兼具书录解题和序文评论的双重特色，如南宋晁公武的《郡斋读书志》、陈振孙的《直斋书录解题》以及清官修目录书《四库全书总目》等。尤其是后者，它在解题方面"完全接受《别录》之体例，对于一切皆一一详论者也"①。其中关于史部书的各篇《提要》，以及史部总序及所含各类小序，都包含着更为鲜明、丰富的史学批评思想。可以认为，《四库全书总目》不仅在古代历史文献学的发展上是总结性的著作，而且"在古代史学批评史上是具有总结性的著作"②，同时也将目录书与史学批评的关联提升到一个新的高度，即在解题的史学批评模式上表现得更加成熟，在史学批评内涵上更加丰富和深厚。

① 姚名达：《中国目录学史》，上海古籍出版社2005年版，第124页。
② 瞿林东：《中国史学史纲》，北京出版社1999年版，第681页。

第三节　刘向、刘歆对《史记》的重视与评论

关于刘向、刘歆父子在史学批评上的贡献，还应注意的一点是他们对司马迁《史记》的重视与评论。据一些史籍的相关记载，刘向和刘歆都曾对《史记》进行续撰。刘知幾指出："《史记》所书，年止汉武，太初已后，阙而不录。其后刘向、向子歆及诸好事者，若冯商、卫衡、扬雄、史岑、梁审、肆仁、晋冯、段肃、金丹、冯衍、韦融、萧奋、刘恂等相次撰续，迄于哀、平间，犹名《史记》。"[①] 可以看出，刘向是较早续作《史记》的学者。可惜的是，刘向、刘歆父子二人所续之作皆已湮没无闻。

今读刘向《别录》和刘歆《七略》，可以感受到他们对《史记》的重视及其所受到的影响。刘向《别录》经常引用《史记》原文，并多次论及司马迁。具体说来，刘向所作的几篇书录，如《孙卿书录》，许多内容节选了《史记·孟子荀卿列传》的原文，

---

① 刘知幾：《史通·古今正史》，浦起龙《史通通释》本，上海古籍出版社2009年版，第314页。另，唐李贤等在《后汉书·班彪列传》的注中指出续作《史记》的"好事者"为"扬雄、刘歆、阳城衡、褚少孙、史孝山之徒也"。晋葛洪《西京杂记序》讲道："洪家世有刘子骏《汉书》一百卷，但以甲乙丙丁记其卷数，先父传之。歆欲传《汉书》，编录汉事，未得缔构而亡，故书无宗本，止杂记而已，失前后之次，无事类之辨。后好事者以意次第之，始甲终癸，为十秩，秩十卷，合为百卷。洪家具有其书，试以此记考校班固所作，殆是全取刘书，有小异同耳，并固所不取，不过二万许言，今抄出为二卷，名曰《西京杂记》，以裨汉书之阙尔。"据葛洪所言，刘歆著有《汉书》一百卷，或许是他所续《史记》之作。但葛洪之说历来遭到学者的质疑。刘知幾在《史通·杂说下》指出："夫故立异端，喜造奇说，汉有刘向，晋有葛洪。"宋陈振孙《直斋书录解题》对葛洪《西京杂记》和刘歆《汉书》并而疑之。（以上参考马先醒：《班彪〈后传〉问题》注，《新北大》杂志二〇〇〇春季号）

尤为典型的是《管子书录》和《韩非子书录》，几乎全录自《史记》的《管晏列传》《老子韩非列传》，前者还引用了司马迁的史论“太史公曰”，后者仅删去了韩非的《说难》原文。另外，《列子书录》记：“孝景黄帝时贵黄老术，此书颇行于世，及后遗落，散在民间，未有传者，且多寓言，与庄周相类，故太史公司马迁不为列传。”① 这实际讲到了司马迁的取材问题。刘向《别录》叙《申子》云：“今民间所有上下二篇，中书六篇，皆合，二篇已备，过太史公所记也。”② 有学者指出：“刘向书录各序，为引用《史记》原文之始。”③ 凡此，表明了刘向对《史记》有着较深入的研究。

刘歆《七略》所受司马迁的影响主要反映在《六艺略》和《诸子略》中。《六艺略》包括《易》《书》《诗》《礼》《乐》《春秋》《论语》《孝经》《小学》九种，称为六艺，实指儒家“六经”而言。据有的学者考证：“把六经作为六艺的讲法，开始于司马迁，后来刘歆、班固在图籍的分类上，能够把六经列成为《六艺略》这个门类，树立起这个总名称，实际上就是导源于司马迁所曾经创辟的见解。”④此外，《六艺略》所著录的六经书目以及每经的序文，很多内容参考借鉴了司马迁的《史记·

---

① 刘向：《列子书录》，见严可均辑：《全上古三代秦汉三国六朝文》第一册《全汉文》卷三七“刘向”，中华书局 1958 年版，第 334 页。

② 参见严可均辑：《全上古三代秦汉三国六朝文》第一册《全汉文》卷三八“刘向”，中华书局 1958 年版，第 338 页。

③ 陈直：《汉晋人对〈史记〉的传播及其评价》，《四川大学学报》（社会科学版）1957 年第 3 期。另，作者在探讨刘向《别录》引用《史记》原文之外，还考察了刘向《新序》对于《史记》原文的引用情况，并认为这些“足证刘向对于《史记》研究得相当深刻”。

④ 金德建：《司马迁所见书考》自序，上海人民出版社 1963 年版，第 3-4 页。

儒林列传》。试以论《诗》为例，《诗》家序文指出："汉兴，鲁申公为《诗》训故，而齐辕固、燕韩生皆为之传……三家皆列于学官。又有毛公之学，自谓子夏所传，而河间献王好之，未得立。"除未立学官的毛诗外，其余三家在《史记·儒林列传》中都有记载，即汉时"言《诗》于鲁则申培公，于齐则辕固生，于燕则韩太傅"。《诸子略》将先秦至西汉的主要学术流派划分为儒、道、阴阳、法、名、墨、纵横、杂、农、小说十家，每家都有序文概述其学说的渊源及是非得失。其中，无论是学术流派的划分，还是诸家学说特点的评说，都明显继承和发展了司马谈的《论六家要指》。比如，《诸子略》下法家的序文这样写道：

> 法家者流，盖出于理官，信赏必罚，以辅礼制。《易》曰"先王以明罚饬法"，此其所长也。及刻者为之，则无教化，去仁爱，专任刑法而欲以致治，至于残害至亲，伤恩薄厚。①

再来看司马谈在《论六家要指》中关于法家的评论：

> 法家严而少恩；然其正君臣上下之分，不可改矣。
>
> 法家不别亲疏，不殊贵贱，一断于法，则亲亲尊尊之恩绝矣。可以行一时之计，而不可长用也，故曰"严而少

① 班固：《汉书》卷三〇《艺文志》，中华书局 1962 年版，第 1736 页。

恩”。若尊主卑臣，明分职不得相逾越，虽百家弗能改也。[①]

很明显，除了《诸子略》讲到法家的起源外，二者在对法家学说特点的认识上旨趣基本是相通的。再者，《七略》于每一门类著录书目、篇帙及其作者等情况，或多或少参考了《史记》诸列传。从《汉书·艺文志》来看，有的书目之下标明“有《列传》”，对此颜师古注曰：“有《列传》者，谓《太史公书》。”关于《七略》与《史记》之间的关联，诚如清人章学诚所说：“读《六艺略》者，必参观于《儒林列传》；犹之读《诸子略》，必参观于《孟荀》《管晏》《老庄申韩列传》也。”“究刘氏之业，当参以司马迁之法。”这就明确肯定了刘歆《七略》对司马迁《史记》的宗法之处。[②]

尤为重要的是，刘向还有对司马迁的评论，称其有“良史之材”，在中国史学上产生了深远影响。班固在《汉书·司马迁传》的后论中讲道：

① 参见司马迁：《史记》卷一三〇《太史公自序》，中华书局1982年版，第3289、3291页。

② 章学诚在文中多次肯定刘向、刘歆、班固对司马迁的宗法之处。他认为，司马迁《史记》“在人即为列传，在书即为叙录”，而且已关涉“部次条别之法”，只是“未著成法”。他还分析了司马迁在这方面的具体表现，如“序次六家，条辨学术同异，推究利病”，于纪、传、表首“皆著录渊源所自启”、于列传中论次“学术渊源，文词流别”等。章学诚明确指出“《艺文》虽始于班固，而司马迁之列传，实讨论之”，并由衷地感慨：“究刘氏之业，将由班固之书，人知之；究刘氏之业，当参以司马迁之法，人不知也。”（以上具体参见章学诚：《文史通义·和州志艺文书序例》《校雠通义》卷三“汉志六艺第十三”，叶瑛《文史通义校注》本，中华书局1985年版，第652-653、1023页）梁启超也明确讲到《七略》与《史记》诸列传间的密切关系。（参见梁启超：《要籍解题及其读法》，《饮冰室合集》第9册专集72，中华书局1989年版，第30页）他们的见解，对于人们进一步认识《史记》在学术史上的成就以及司马迁与刘向、刘歆、班固之间的学术渊源，有很大的启发。

然自刘向、扬雄博极群书，皆称迁有良史之材，服其善序事理，辨而不华，质而不俚，其文直，其事核，不虚美，不隐恶，故谓之实录。

评《史记》为“实录”，最早见于扬雄的《法言·重黎》篇，但扬雄对此并未作进一步的说明。班固曾高度评价刘向和扬雄二人，指出：“自孔子后，缀文之士众矣，唯孟轲、孙况、董仲舒、司马迁、刘向、扬雄。此数公者，皆博物洽闻，通达古今，其言有补于世。”[①] 可以说，班固是极为重视刘向和扬雄的言论的。上引《汉书·司马迁传》后论中，班固援引刘向和扬雄的观点，并作了一些具体的说明，而这些说明又有继承其父班彪之处。史载，班彪评司马迁“善述序事理，辩而不华，质而不野，文质相称，盖良史之才也”[②]。由此可知，《汉书·司马迁传》的那一段评论基本反映了刘向、扬雄、班彪以及班固自身对于司马迁《史记》的认识，而这一段评论也为世所公认，在中国史学史上具有十分重要的意义。

总的来看，这段评论从叙事成就和直书精神两个方面充分肯定了司马迁的“良史之材”以及《史记》的“实录”价值。

关于叙事成就，即“善序事理，辨而不华，质而不俚”。所谓“善序事理”，是讲在记事说理上有着较高的造诣，这可以从两个方面来理解：一是善于叙述事情的原委本末、刻画人物的形

---

① 班固：《汉书》卷三六《楚元王传》，中华书局1962年版，第1972页。

② 范晔：以上参见《后汉书》卷四〇上《班彪列传上》，中华书局1965年版，第1325页。

象特点等，二是善于在记事写人的过程中揭示出其中所蕴含的“理”，这个“理”不仅仅是事之所以然，而且还有深层的时代和社会的意义。有的学者指出：“称司马迁‘善序事理’，是因其《史记》记事，必‘原始察终，见盛观衰’，洞察因果，还能‘承敝通变’。”[①] 这里所讲的主要是司马迁“通古今之变”的方法，也是从某一角度讲到了事中的“理”。所谓“辨而不华，质而不俚”，即言辞生动有文采但不华丽，质朴但不粗俗，这是讲到了司马迁在文字表述上的风格。先秦时期，孔子讲：“质胜文则野，文胜质则史。文质彬彬，然后君子。”[②] 在孔子看来，文与质协调适当，才能达到君子的修养。刘向等所评司马迁的文风，或许也可以理解为一种“文质彬彬”。这一评论往往成为良史之才的一个权衡标准，也是史书叙事之美的一个重要表现。如刘勰认为陈寿《三国志》“文质辨洽，荀张比之于迁固，非妄誉也”[③]，这是肯定了陈寿《三国志》在文风和通达方面对于司马迁和班固的继承，而陈寿被时人称为“善叙事，有良史之才”[④]。

历代学者对司马迁的叙事成就都有较高的评价，这里试以他们的见解来窥司马迁善叙事之一端。如清熊士鹏谈到读司马迁

---

① 施丁：《班固之“实录”论》，《中国社会科学院研究生院学报》2007年第3期。

② 《论语·雍也》，杨伯峻《论语译注》本，中华书局1980年版，第61页。

③ 刘勰：《文心雕龙·史传》，周振甫《文心雕龙今译》本，中华书局1986年版，第147页。

④ 房玄龄等：《晋书》卷八二《陈寿传》，中华书局1974年版，第2137页。另外，刘知幾在《史通·叙事》开篇指出：“夫史之称美者，以叙事为先。至若书功过，记善恶，文而不丽，质而非野，使人味其滋旨，怀其德音，三复忘疲，百遍无斁，自非作者曰圣，其孰能与于此乎？”他还在《鉴识》篇提出：“夫史之叙事也，当辩而不华，质而不俚，其文直，其事核，若斯而已可也。”这里，刘知幾讲到了史书叙事的较高境界，其中的一个重要因素即是“文而不丽，质而非野”或“辩而不华，质而不俚”。

《史记》的感受：

余每读其列传，观其传一人，写一事，自公卿大夫，以及儒侠医卜佞幸之类，其美恶谲正喜怒笑哭爱恶之情，跃跃楮墨间，如化工因物付物，而无不曲肖。读《屈贾传》，则见其哀郢怀沙过湘投书之状，读《庄周》《鲁仲连传》，则见其洸洋俶傥之状，读《韩信》《李广传》则见其拔帜射雕之状，读《游侠》《刺客传》，则见其喜剑好博倚柱箕踞之状，读《酷吏》《滑稽传》，则见其鹰击毛挚摇头大笑之状，读《原》《陵》《春》《孟》四君传，则见其弹铗负箧执辔蹑珠之状，余不暇枚举，然若此者何哉？盖各因其人之行事而添颊上三毫也。故刘向、扬雄称为实录。①

这是说司马迁善于把握不同人物的突出的性格特征，能够“各因其人之行事而添颊上三毫也”，从而使各种人物形象真实、生动地显现出来，跃然纸上，给人留下深刻的印象。在熊士鹏看来，司马迁写人物多有神来之笔，也是刘向、扬雄称为“实录”的一个重要因素。

又如清顾炎武讲司马迁叙述战事地形，认为：

秦楚之际，兵所出入之途，曲折变化，唯太史公序之如

① 熊士鹏：《鹄山小隐文集》卷二《释言》，见杨燕起、陈可青、赖长扬编：《历代名家评史记》，北京师范大学出版社 1986 年版，第 211 页。

指掌。以山川郡国不易明，故曰东、曰西、曰南、曰北，一言之下，而形势了然。以关塞江河为一方界限，故于项羽则曰“梁乃以八千人渡江而西”，曰“羽乃悉引兵渡河”，曰“羽将诸侯兵三十余万，行略地至河南”，曰“羽渡淮”，曰“羽遂引东欲渡乌江”；于高帝则曰“出成皋玉门北渡河”，曰“引兵渡河，复取成皋”。盖自古史书兵事地形之详，未有过此者。太史公胸中固有一天下大势，非后代书生之所能几也。①

这里，顾炎武列出了司马迁叙述地形的具体方法，认为“自古史书兵事地形之详，未有过此者”，而其中的缘由在于“太史公胸中固有一天下大势”，这自然也是司马迁善叙事的一个重要特点。

白寿彝先生在分析《史记》描写人物的特点时讲道：

从史学的角度看，最重要的还不在于《史记》善于刻画人物的形象，而更在于透过人物的言语、活动和遭遇，去揭露当时的政治情况，去说明、判断历史问题。《孙子吴起列传》《商君列传》是透过吴起、商鞅的一生去说明春秋战国之际楚秦两国在社会变革中的国内矛盾。他们在楚秦的变法都取得不坏的成绩，但也因此而加剧了新兴地主阶级跟旧

① 顾炎武：《日知录》卷二六“史记通鉴兵事”，黄汝成《日知录集释》本，上海古籍出版社 2006 年版，第 1428 页。

贵族之间的矛盾，以致他们终以身殉。《李斯列传》是透过李斯一生的际遇和他政治态度的发展，去揭露秦皇朝由兴盛到衰亡的过程及其内在的因素。《淮阴侯列传》和《萧相国世家》，一个写功高多谋的大将以不善于韬晦，终于因遭忌而受族诛；一个写功高而善于自谋的相国在不断设法解除人主猜忌，终于幸而保全首领以殁。这两篇合起来看，就透露出来刘邦灭楚后汉家朝廷内部迫害和危疑的紧张气氛。[①]

这是从时代背景的角度发掘了司马迁为人物作传的深意，从中不难看出司马迁撰述历史的大手笔。

关于直书精神，即“其文直，其事核，不虚美，不隐恶”。这是说司马迁能够据事直书，评论得当而不隐讳，包含了记事原则和价值判断两个方面，而后者又建立在前者的基础上，也是前者的进一步表现与深化。对于这一评论，明代何景明作了如下的阐释：

上自黄帝，下迄汉武，首尾三千余年，论著才五十万言，非文之直乎！纪帝王则本《诗》《书》，世列国则据《左氏》，言秦兼诸侯则采《战国策》，言汉定天下则述《楚汉春秋》，非事之核乎！伯夷，古之贤人，则冠之于传首；晏婴，善与人交，则愿为之执鞭，其“不虚美”可知。陈

---

① 白寿彝：《司马迁与班固》，《白寿彝史学论集》下册，北京师范大学出版社 1994 年版，第 721–722 页。

平之谋略，而不讳其盗嫂、受金之奸；张汤之荐贤，而不略其文深意忌之酷，其“不隐恶”可见。[1]

在他看来，“文直”的内容在于文字简约，“事核”的关键在于论之有据，而他所谓“首尾三千余年，论著才五十万言”，或许受到了西晋张辅所言“迁之著述，辞约而事举，叙三千年事，唯五十万言”[2] 的影响。同时，他以具体的事例来说明“不虚美，不隐恶”，即历史人物的美与恶，都以事实为依据，各从其实而非无中生有。

刘向等所评司马迁的直书精神，受到历来史家的认可。刘知幾指出“夫所谓直笔者，不掩恶，不虚美”，“苟爱而知其丑，憎而知其善，善恶必书，斯为实录”[3]，可视为对“不虚美，不隐恶”的进一步诠释。

刘向、刘歆父子在历史文献学领域作出了卓越的贡献，同时在两汉史学批评史上也具有一定的地位。一方面，他们的文献整理成果中包含着对史籍和史官的认识与评论，不论是关于史籍历史价值的判断，还是关于史官职责与演变的考察，以及史籍与时代关系的认识等，都可以纳入史学批评的范畴，反映出他们在史学批评上的见解。另一方面，刘向、刘歆父子二人都曾对《史

① 何景明：《何文肃公文集》卷二《诸史》，《明代论著丛刊》本，伟文图书出版社有限公司1976年版，第68页。

② 房玄龄等：《晋书》卷六〇《张辅传》，中华书局1974年版，第1640页。

③ 分别见刘知幾《史通》的《杂说下》《惑经》，浦起龙《史通通释》本，上海古籍出版社2009年版，第493、374页。

记》进行续撰，并在学术思想上受到司马迁的一定影响。刘向对司马迁“良史之材”的称颂以及对《史记》“实录”的充分肯定，发展了先秦以来的“良史”标准，正式确立了“其文直，其事核，不虚美，不隐恶”的“实录”观念，在中国古代史学批评史上产生了深远影响。更重要的是，刘向《别录》以书录的形式评析史籍，开创了一种史学批评的模式；刘歆《七略》以序文的形式“辨章学术”，显示出一定的史学批评特色。这种书录解题和序文评论的形式，初步反映出文献目录之书与史学批评的一种联系。这种联系随着后世文献学、目录学的发展有了更为明确的体现，也使史学批评的发展呈现出新的面貌。

第七章　先秦两汉思想家与史学批评

在中国古代史学批评发展史上，思想家始终是一个不可忽视的群体。这一点在先秦秦汉时期就已经显现出来。无论是先秦诸子，还是两汉思想家，他们在宣扬、论证自己的思想观点时，往往从史书和史事中有所取益，其中包含着对于史官、史书和史学现象的认识和评论，从而形成了思想家史学批评的重要内容，也进一步开拓了中国古代史学批评发展的空间。

第一节　先秦诸子的史学批评思想

一、先秦诸子对史书的征引和运用

先秦诸子史学批评的前提，是他们对于历史文化典籍的征引，并将之作为思想根据论证各自的学说。诸子和史籍之间的联系，司马迁有明确的阐述。他在讲到《春秋》一书对后世的影响时指出：

吕不韦者，秦庄襄王相，亦上观尚古，删拾《春秋》，集六国时事，以为八览、六论、十二纪，为《吕氏春秋》。及如荀卿、孟子、公孙固、韩非之徒，各往往捃摭《春秋》之文以著书，不可胜纪。[①]

这里，司马迁肯定了吕不韦、孟子、荀卿、韩非等诸子择摭《春秋》之文著书立说，明确指出了思想家与史书之间的关系，这在中国史学史上是很重要的。事实上，不仅孔子所作《春秋》如此，他如《诗》、《书》、志、记和各诸侯国国史等，对先秦诸子都有不同程度的影响，成为他们论证己说、发展思想的历史依据。这里主要以墨子、孟子、荀子、韩非和《吕氏春秋》为例加以阐述。

。墨子，名翟，春秋战国之际鲁国（一说宋国）人，墨家学派的创始人。他主张“言必有三表”，其中之一即“上本之于古者圣王之事”[②]，把历史上圣王的经验等作为立言的重要标准。他在表述其思想或论证其思想的合理性时，往往“尚观于先王之书”“征以先王之书”“本原之先王之所书”，并多次明确称引

---

① 司马迁：《史记》卷一四《十二诸侯年表》，中华书局1982年版，第510页。

② 《墨子·非命上》，孙诒让《墨子间诂》本，中华书局2001年版，第266页。按：墨子和他这个学派的言论，汇集在《墨子》一书中。任继愈指出：“《墨子》这一部书，和其他先秦诸子一样，在中国流传了几千年。其中有墨子的弟子们记录的墨子的学说，也有些篇章是后期墨家的学说，它是一部墨学丛书。尽管不是墨子手写的，但是却不能因此说《墨子》这部书不可靠。正如郭沫若先生所说：‘《论语》虽然不是孔子的手笔，《墨子》虽然不是墨子的手笔，但其中的主要思想我们不能说不是孔子和墨子的东西。’”（参见任继愈：《墨子和墨家》，商务印书馆1998年版，第21页）这里所讲墨子对历史知识的运用及其在史学批评方面的见解，主要以《尚贤》《兼爱》《明鬼》《非命》《贵义》等篇为主要材料，它们历来为大多数学者所肯定，是“墨学的大纲目，墨子书的中坚”，也是研究墨子的可靠资料。（参见梁启超：《墨子学案》，《饮冰室合集》第8册专集39，中华书局1989年版，第6页）

《诗》《书》及各国“春秋”等，反映了墨子对于先秦史书的重视，以及其思想的形成受到先秦史书的影响。

如墨子主张“兼爱”，他在论证这一思想时，即“上本之于古者圣王之事”，认为“兼相爱、交相利，此自先圣六王者亲行之”。继而，他先后称引《泰誓》《禹誓》《汤说》《周诗》所记周文王、禹、汤、周武王等兼爱之事，并得出结论说：所谓兼爱，“于禹求焉”“于汤取法焉”“于文武取法焉”，即取法于禹、汤、文王、武王等古代圣王，这就为兼爱的思想找到了历史依据①。

又如墨子相信鬼神的存在，他在阐发“明鬼”的思想时，指出“是与天下之所以察知有与无之道者，必以众之耳目之实知有与亡为仪者也”，即以众人的所见所闻作为判断鬼神有无的依据。他所讲的“众之耳目之实”，主要源于各诸侯国的国史所载史事，如周之“春秋”、燕之“春秋”、宋之“春秋”、齐之“春秋”等。② 今天看来，墨子的“明鬼”思想似不足道，但其广泛地接触史书以说明己说，是毫无疑问的。

孟子和荀子是战国时期最有影响的儒家学派的代表人物，二人从不同的方面继承、发展了孔子的学说，正如《史记·儒林

---

① 参见《墨子·兼爱下》，孙诒让《墨子间诂》本，中华书局2001年版，第120–124页。据孙诒让的注解，墨子所引《泰誓》，与今伪孔本同，疑后人所改。墨子所引《禹誓》，为《尚书·大禹谟》文，云《禹誓》者，禹之所誓也。今《大禹谟》出伪古文，即采此书为之。墨子所引《汤说》，孔安国引此作《汤誓》，或兼据《国语》文。韦昭注云：“《汤誓》，《商书》伐桀之誓也。今《汤誓》无此言，则已散亡矣。”墨子所引《周诗》文，盖为《尚书·洪范》及《诗·小雅·大东》，古者《诗》《书》多互称。

② 参见《墨子·明鬼下》，孙诒让《墨子间诂》本，中华书局2001年版，第223–233页。

列传》所言“于威、宣之际，孟子、荀卿之列，咸遵夫子之业而润色之，以学显于当世”。《诗》《书》等作为儒家经典，自然受到二人的重视，他们在著书立说中往往征引《诗》《书》来阐发或论证其观点。关于孟子，本书第二章已经讲到，这里只就荀子略作论述。荀子，名况，字卿，战国末赵国人。他的思想主旨是隆礼而重法，在重法方面，他力主刑罚与罪行当相符，他认为：

刑称罪则治，不称罪则乱。故治则刑重，乱则刑轻，犯治之罪固重，犯乱之罪固轻也。《书》曰：“刑罚世轻世重。”此之谓也。[①]

在荀子看来，刑罚与罪行是否相符是关系社会治乱的一个重要因素，他主张根据社会治乱的具体情况来决定刑罚的轻重，即“犯治之罪固重，犯乱之罪固轻也”[②]，并引《书》之“刑罚世轻世重”加以说明。此句出自《尚书·吕刑》，其上下文为“上刑

---

① 《荀子·正论》，王先谦《荀子集解》本，中华书局 1988 年版，第 387-388 页。据汉刘向《孙卿书录》，荀子的著作原三百二十二篇，经校阅整理后定为三十二篇，名为《孙卿新书》。今本《荀子》是唐杨倞根据刘向的校订本重新编排的，分为二十卷、三十二篇。梁启超在《〈汉书·艺文志·诸子略〉考释》中指出：“《荀子》全书，大概可信。惟《君子》《大略》《宥坐》《子道》《法行》《哀公》《尧问》七篇，疑非尽出荀子手，或门弟子所记，或后人附益也。”（参见梁启超：《饮冰室合集》第 10 册专集 84，中华书局 1989 年版，第 10 页）杜国庠指出：“现存荀子三十二篇差不多都是可靠的，研究上可以放心利用。”（参见杜国庠：《先秦诸子思想概要》，生活·读书·新知三联书店 1955 年版，第 55 页）

② 清代王先谦对此作了如下解释：“治世家给人足，犯法者少，有犯则众恶之，罪固当重也。乱世人迫于饥寒，犯法者多，不可尽用重典，当轻也。”（参见《荀子·正论》，王先谦《荀子集解》本，中华书局 1988 年版，第 388 页）

适轻，下服。下刑适重，上服。轻重诸罚有权。刑罚世轻世重，惟齐非齐，有伦有要”。这是讲到了执法的具体原则，即要根据个人和社会的不同情况来灵活掌握刑罚的轻重，就个人而言，要区分偶一为之还是一贯不法；就社会而言，要区分乱世还是治世，前者从轻，后者从重。可见，荀子吸收了《尚书·吕刑》的观点，并用以论证己说。

韩非，战国末年韩国人，法家思想的集大成者。他在肯定商鞅论法、慎到讲势、申不害言术的基础上，提出了法、术、势相结合的政治思想，为秦汉以后的封建专制主义奠定了理论基础。韩非在运用历史知识方面十分突出，他以各种形式援引史事来支持、丰富自己的思想观点。《韩非子》一书中，“《十过》列举八个问题，在每一个问题的下面列举一件史事，只附以简短的说明。《喻老》和《说林》上、下，都是以史事编集成篇，而于每事之后略有论议。《内储说》上、下，《外储说左》上、下，《外储说右》上、下，是韩非书中分量较多的几篇，而基本上是以史例组成。《内储说》上列举史事四十九，《内储说》下列举史事五十一。韩非书中有些篇章没有列举史事或所举甚少，但也有不少是概括史事的，这是韩非重视历史经验的表现，在中国史学史上是一个优良传统”[①]。可以认为，《韩非子》一书中包含丰富的历史资料和历史经验，如果离开了史事，《韩非子》则不复为《韩非子》。

① 白寿彝:《中国史学史》第一卷，上海人民出版社2006年版，第221页。

韩非在运用史事以外，还经常引用《诗》、志、记、各诸侯国国史等历史典籍作为立论的依据。如韩非作《备内》，论述君主如何防备妃与子弑君篡位。他认为君主与妃和子之间存在严重的利害冲突。妃往往因为色衰而被君主疏远，同时又因“子疑不为后”，所以她们希望君主早死以便其子继位，“唯母为后而子为主，则令无不行，禁无不止，男女之乐不减于先君，而擅万乘不疑，此鸩毒扼昧之所以用也。故《桃左春秋》曰：‘人主之疾死者不能处半’”[①]。显然，韩非以《桃左春秋》的记载作为历史依据，形象地说明了弑君篡位之事常常会发生的缘故。

又如，韩非主张君主不可借权势予人臣，尤其要严防一些“尊贵之臣”，他指出：

> 上古之传言，《春秋》所记，犯法为逆以成大奸者，未尝不从尊贵之臣也；而法令之所以备，刑罚之所以诛，常于卑贱，是以其民绝望无所告诉。大臣比周，蔽上为一，阴相善而阳相恶以示无私，相为耳目以候主隙。人主掩蔽，无道得闻，有主名而无实，臣专法而行之，周天子是也。偏借其权势则上下易位矣，此言人臣之不可借权势。[②]

---

① 《韩非子·备内》，王先慎《韩非子集解》本，中华书局1998年版，第123页。据此本：《桃左春秋》当是古代的一部史书。清俞樾认为：“左”疑“兀”字之误，“桃兀”盖即“梼兀”之异文。楚之“梼兀”，亦有《春秋》之名。《国语·楚语上》申叔时所谓“教之《春秋》”是也，故谓之《梼兀春秋》。

② 《韩非子·备内》，王先慎《韩非子集解》本，中华书局1998年版，第125页。

这里韩非所讲的《春秋》，或泛指史书。韩非根据“上古之传言”以及“《春秋》所记”，总结出一条历史经验，即“犯法为逆以成大奸者，未尝不从尊贵之臣也”。由此，他讲到了尊贵之臣的植党营私、表里不一、蒙蔽君主，以告诫君主不可借予其权势。

再如，韩非主张君主“明于择臣”，他将圣王明君与乱主相对比，并以历史典籍“记”的记载相佐证。在他看来，圣王明君“内举不避亲，外举不避仇。是在焉从而举之，非在焉从而罚之。是以贤良遂进而奸邪并退，故一举而能服诸侯。其在记曰：‘尧有丹朱，而舜有商均，启有五观，商有太甲，武王有管、蔡。’五王之所诛者，皆父兄子弟之亲也，而所杀亡其身残破其家者何也？以其害国伤民败法类也。观其所举，或在山林薮泽岩穴之间，或在囹圄緤绁缨索之中，或在割烹刍牧饭牛之事。然明主不羞其卑贱也，以其能，为可以明法，便国利民，从而举之，身安名尊”。与圣王明君相反的是，乱主“不知其臣之意行，而任之以国。故小之名卑地削，大之国亡身死，不明于用臣也”，韩非再次征引“记”的相关记载：“周宣王以来，亡国数十，其臣弑君而取国者众矣。”① 这里，通过列举历史人物、征引“记”的典籍记载，韩非子指出，能否“明于择臣”，是圣王明君与乱主的一个重要区别，也是君位稳固、国家安定的根本保证。

---

① 以上参见《韩非子·说疑》，王先慎《韩非子集解》本，中华书局1998年版，第441-442、444页。

另外，韩非认为明主当破“四拟”，他讲道：

故曰：孽有拟嫡之子，配有拟妻之妾，廷有拟相之臣，臣有拟主之宠，此四者，国之所危也。故曰：内宠并后，外宠贰政，枝子配嫡，大臣拟主，乱之道也。故《周记》曰：“无尊妾而卑妻，无孽嫡子而尊小枝，无尊嬖臣而匹上卿，无尊大臣以拟其主也。”四拟者破，则上无意，下无怪也；四拟不破，则陨身灭国矣。[①]

在韩非看来，当庶子与嫡子匹敌、爱妾与正妻并列、嬖臣与上卿地位相似、大臣与君主权势相当，往往是“国之所危”“乱之道也”，故而君主应当摆正嫡子、正妻、上卿、君主的身份与地位，避免这四种现象的产生。而《周记》所论正是韩非上述观点的历史依据。

《吕氏春秋》是秦统一以前相国吕不韦延揽士人“集论”而成[②]，历来被《汉书·艺文志》《隋书·经籍志》《四库全书总

① 《韩非子·说疑》，王先慎《韩非子集解》本，中华书局1998年版，第446页。

② 据司马迁《史记》记载：“吕不韦者，秦庄襄王相，亦上观尚古，删拾《春秋》，集六国时事，以为八览、六论、十二纪，为《吕氏春秋》。”“吕不韦乃使其客人人著所闻，集论以为八览、六论、十二纪，二十余万言。以为备天地万物古今之事，号曰《吕氏春秋》。”（分别参见司马迁：《史记》卷一四《十二诸侯年表》、卷八五《吕不韦列传》，中华书局1982年版，第510、2510页）

目提要》等列入“杂家”[①]。《吕氏春秋》中运用了大量史事，并征引《诗》、《书》、《春秋》、志、记等历史典籍，以阐明、论证其观点，甚至可以认为：“离开史书与历史，则《吕氏春秋》不复为《吕氏春秋》。”[②] 有学者指出：“运用历史知识以表述自己的观点，达到说服人的效果，《吕氏春秋》可以说是有相当成效的。在这一点上，它比起墨子、荀子和韩非来，都可以说有较多的成就。”[③] 从征引史书来看，这种成就不仅仅表现在引用史书中的某一句话或某一件事作为立论根据，更重要的是善于从史书中总结历史经验，颇有以史资政之意。

如《吕氏春秋》主张君主善于役使民众，它指出：

先王之使其民，若御良马，轻任新节，欲走不得，故致

---

① 关于《吕氏春秋》的性质，一般认为是子书，并归入“杂家”，其中又有两种看法：一是认为它调和折衷诸子各家学说，没有一个自己的中心思想，如侯外庐等认为《吕氏春秋》“是‘兼’‘合’以前各派的学说编集而成的一部书”，“是‘兼听杂学’的揉合，而没有创造精神，颇倾向于统一思想的路数”，“因为它是‘诸子之说兼有之’，即调和折衷的缘故，所以任何一说都没有彻底，不能创立一个体系”。（参见侯外庐、赵纪彬、杜国庠：《中国思想通史》第一卷，人民出版社1957年版，第656-660页）一是承认它有一个中心思想，但对这一中心思想又有不同的意见，主要有儒家说、道家说、阴阳家说、墨家说等。（具体参见牟钟鉴：《〈吕氏春秋〉与〈淮南子〉思想研究》，齐鲁书社1987年版，序言第5-8页）此外，还有一些学者将之看作政论著作或君主论专著。（参见洪家义：《吕不韦评传》，南京大学出版社1995年版，第109页。彭忠德：《秦前史学史研究》，湖北人民出版社2004年版，第236页）值得注意的是，历史上有一些史家将《吕氏春秋》看作史书，如刘知幾认为《吕氏春秋》“多以叙事为宗，举而论之，抑亦史之杂也”。章学诚指出：“《吕氏春秋》亦《春秋》家言而兼存典章者也。当互见于《春秋》《尚书》，而猥次于杂家，亦错误也。”二人都肯定了《吕氏春秋》的史学价值。（具体参见刘知幾：《史通·杂述》，浦起龙《史通通释》本，上海古籍出版社2009年版，第257页。章学诚：《校雠通义》卷三“汉志诸子第十四”，参见章学诚：《文史通义》附，叶瑛《文史通义校注》本，中华书局1985年版，第1048页）

② 瞿林东：《古代史学家与中国思想史》，见徐雁、陈效鸿、巩本栋主编：《杰出人物与中国思想史》，江苏教育出版社2000年版，第57页。

③ 白寿彝：《中国史学史》第一卷，上海人民出版社2006年版，第222页。

千里。善用其民者亦然。民日夜祈用而不可得，若得为上用，民之走之也，若决积水于千仞之溪，其谁能当之？《周书》曰："民善之则畜也，不善则仇也。"有仇而众，不若无有。[①]

它以驾驭良马为喻，说明君主使民的道理，并以《周书》所述作为历史根据与主论要旨，提醒君主要善用其民，否则人民将成为仇敌。

又如《吕氏春秋》讲任用贤人的重要性，指出：

> 身定，国安，天下治，必贤人。古之有天下也者，七十一圣。观于《春秋》，自鲁隐公以至哀公十有二世，其所以得之，所以失之，其术一也。得贤人，国无不安，名无不荣；失贤人，国无不危，名无不辱。[②]

这里，它把贤人的得与失看作是"身定，国安，天下治"的关键，而这一观点正是从《春秋》所记鲁隐公至哀公十二世的历史中总结出来的。

再如《吕氏春秋》认为臣子欲成就功名，当以君主和天下的利益为重，它讲道：

---

① 《吕氏春秋·离俗览·适威》，许维遹《吕氏春秋集释》本，中华书局2009年版，第527页。

② 《吕氏春秋·慎行论·求人》，许维遹《吕氏春秋集释》本，中华书局2009年版，第613页。

尝试观上古记，三王之佐，其名无不荣者，其实无不安者，功大也。《诗》云：“有晻凄凄，兴云祁祁，雨我公田，遂及我私。”三王之佐，皆能以公及其私矣。俗主之佐，其欲名实也与三王之佐同，而其名无不辱者，其实无不危者，无公故也。皆患其身不贵于国也，而不患其主之不贵于天下也；皆患其家之不富也，而不患其国之不大也，此所以欲荣而愈辱，欲安而益危。安危荣辱之本在于主，主之本在于宗庙，宗庙之本在于民，民之治乱在于有司。[①]

在《吕氏春秋》看来，根据“上古记”，三王之佐的“名荣实安”，是因为“能以公及其私”，即将个人的私利放在君主和天下的利益之后。与三王之佐相反，俗主之佐仅仅着眼于个人的私利，即“患其身不贵于国也”“患其家之不富也”，故而“欲荣而愈辱，欲安而益危”。《吕氏春秋》进而得出结论，“安危荣辱之本在于主，主之本在于宗庙，宗庙之本在于民，民之治乱在于有司”。这实际上讲到了臣、君、民、国家四者之间的关系，肯定了人民对于国家治乱安危的重要作用，其中包含着朴素的辩证思想。类似的观点还见于《吕氏春秋·士容论·务大》篇，其根据则为“观于上志”。可以认为，无论是“上古记”，还是

① 《吕氏春秋·有始览·务本》，许维遹《吕氏春秋集释》本，中华书局2009年版，第297-298页。按：篇中所引诗句“雨我公田，遂及我私”，出自《小雅·大田》，为农事诗，这里仅取其句义，说明三王之佐能够“以公及其私”。

"上志"，性质大致相同，都是古代的记事史书。[①] 结合前面所讲"观于《春秋》"，《吕氏春秋》征引史书以说明其观点，不仅是对史书功用的一种肯定，也是重视总结历史经验的一种表现。

综上，无论是孔子所作《春秋》，还是《诗》、《书》、志、记、各诸侯国国史等历史典籍，它们对于诸子思想乃至思想体系的形成与发展产生了积极的影响。同时先秦诸子也有对于这些史籍的明确评论，反映了他们的史学批评思想。

二、墨子对先王之书的评论

在先秦诸子中，墨子援引《诗》《书》等以佐证自己的思想观点是比较突出的，间或也有对它们直接的和明确的评论，这种评论虽然不多，却也构成了墨子史学批评的一个重要内容。如墨子反对命定论，提出"非命"的主张，在论证这一观点时，他既"尚观于圣王之事"，又"尚观于先王之书"，认为：

> 先王之书，所以出国家、布施百姓者，宪也。先王之宪亦尝有曰"福不可请，而祸不可讳，敬无益，暴无伤"者乎？所以听狱制罪者，刑也。先王之刑亦尝有曰"福不可请，祸不可讳，敬无益，暴无伤"者乎？所以整设师旅、

---

① 《吕氏春秋·士容论·务大》讲："尝试观于上志，三王之佐，其名无不荣者，其实无不安者，功大故也。俗主之佐，其欲名实也与三王之佐同，其名无不辱者，其实无不危者，无功故也。皆患其身不贵于其国也，而不患其主之不贵于天下也，此所以欲荣而逾辱也，欲安而逾危也。"（参见《吕氏春秋·士荣论·务大》，许维遹《吕氏春秋集释》本，中华书局 2009 年版，第 680 页）此篇同样以三王之佐与俗主之佐相对比，内容、文字稍有差别，而所据为"上志"，盖与《务本》篇所讲"上古记"为同样性质的记事史书。

进退师徒者，誓也。先王之誓亦尝有曰“福不可请，祸不可讳，敬无益，暴无伤”者乎？是故子墨子言曰：吾当未盐数，天下之良书不可尽计数，大方论数，而五者是也。今虽毋求执有命者之言，不必得，不亦可错乎？[①]

这里，墨子将先王之书大致分为宪、刑、誓三类，并讲到了每一类的功用，虽然旨在说明“有命者之言”的错误，但这种分类和评论事实上可以纳入史学批评的范畴。具体说来，墨子认为，天下之书不计其数，然大致可分为宪、刑、誓三类，其中宪的作用在于“出国家、布施百姓者”，即颁布实施于百姓的涉及治国治民的法制；刑的作用在于“听狱制罪”，即听理讼狱、裁制罪犯，主要是刑律；誓的作用在于“整设师旅、进退师徒”，即整治军队、指挥官兵，主要是军制。总的来看，墨子关于先王之书的分类，主要着眼于致用的角度，关涉治国治民之道，这也是目前所见较早的对于先王之书进行明确分类的记载，在史学上以及史学批评史上具有重要的意义。

需要注意的是，墨子援引《诗》《书》，往往在承认其历史意义的基础上谈到自己的启发，其中蕴含着对于《诗》《书》之功用的感受与认识。这种感受与认识也可以看作墨子史学批评的另一个重要内容。如墨子在政治上主张“尚贤”，认为“尚贤为政之本也”，他讲道：

① 《墨子·非命上》，孙诒让《墨子间诂》本，中华书局2001年版，第267页。据此本引清毕沅之说，“盐，‘尽’字之讹”，“‘五’当为‘三’，即上先王之宪、之刑、之誓是”。

以尚贤为政之本者，亦岂独子墨子之言哉！此圣王之道，先王之书《距年》之言也。传曰：“求圣君哲人，以裨辅而身。”《汤誓》曰：“聿求元圣，与之戮力同心，以治天下。”则此言圣之不失以尚贤使能为政也。故古者圣王唯能审以尚贤使能为政，无异物杂焉，天下皆得其利。①

这里，墨子认为，将尚贤作为治国的根本，本为圣王之道，并援引先王之书《距年》与《汤誓》之言加以论证，前者讲寻求圣人哲人来辅助自己，后者讲寻求圣人以同心协力治理天下。二者所言大致相同，墨子对此略加诠释，“此言圣之不失以尚贤使能为政也”，这就在原文意思的基础上将之提炼为圣王治国施政的准则，即善于尚贤使能。在此篇接下来的论述中，他又一一列举了尧举舜为天子、商汤得伊挚为相、武丁以傅说为三公的例子来说明圣王尚贤使能则天下大治。可以认为，墨子对先王之书的诠释表明了他对先王之书的理解以及由此所得到的启发，这种启发在一定意义上可以看作是墨子对先王之书功用的一种认可和肯定。另外，墨子讲尚贤之法在于“置三本”，指出：

何谓三本？曰：爵位不高则民不敬也，蓄禄不厚则民不

① 《墨子·尚贤中》，孙诒让《墨子间诂》本，中华书局2001年版，第56-57页。据孙诒让的相关注解，墨子所引《汤誓》，今《汤誓》并无此文，伪古文摭此为《汤诰》，谬。今《书·汤诰》篇无“同心”以下六字。墨子所引《距年》，一说同于《墨子·尚贤下》所说的《竖年》。陈梦家指出，墨子称为“先王之书”又称“传曰”，可见墨子所谓“先王之书”有传文在内。（参见陈梦家：《尚书通论》，河北教育出版社2000年版，第26页）

信也，政令不断则民不畏也。故古圣王高予之爵，重予之禄，任之以事，断予之令，夫岂为其臣赐哉，欲其事之成也。《诗》曰："告女忧恤，诲女予爵，孰能执热，鲜不用濯。"则此语古者国君、诸侯之不可以不执善承嗣辅佐也，譬之犹执热之有濯也，将休其手焉。①

墨子所引诗句出自《诗·大雅·桑柔》，原诗意在感叹周厉王时的衰败，对执政者多加指责。这里墨子所引之句讲执政者对人民要加以怜恤，对贵族要适当地赐爵，要善于为政之道，就比如拿热东西必先用冷水洗濯一样。墨子认为"此语古者国君、诸侯之不可以不执善承嗣辅佐也，譬之犹执热之有濯也，将休其手焉"，即在原诗意思的基础上略加发挥，将亲善承嗣辅佐之人看作是圣王应当秉持的为政之道，并以此来说明其"置三本"主张的合理性。这是墨子对于《大雅·桑柔》篇的理解以及由此得到的启发，实则体会到了此诗在政治上的一种意义。

类似的例子还见于《墨子·七患》篇②。此篇讲"国有七患"，而消除祸患的根本在于国家应有储备，墨子指出：

故国离寇敌则伤，民见凶饥则亡，此皆备不具之罪也。

---

① 《墨子·尚贤中》，孙诒让《墨子间诂》本，中华书局2001年版，第51–52页。

② 孙诒让认为此篇为"节用之余义"。(参见《墨子·七患》，孙诒让《墨子间诂》本，中华书局2001年版，第23页）梁启超认为是"墨家记墨学概要，很能提纲挈领"。(参见梁启超：《墨子学案》，《饮冰室合集》第8册专集39，中华书局1989年版，第6页）胡适认为此篇"根据墨家的余论所作"。(参见胡适：《中国哲学史大纲》，上海古籍出版社1997年版，第108页）据此可以认为，《七患》篇基本反映了墨子的思想。

且夫食者，圣人之所宝也。故《周书》曰："国无三年之食者，国非其国也；家无三年之食者，子非其子也。"此之谓国备。[1]

可以看出，墨子将《周书》所讲之意总结为国家应有储备的道理，这是对《周书》之言的理解并将其应用到政治上的启发。

另外，墨子多次讲到古之圣王通过"书之竹帛"而传道于后世，如《尚贤下》讲"古者圣王既审尚贤，欲以为政，故书之竹帛，琢之盘盂，传以遗后世子孙"，《兼爱下》认为"兼相爱、交相利，此自先圣六王者亲行之"，何以知之，"以其所书于竹帛，镂于金石，琢于槃盂，传遗后世子孙者知之"，《明鬼下》有"古者圣王必以鬼神为，其务鬼神厚矣。又恐后世子孙不能知也，故书之竹帛，传遗后世子孙"。《贵义》篇[2]明确提出：

---

① 《墨子·七患》，孙诒让《墨子间诂》本，中华书局2001年版，第29–30页。据孙诒让的相关注解，清毕沅认为："《周书》云：'《夏箴》曰：小人无兼年之食，遇天饥，妻子非其有也；大夫无兼年之食，遇天饥，臣妾舆马非其有也；国无兼年之食，遇天饥，百姓非其有也。'墨盖夏教，故义略同。"孙诒让指出："毕据《周书·文传》篇文，此文亦本《夏箴》而与《文传》小异。考《穀梁》庄二十八年《传》云'国无三年之畜，曰国非其国也'，与此文略同。疑先秦所传《夏箴》文本如是也。又《御览》五百八十八引胡广《百官箴叙》云'墨子著书称《夏箴》之辞'，盖即指此。若然，此书当亦称《夏箴》，与《周书》同，而今本脱之。"

② 关于《墨子》的《贵义》《耕柱》《公孟》《鲁问》《公输》五篇，梁启超、胡适等将之看作是记墨子言论行事的重要材料，体裁近于儒家的《论语》。（参见梁启超：《墨子学案》，《饮冰室合集》第8册专集39，中华书局1989年版，第7页。胡适：《中国哲学史大纲》，上海古籍出版社1997年版，第108页）

子墨子曰："古之圣王，欲传其道于后世，是故书之竹帛，镂之金石，传遗后世子孙，欲后世子孙法之也。今闻先王之遗而不为，是废先王之传也。"

这里说的"书之竹帛"，承载着先王之道，从比较宽泛的意义上来看，自也包含着历史记载，即对于先王政事及政治经验的记载。墨子认识到"书之竹帛"可以传承圣王之道，包含着这样一种思想，即历史记载是认识先王之道的重要途径，或许可以视为对历史记载之功用的认识。这在中国古代史学批评的开端时期有重要意义。

三、荀子论儒家"五经"

《荀子》一书有多处对于《诗》《书》《礼》《乐》《春秋》的明确论说，而且往往五书并举作全面评论，这在先秦诸子中并不多见，可以看作荀子史学批评的一个重要特点。荀子的评论集中反映在《劝学》《荣辱》《儒效》等篇中，兹列举有关段落如下：

故《书》者，政事之纪也；《诗》者，中声之所止也；《礼》者，法之大分，类之纲纪也，故学至乎《礼》而止矣。夫是之谓道德之极。《礼》之敬文也，《乐》之中和也，《诗》《书》之博也，《春秋》之微也，在天地之间者毕矣……《礼》《乐》法而不说，《诗》《书》故而不切，《春秋》约而不速。

况夫先王之道，仁义之统，《诗》《书》《礼》《乐》之分乎？彼固天下之大虑也，将为天下生民之属长虑顾后而保万世也，其流长矣，其温厚矣，其功盛姚远矣，非孰修为之君子莫之能知也。故曰：短绠不可以汲深井之泉，知不几者不可与及圣人之言。夫《诗》《书》《礼》《乐》之分，固非庸人之所知也。故曰：一之而可再也，有之而可久也，广之而可通也，虑之而可安也，反鈆察之而俞可好也。以治情则利，以为名则荣，以群则和，以独则足，乐意者其是邪？

圣人也者，道之管也。天下之道管是矣，百王之道一是矣，故《诗》《书》《礼》《乐》之归是矣。《诗》言是，其志也；《书》言是，其事也；《礼》言是，其行也；《乐》言是，其和也；《春秋》言是，其微也。[1]

总的来看，荀子的论述主要涉及《诗》《书》《礼》《乐》《春秋》的性质、内容、特点和功用等。

就性质和内容而言，荀子指出，《诗》《书》《礼》《乐》皆以圣人之道为依归，并分别说明了它们各自的性质与内容。《书》为“政事之纪也”，“《书》言是，其事也”，即认为《书》

---

① 分别参见《荀子》的《劝学》《荣辱》《儒效》，王先谦《荀子集解》本，中华书局1988年版，第13-16、80-82、158页。

是古代政事的记载。《诗》为“中声之所止也”[①]，“《诗》言是，其志也”，“《乐》言是，其和也”，即认为《诗》反映志向，《乐》表达中和之情。《礼》为“法之大分，类之纲纪也”，“《礼》言是，其行也”。这里，“类，谓礼法所无、触类而长者，犹律条之比附”[②]，即对于法律典制所没有明确规范的，可依此类推出一些具体的行为准则。也就是说，荀子认为《礼》是人们行为的规范，将礼与法密切结合起来，将之看作是制定法律的纲领，并由此类推出人们行为的具体准则。“《春秋》言是，其微也”，按王先谦之说，所谓“微”，“谓儒之微旨。一字为褒贬，微其文、隐其义之类是也”[③]。由此可知，荀子认为《春秋》文辞简约而包含着褒贬大义，也可以理解为《左传》所评《春秋》的“微而显，志而晦”[④]。

就特点而言，在荀子看来，《诗》《书》《礼》《乐》《春秋》各有其优点以及不足之处。比如“《诗》《书》之博也”，但“故而不切”。也就是说，《诗》《书》的内容广博，但由于主要记载古代先王之事而不切合现实。“《礼》之敬文也”，但“法而不说”。所谓“敬文”，即“礼有周旋揖让之敬、车服等级之文”。这就是说，《礼》包含着明确的礼节仪式和严格的等级观

---

① 王先谦对此作了如下解释：“此不言《乐》，以《诗》《乐》相兼也。《乐论篇》云‘乐则不能无形，形而不为道则不能无乱，先王恶其乱，故制《雅》《颂》之声以道之，使其声足以乐而不流’，与此言《诗》为中声所止可互证。”（参见《荀子·劝学》，王先谦《荀子集解》本，中华书局1988年版，第13-14页）

② 参见《荀子·劝学》，王先谦《荀子集解》本，中华书局1988年版，第14页。

③ 参见《荀子·儒效》，王先谦《荀子集解》本，中华书局1988年版，第158页。

④ 《左传·成公十四年》，杨伯峻《春秋左传注》本，中华书局1990年版，第870页。

念，但对所规定的法度没有详尽的说明。“《乐》之中和也”，即“使人得中和悦也”，但存在与《礼》相近的缺点“法而不说”，即对所规定的没有详尽的说明。“《春秋》之微也”，但“约而不速”。所谓“约而不速”，即“文义隐约，褒贬难明，不能使人速晓其意也”[①]。这就是说，《春秋》记事简约而含义深远，使人不易很快了解其中的褒贬大义等。

就功用而言，荀子认为，《诗》《书》《礼》《乐》的要旨与“先王之道”“仁义之统”相近，为“天下之大虑”，“将为天下生民之属长虑顾后而保万世也”，且底蕴深厚，功绩伟大，源远流长，需要深虑熟察才可掌握其要旨，即“夫《诗》《书》《礼》《乐》之分，固非庸人之所知也”，“非孰修为之君子莫之能知也”，这是从较高的层次上来认识的，此其一。其二，讲到了《诗》《书》《礼》《乐》的具体功用，即“以治情则利，以为名则荣，以群则和，以独则足”。这就是说，了解《诗》《书》《礼》《乐》的要旨，有益于陶冶性情、成就功名，与众人相处和睦融洽，独处时自足自乐，这是肯定了它们在人生道德修养方面的功用。

另外，荀子对《礼》极为推崇。他在《劝学》篇讲学习的内容时，指出“学恶乎始？恶乎终？曰：其数则始乎诵经，终乎读礼”[②]，“《礼》者，法之大分，类之纲纪也，故学至乎

① 有关注释参见《荀子·劝学》，王先谦《荀子集解》本，中华书局1988年版，第14、16页。

② 王先谦指出：“数，术也。经，谓《诗》《书》；礼，谓曲礼之属也。”（参见《荀子·劝学》，王先谦《荀子集解》本，中华书局1988年版，第13页）

《礼》而止矣。夫是之谓道德之极”。荀子将《礼》看作是学习的顶点，由此可以达到道德修养的最高境界。他在讲到学习的途径时认为：

> 学之经莫速乎好其人，隆礼次之。上不能好其人，下不能隆礼，安特将学杂识志，顺《诗》《书》而已耳，则末世穷年，不免为陋儒而已。将原先王，本仁义，则礼正其经纬蹊径也。若挈裘领，诎五指而顿之，顺者不可胜数也。不道礼宪，以《诗》《书》为之，譬之犹以指测河也，以戈舂黍也，以锥餐壶也，不可以得之矣。故隆礼，虽未明，法士也；不隆礼，虽察辩，散儒也。①

在荀子看来，“礼”是“原先王，本仁义”的最好途径，脱离了礼而仅言《诗》《书》，是不能达到目的的。他在《儒效》篇中还以是否能够“隆礼义而杀《诗》《书》”作为“俗儒”与“雅儒”的一个重要区别。当然，“隆”与“杀”是相对而言的，主要反映了荀子对礼的重视与推崇。而隆礼作为荀子思想的重要特色，也是他继承、发展孔子思想的一个重要方面。荀子所说的“礼”，内涵丰富，作为“法之大分，类之纲纪”的《礼》理应包括在内。

荀子关于《诗》《书》《礼》《乐》《春秋》的评论比较全

① 《荀子·劝学》，王先谦《荀子集解》本，中华书局1988年版，第16–20页。

面，尤其是关于它们得失的分析以及所总结的“故而不切”“法而不说”“约而不速”等，包含着朴素的辩证色彩，反映出中国古代史学批评在开端时期的方法论色彩。荀子以外，《庄子·天下》篇也有关于《诗》《书》《礼》《乐》《春秋》的认识，指出：“《诗》以道志，《书》以道事，《礼》以道行，《乐》以道和，《易》以道阴阳，《春秋》以道名分。”这一认识显然是对孔子思想的一种继承，同时也说明，先秦时期人们关于《诗》《书》《礼》《乐》《春秋》的认识基本相通。这种认识对后世有着重要的影响，尤为突出者如司马迁在《史记·太史公自序》中对于六经的系统评论，以及扬雄所讲“说事者莫辩乎《书》，说体者莫辩乎《礼》，说志者莫辩乎《诗》，说理者莫辩乎《春秋》”[①] 等。这表明，不论是从思想史的领域来看，还是从史学批评的领域来看，其中都贯穿着对“五经”或“六经”的评论。

四、《吕氏春秋》对史官和史学方法的认识

前述《吕氏春秋》在运用历史知识论证已说方面有相当的成效，不仅如此，它在史学批评方面也有较多的成就，这种成就主要表现在它对先秦史官和史学方法提出了有意义的认识或评论。

首先来看关于先秦史官的认识。《吕氏春秋》有关于先秦史官的记载，如《先识览·先识》讲有道者必有先见之明，它开

① 扬雄：《法言·寡见》，汪荣宝《法言义疏》本，中华书局1987年版，第215页。

篇指出："凡国之亡也，有道者必先去，古今一也。"继而一一列举了夏太史令终古、殷内史向挚和晋太史屠黍之例，其文如下：

> 夏太史令终古出其图法，执而泣之。夏桀迷惑，暴乱愈甚，太史令终古乃出奔如商……殷内史向挚见纣之愈乱迷惑也，于是载其图法，出亡之周……晋太史屠黍见晋之乱也，见晋公之骄而无德义也，以其图法归周。

夏太史令终古、殷内史向挚和晋太史屠黍皆因君主暴虐昏乱而预见其要亡国，于是"载其图法"离开其国。三人皆为史官，"图法"是他们所掌管的文献典册等。从《吕氏春秋》的论述中，一方面反映了它将史官看作是有道之人，肯定其在政治上的预见性；另一方面反映出史官具有掌管文献典册的职守，即使在亡国之际依然坚守这一重任。

关于晋太史屠黍之史事，此篇记述尤详，除了预见晋国将亡之外，还预言中山国和周相继灭亡，其文如下：

> 晋太史屠黍见晋之乱也，见晋公之骄而无德义也，以其图法归周。周威公见而问焉，曰："天下之国孰先亡？"对曰："晋先亡。"威公问其故。对曰："臣比在晋也，不敢直言。示晋公以天妖，日月星辰之行多以不当，曰：'是何能为？'又示以人事多不义，百姓皆郁怨，曰：'是何能伤？'

又示以邻国不服，贤良不举，曰：‘是何能害？’如是，是不知所以亡也，故臣曰晋先亡也。”居三年，晋果亡。威公又见屠黍而问焉，曰：“孰次之？”对曰：“中山次之。”威公问其故。对曰：“天生民而令有别。有别，人之义也，所异于禽兽麋鹿也，君臣上下之所以立也。中山之俗，以昼为夜，以夜继日，男女切倚，固无休息，康乐，歌谣好悲。其主弗知恶。此亡国之风也，臣故曰中山次之。”居二年，中山果亡。威公又见屠黍而问焉，曰：“孰次之？”屠黍不对。威公固问焉。对曰：“君次之。”威公乃惧。求国之长者，得义莳、田邑而礼之，得史驎、赵骈以为谏臣，去苛令三十九物，以告屠黍。对曰：“其尚终君之身乎！”曰：“臣闻之，国之兴也，天遗之贤人与极言之士；国之亡也，天遗之乱人与善谀之士。”威公薨，肂，九月不得葬，周乃分为二。故有道者之言也，不可不重也。[①]

这里，晋太史屠黍不仅仅是向周威公预见了晋、中山和周的相继灭亡，更重要的是，他还分别揭示了其亡国之故，即“知其然”又“知其所以然”。在屠黍看来，“人事多不义，百姓皆郁怨”“邻国不服，贤良不举”等都是亡国的迹象，他甚至明确提出：“国之兴也，天遗之贤人与极言之士；国之亡也，天遗之乱人与善谀之士。”这是讲到了贤良、直谏之臣或阿谀奉承之臣

① 《吕氏春秋·先识览·先识》，许维遹《吕氏春秋集释》本，中华书局 2009 年版，第 396-398 页。

与国之兴亡的关系。这些对国家兴亡之故的辨析，在中国古代历史理论中具有一定的意义。从史学批评的视角来看，文末讲“故有道者之言也，不可不重也”，再次指出晋太史屠黍为“有道者”，并强调要重视其言论，即对国家治乱兴亡之道的认识，从而充分肯定了史官在治国中的作用。尽管从“居三年，晋果亡”“居二年，中山果亡”“周乃分为二”的记载来看，晋太史屠黍的预言未免有所夸大，或者是附会之言，《吕氏春秋》以此说明国家兴亡之道以及史官在政治中的重要地位，还是有积极意义的。

又如《恃君览·召类》篇所言史默之事：

> 赵简子将袭卫，使史默往睹之，期以一月，六月而后反。赵简子曰：“何其久也？”史默曰：“谋利而得害，犹弗察也？今蘧伯玉为相，史鳅佐焉，孔子为客，子贡使令于君前，甚听。《易》曰：‘涣其群，元吉。’涣者，贤也。群者，众也。元者，吉之始也。‘涣其群，元吉’者，其佐多贤也。”赵简子按兵而不动。凡谋者，疑也。疑则从义断事，从义断事则谋不亏，谋不亏则名实从之。贤主之举也，岂必旗偾将毙而乃知胜败哉？察其理而得失荣辱定矣。故三代之所贵，无若贤也。

史默亦作史墨，是春秋晚期晋国大夫赵简子的家史。[1] 这里，他着重从用人的角度来考察卫国的情况，其中讲到蘧伯玉、史鳅、孔子、子贡诸人，认为卫国多贤者，并称引《易》说明贤人辅佐则国治，由此劝谏赵简子放弃攻卫。从这一史事的叙述中可以看出，史默对于《易》的熟悉，他称引其言以资政，这自然也是对于《易》之功用的一种认识，此其一。其二，他肯定贤人对于治国的作用，而所赞许的史鳅即是卫国史官，这也是对于史官政治作用的一种重视。其三，联系此篇所讲用兵之道，即“凡兵之用也，用于利，用于义”，“治则为利者不攻矣，为名者不伐矣。凡人之攻伐也，非为利则固为名也。名实不得，国虽强大，则无为攻矣”，史默由卫国之治而劝谏赵简子放弃攻卫，正是符合了这一用兵之道，可知史默之有见识；而赵简子之善纳谏，这也正是《有始览·应同》所言“解在乎史墨来而辍不袭卫，赵简子可谓知动静矣”。

其次来看《吕氏春秋》的《序意》篇，其中提到关于“十二纪”的明确认识：

> 良人请问《十二纪》。文信侯曰：尝得学黄帝之所以诲

---

① 陈奇猷指出：“史默，亦作史黯，亦作史黡，亦作蔡墨，亦作蔡史墨。默、墨古通。蔡其氏，史其官，墨名，黯字也。黡与黯通。”（参见陈奇猷：《吕氏春秋新校释》卷二〇《召类》，上海古籍出版社2002年版，第1380页）史墨的事迹载于《左传》和《国语·晋语九》，其中《左传·昭公二十九年》“魏献子问于蔡墨”处，杜预注：“蔡墨，晋大史。”杨伯峻注：“下文称之蔡史墨，三十一年《传》称为史墨。哀二十年《传》有史黯，据杜《注》及《晋语九》、《郑语》韦《注》，即史墨。《吕氏春秋·召类篇》又作史默。《说苑·尊贤篇》《宋书·乐志》并见其人。盖其人姓蔡，官大史，墨其名，黯其字，默则同音假借。”（参见《左传·昭公二十九年》，杨伯峻《春秋左传注》本，中华书局1990年版，第1500页）

颛顼矣，爰有大圜在上，大矩在下，汝能法之，为民父母。盖闻古之清世，是法天地。凡《十二纪》者，所以纪治乱存亡也，所以知寿夭吉凶也。上揆之天，下验之地，中审之人，若此则是非可不可无所遁矣。[1]

据《史记·吕不韦列传》载："庄襄王元年，以吕不韦为丞相，封为文信侯。"可知，这里所讲或为吕不韦对于所集论之书的一种诠释或说明。在他看来，"十二纪"的编次根据是古之"法天地"的思想，其主旨在于"所以纪治乱存亡也，所以知寿夭吉凶也"，即记载国家的治乱存亡之道，了解人事的寿夭吉凶之理，其中包含着鲜明的历史意识。司马迁讲《吕氏春秋》旨在"备天地万物古今之事"[2]，可谓得其要旨。篇中，吕不韦还讲到了具体的思想原则，如"上揆之天，下验之地，中审之人"等。有学者认为这些都是所谓黄老道德思想，并将此看作吕不韦

① 《吕氏春秋·序意》，许维遹《吕氏春秋集释》本，中华书局2009年版，第273–274页。关于此篇的性质，历来有两种看法：一是认为此篇为全书总序，因文字有残缺，无法得知原貌。据《史记》的《吕不韦列传》和《十二诸侯年表》序，《吕氏春秋》以八览、六论、十二纪为次，此篇在十二纪之后，本应在全书之末，后人移易至篇中。二是认为此篇非全书之序，而仅为"十二纪"的序。《吕氏春秋》十二纪、八览、六论非成于一时，亦非成于一地，其中"十二纪"成书最早。"十二纪"成即暴之咸阳市门，此《序意》即暴咸阳市门之"十二纪"之序，故殿此"十二纪"之末。（具体参见陈奇猷：《吕氏春秋新校释》卷一二《序意》，上海古籍出版社2002年版，第655页。牟钟鉴：《〈吕氏春秋〉与〈淮南子〉思想研究》，齐鲁书社1987年版，第9–11页）

② 司马迁：《史记》卷八五《吕不韦列传》，中华书局1982年版，第2510页。

在主观上“有意畸重于道家”的表现[①]。

另外，《吕氏春秋·慎行论·察传》篇讲审察传闻以及历史记载的重要性，反映了对史学方法的一种认识。它开篇指出：“夫得言不可以不察，数传而白为黑，黑为白，故狗似玃，玃似母猴，母猴似人。人之与狗则远矣，此愚者之所以大过也。闻而审则为福矣，闻而不审，不若无闻矣。”强调了审察传闻的必要性，继而它列举了三个具体的事例：

凡闻言必熟论，其于人必验之以理。鲁哀公问于孔子曰：“乐正夔一足，信乎？”孔子曰：“昔者舜欲以乐传教于天下，乃令重黎举夔于草莽之中而进之，舜以为乐正。夔于是正六律，和五声，以通八风，而天下大服。重黎又欲益求人，舜曰：‘夫乐，天地之精也，得失之节也，故唯圣人为能和，乐之本也。夔能和之，以平天下。若夔者，一而足矣。’故曰夔一足，非一足也。”宋之丁氏，家无井而出溉汲，常一人居外。及其家穿井，告人曰：“吾穿井得一人。”有闻而传之者曰：“丁氏穿井得一人。”国人道之，闻之于宋君，宋君令人问之于丁氏，丁氏对曰：“得一人之使，非

① 参见侯外庐、赵纪彬、杜国庠：《中国思想通史》第一卷，人民出版社1957年版，第658-659页。按：有的学者往往根据《序意》篇所言说明全书的性质，如张富祥认为开篇所讲“尝得学黄帝之所以诲颛顼矣”，“毫不掩饰地道出了吕不韦欲以此书训导秦王政的苦心”，由此表明此书的性质是一部王政全书。彭忠德指出：“吕不韦欲效仿‘黄帝之所以诲颛顼’，使秦王政按书中圣明天子的模式塑造自己，成为有‘道’之主。换句话说，《吕氏春秋》的主旨是君主论，其主要内容有两点：一是治理天下的政治蓝图，二是如何为天子的君主论。”（分别参见张富祥：《王政全书：〈吕氏春秋〉与中国文化》，河南大学出版社2001年版，第18-19页。彭忠德：《秦前史学史研究》，湖北人民出版社2004年版，第232页）

得一人于井中也。”求能之若此，不若无闻也。

子夏之晋，过卫，有读史记者曰：“晋师三豕涉河。”子夏曰：“非也，是己亥也。夫‘己’与‘三’相近，‘豕’与‘亥’相似。”至于晋而问之，则曰“晋师己亥涉河”也。辞多类非而是，多类是而非。是非之经，不可不分，此圣人之所慎也。然则何以慎？缘物之情及人之情以为所闻，则得之矣。

这里依次讲到了孔子向鲁哀公正“乐正夔一足”之事、宋之丁氏“穿井得一人”之事，以及子夏纠读史记者之误等，反映了要慎重地对待传闻和历史记载。文中还提出了审察的原则或方法，即“缘物之情及人之情以为所闻，则得之矣”，这就是说要考虑到事物的实际情况和人之常情，从而明辨其是非真伪。此篇“在中国史学史上是第一次比较系统地提到审察历史资料的重要性，提到有关的事例和依据”①，其中有的认识在史学批评上具有方法论意义。

先秦诸子的史学批评是诸子批评意识的反映，而这种批评意识还鲜明地表现在他们对于各家各派的学术评论中，较为典型的如《庄子·天下》，《荀子》的《天论》《解蔽》《非十二子》，《韩非子·显学》以及《吕氏春秋·不二》等。它们从不同的学术立场出发，对其所认识的诸子或学派进行批判总结，反映了先

① 白寿彝：《中国史学史》第一卷，上海人民出版社 2006 年版，第 241 页。

秦时期诸子学术发展的活跃局面，在中国思想史上具有十分重要的意义。不仅如此，先秦诸子在学术评论中，还明确提出了一些方法或观点，如荀子著《解蔽》篇，应用解蔽的方法去揭示各家学术之蔽，韩非著《显学》篇，在评述儒墨两家的同时提出了“参验”的必要性。从史学史的角度来看，前者是分析、运用历史资料的重要方法，后者是辨别历史资料真伪的重要方法，反映了先秦诸子在中国史学史上的贡献。

以上主要阐发了墨子、荀子与《吕氏春秋》的史学批评思想。此外，第二章所讲孔子论“良史”，孟子评孔子《春秋》以及史书与时代关系等，也是先秦诸子史学批评的重要内容，并在中国古代史学批评史上产生了极其深刻的影响。从总体上来看，先秦诸子作为思想家，他们的史学批评蕴含在对于历史知识和传世典籍的认识和运用之中，具体表现为对史官、史书和史学现象的评论。他们的评论很零散，评论对象比较单一，却也提出了一些有分量的问题，丰富了先秦时期史学批评发展的内涵。

第二节　两汉思想家评《史记》

一、推崇司马迁的学识与直书精神

继先秦诸子之后，两汉时期的思想家继续在史学批评的发展中发挥着一定的作用，再次显示出思想家与史学批评之间的密切联系。两汉思想家的史学批评依然比较零散，但与先秦诸子相较，有了更为明确的评论焦点。他们的评论焦点一方面集中于司马迁《史记》，另一方面集中于《诗》《书》《易》《礼》《春秋》五经，构成了这一时期思想家史学批评发展的两条主线。

先来看关于司马迁《史记》的评论。两汉时期，扬雄、桓谭、王充等一些著名的思想家都十分关注司马迁《史记》，并发表了许多直接评论，构成了这一时期史学批评发展的主要内容，也从思想的层面折射出《史记》的成就与影响。总体来看，他们的评论主要涉及三个方面，一是推崇司马迁的学识与直书精神；二是评司马迁的学术思想与《史记》的性质；三是评《史记》的取材、体例和具体内容。他们的评论虽不成系统，但于零散的论说之中往往显现出深刻的见解，其中最为明显的是对司马迁直书精神和学识的推重与肯定。

第一，充分肯定司马迁记事的真实性。

扬雄（前53—18），字子云，西汉蜀郡成都（今四川成都）人，思想家，其代表作为《法言》《太玄》。他最先称赞《史记》为"实录"，《法言·重黎》载："或问《周官》。曰：立事。《左氏》。曰：品藻。太史迁。曰：实录。"这里的"太史迁"，是指太史公司马迁所撰的《太史公书》即《史记》。扬雄认为，《周官》《左氏》与《史记》各有其突出的特点，《周官》确立了行事准则，《左氏》评论了各种人物，《史记》则表现为记载的真实可信。扬雄的"实录"说是对司马迁《史记》的极高评价，也是目前所见历史文献中明确评论《史记》为"实录"的最早记载。扬雄未对"实录"的内涵作具体说明，后在班固那里有了进一步的阐释，对后世史学及史学批评产生了重要影响。

王充（27—97），字仲任，东汉会稽上虞（今浙江上虞）人，思想家。白寿彝先生指出："王充是著名的唯物主义哲学家，而不是史学家，但他的批判性的论断，其中多与历史理论有关，这也应该是属于中国史学史的光辉思想。"[①] 同时，王充也有许多史学批评方面的见解。他在《论衡》中多次明确肯定司马迁记事的真实性，如《感虚》篇言"太史公书汉世实事之人"；《案书》篇说"子长少臆中之说"，认为司马迁很少有主观臆断之言。另外，王充在《对作》篇讲道：

> 世间书传，多若等类，浮妄虚伪，没夺正是。心渍涌，笔手扰，安能不论？论则考之以心，效之以事，浮虚之事，辄立证验。若太史公之书，据许由不隐，燕太子丹不使日再中，读见之者，莫不称善。

这既指出了他作《论衡》的原因在于改变"浮妄虚伪，没夺正是"的风气，又说明了"考之以心，效之以事"的考证原则，进而表明以司马迁所撰许由、燕太子丹之事为榜样。二事详见于《史记》的《伯夷列传》和《刺客列传》，司马迁的记载

① 白寿彝：《中国史学史》第一卷，上海人民出版社2006年版，第36页。

表现出考之以文、验之以事的辨析精神[①]。王充认为“读见之者，莫不称善”，认可、赞扬了司马迁的这种考证精神。

再者，王充在论证自己的思想观点时，往往以《史记》所载为依据，这也是思想家运用历史知识的突出表现。如《道虚》篇批判修道成仙的谬论，其中讲到汉武帝时李少君成仙“尸解”之事，王充对此予以驳斥，认为：“太史公与李少君同世并时，少君之死，临尸者虽非太史公，足以见其实矣。如实不死，尸解而去，太史公宜纪其状，不宜言死。”按司马迁在《史记·封禅书》中明载“李少君病死”，王充相信司马迁的记载，并以此来驳斥修道成仙不死的谬论。又如《感虚》篇、《变动》篇批判了人的至诚可以感动上天的天人感应论，其中列举了燕太子丹“使日再中，天雨粟”“邹衍之呼天而霜降”的说法，王充皆以《史记》所载为据进行了反驳。关于前者，王充指出：“太史公曰：‘世称太子丹之令天雨粟，马生角，大抵皆虚言也。’太史公书汉世实事之人，而云‘虚言’，近非实也。”关于后者，王充认为：“范睢为须贾所谗，魏齐僇之，折干折胁。张仪游于楚，楚相掠之，被捶流血。二子冤屈，太史公列记其状。邹衍见拘，睢、仪之比也，且子长何讳不言？案《衍列传》，不言见拘

① 关于许由之事，见于《史记·伯夷列传》，“说者曰尧让天下于许由，许由不受，耻之逃隐”，对此司马迁提出质疑：“余登箕山，其上盖有许由冢云。孔子序列古之仁圣贤人，如吴太伯、伯夷之伦详矣。余以所闻由、光义至高，其文辞不少概见，何哉?”关于燕太子丹之事，见于《史记·刺客列传》，司马迁指出：“世言荆轲，其称太子丹之命，‘天雨粟，马生角’也，太过。又言荆轲伤秦王，皆非也。始公孙季功、董生与夏无且游，具知其事，为余道之如是。”司马迁通过采取当事人的见闻，驳斥了当时的传言。(分别参见司马迁：《史记》卷六一《伯夷列传》、卷八六《刺客列传》，中华书局 1982 年版，第 2121、2538 页)

而使霜降。伪书游言，犹太子丹使日再中，天雨粟也。由此言之，衍呼而霜降，虚矣！”[①] 这里所说的《衍列传》，是指司马迁为邹衍写的传，附在《史记·孟子荀卿列传》之中。在王充看来，司马迁为书实事之人，他既然没有记载邹衍被拘囚而使天降霜的事，说明此事是不可信的。类似的例子还有一些，不一一赘述。这些都足以表明王充对《史记》的高度评价，也足以证明《史记》所述史事进一步丰富了王充的朴素唯物思想。

第二，推崇司马迁的学识。

桓谭（约前23—50），字君山，沛国相（今安徽淮北）人，两汉之际的思想家，其代表作为《新论》。他对司马迁十分推崇，认为："通才著书以百数，唯太史公为广大，余皆丛残小论，不能比之。"[②] 不仅将司马迁誉为"通才"，而且指出其他著作不能与《史记》相比拟。另外，他还讲道"太史公不典掌书记，则不能条悉古今"[③]，在肯定司马迁《史记》"条悉古今"的同时，也分析了其中的缘由在于司马迁"典掌书记"的有利条件，即司马迁任太史令，能够博览群书。这是强调了占有历史资料对于历史撰述的重要性。

王充在《论衡》中称赞司马迁学识的地方也很多。如《定贤》篇指出："若太史公及刘子政之徒，有主领书记之职，则有博览通达之名矣。"王充赞誉司马迁"博览通达"，并认为这得

① 以上参见王充《论衡》的《感虚》《变动》，黄晖《论衡校释》本，中华书局1990年版，第236、659页。底本原作"睢"，此处从之。

② 李昉等编：《太平御览》卷六〇二"著书下"，中华书局1960年版，第2709页。

③ 桓谭：《新论·求辅》，上海人民出版社1977年版，第9页。

益于其“主领书记之职”，与前面桓谭所论相近，即强调了历史资料的重要性。又如《案书》篇指出“太史公汉之通人也”，将司马迁看作是汉代通晓古今之人。篇中又云：“汉作书者多，司马子长、扬子云，河、汉也；其余，泾、渭也。”表现出对司马迁与扬雄的推崇，认为汉代其他著书者皆不如此二人。

王充在《书解》篇将儒生分为文儒与世儒，即“著作者为文儒，说经者为世儒”，并指出文儒贤于世儒。他讲道：“世儒业易为，故世人学之多，非事可析第，故官廷设其位。文儒之业，卓绝不循，人寡其书，业虽不讲，门虽无人，书文奇伟，世人亦传。彼虚说，此实篇，折累二者，孰者为贤？”不仅如此，“世儒当时虽尊，不遭文儒之书，其迹不传”，即世儒的名声需要依靠文儒之书得以流传。王充将司马迁列为“文儒”，认为“其材能若奇，其称不由人”，并能够记载世儒的事迹以显其名，如“世传《诗》家鲁申公、《书》家千乘欧阳、公孙，不遭太史公，世人不闻”。这是称赞司马迁在《史记·儒林列传》中对于汉代儒家学者的记述。

前述《汉书·司马迁传》后论载扬雄“称迁有良史之材”，也是对司马迁学识的一种称赞。上述几位思想家，从各自不同的角度一致推崇了司马迁的学识。

二、评司马迁的学术思想与《史记》的性质

两汉思想家在推崇司马迁的学识和直书精神的同时，也多指责司马迁思想上的异端倾向，并对《史记》的性质提出了个人

的见解。

扬雄对司马迁的思想提出异议，指出："太史公记六国，历楚汉，讫麟止，不与圣人同，是非颇谬于经。"[①] 又据《法言·寡见》载："或问：'司马子长有言，曰《五经》不如《老子》之约也，当年不能极其变，终身不能究其业。'曰：'若是，则周公惑，孔子贼。'"这是不赞同司马迁所录司马谈《论六家要指》中对于儒家的批评。扬雄评司马迁"不与圣人同，是非颇谬于经"，基于其正宗儒学的立场，主要针对《史记》中某些不完全符合儒家思想的言论或观点。扬雄极为推崇孔子及《五经》，他认为"舍《五经》而济乎道者，末矣"，"众言淆乱则折诸圣"[②]，强调以孔子之言或五经作为评论是非的标准。他在《法言》中以儒家的伦理道德观念如忠、义、仁等为标准评论了很多历史人物，其中许多观点与司马迁所论不同，可以看作是扬雄批评司马迁"不与圣人同"的具体表现，也可以据此了解二人思想的异趣所在。比如，关于秦末农民起义领袖陈胜、吴广，扬雄讲道："或问'陈胜、吴广'。曰：'乱。'曰：'不若是则秦不亡。'曰：'亡秦乎？恐秦未亡而先亡矣。'"[③] 他完全否定陈胜、吴广在推翻秦皇朝统治中所起到的作用，斥之为"乱"。而司马迁则为陈胜立世家，认为"秦失其政，而陈涉发迹，诸侯作难，风起云蒸，卒亡秦族。天下之端，自涉发难"[④]，充分肯

---

① 班固：《汉书》卷八七下《扬雄传下》，中华书局1962年版，第3580页。
② 扬雄：《法言·吾子》，汪荣宝《法言义疏》本，中华书局1987年版，第67、82页。
③ 扬雄：《法言·重黎》，汪荣宝《法言义疏》本，中华书局1987年版，第337页。
④ 司马迁：《史记》卷一三〇《太史公自序》，中华书局1982年版，第3310-3311页。

定了陈胜、吴广亡秦“首事”的历史功绩。关于游侠，扬雄指责为“窃国灵也”[①]，即盗用国家的生死予夺大权，危害了统治秩序。而司马迁则在《游侠列传》中称道了游侠“其言必信，其行必果，已诺必诚，不爱其躯，赴士之厄困，既已存亡死生矣，而不矜其能，羞伐其德”的高尚人格、品质，认为他们“仁者有乎”“义者有取焉”，并为先秦游侠事迹的失传而感到遗憾，指出“自秦以前，匹夫之侠，湮灭不见，余甚恨之”[②]。关于货殖，扬雄譬之为吸血之蚊，指责他们对于国家经济利益的损害。而司马迁则充分肯定了这些工商业者在经济发展中的作用，认为：“布衣匹夫之人，不害于政，不妨百姓，取与以时而息财富，智者有采焉。”[③] 以上内容，反映了扬雄和司马迁在评价历史人物上的思想差异，其中扬雄往往是从维护皇朝统治的立场出发，反映了正宗的儒学思想。

应当指出的是，扬雄并不是完全否定司马迁的思想，《法言·君子》篇讲道：“淮南说之用，不如太史公之用也。太史公，圣人将有取焉；淮南，鲜取焉尔。”在扬雄看来，《史记》的价值高于《淮南子》，其中一些内容符合儒家的思想观念，有其可取之处。这一点，也可以从扬雄《法言》对具体历史人物的评价中反映出来。如关于李斯，扬雄指出：“或问：‘李斯尽忠，胡亥极刑，忠乎？’曰：‘斯以留客，至作相，用狂人之言，

① 扬雄：《法言·渊骞》，汪荣宝《法言义疏》本，中华书局 1987 年版，第 460 页。

② 司马迁：《史记》卷一二四《游侠列传》，卷一三〇《太史公自序》，中华书局 1982 年版，第 3181、3183、3318 页。

③ 司马迁：《史记》卷一三〇《太史公自序》，中华书局 1982 年版，第 3319 页。

从浮大海，立赵高之邪说，废沙丘之正，阿意督责，焉用忠？’”[1] 这里，扬雄指出了李斯的诸条过失，如听从赵高的阴谋而废太子扶苏立胡亥、向秦二世献督责之术等，认为他并非忠。再来看司马迁对李斯的评价：“李斯以闾阎历诸侯，入事秦，因以瑕衅，以辅始皇，卒成帝业，斯为三公，可谓尊用矣。斯知六艺之归，不务明政以补主上之缺，持爵禄之重，阿顺苟合，严威酷刑，听高邪说，废嫡立庶。诸侯已畔，斯乃欲谏争，不亦末乎！人皆以斯极忠而被五刑死，察其本，乃与俗议之异。”[2] 司马迁既充分肯定了李斯辅佐始皇建立帝业的功绩，也讲到了李斯的过失所在，从而否定了俗议“斯极忠”。通过比较可以看出，关于李斯的过失，司马迁与扬雄的认识是基本一致的，都没有许之以儒家道德观念里的“忠”。

桓谭间接也谈到了司马迁的学术思想。据《汉书·扬雄传》载，扬雄死后，针对时人提出扬雄之书能否传于后世的疑问时，桓谭将之比于老子之书，并提及司马迁推崇老子之书过于五经的思想。

王充对《史记》的性质提出了自己的认识，认为：“五经之兴，可谓作矣。《太史公书》、刘子政序、班叔皮传，可谓述矣。”[3] 这里，王充将司马迁的《史记》看作“述”，而不同于五经之“作”。在《论衡·超奇》篇，王充对“作”与“述”的

---

① 扬雄：《法言·重黎》，汪荣宝《法言义疏》本，中华书局1987年版，第382页。
② 司马迁：《史记》卷八七《李斯列传》，中华书局1982年版，第2563页。
③ 王充：《论衡·对作》，黄晖《论衡校释》本，中华书局1990年版，第1180-1181页。

区别是这样论述的：

> 孔子得《史记》以作《春秋》，及其立义创意，褒贬赏诛，不复因《史记》者，眇思自出于胸中也。
>
> 或抽列古今，纪著行事，若司马子长、刘子政之徒，累积篇第，文以万数，其过子云、子高远矣，然而因成纪前，无胸中之造。

从上述引文来看，王充所讲“作”与“述”的区别在于有无“胸中之造”。联系司马迁“究天人之际，通古今之变，成一家之言”[①] 的撰述宗旨及其巨大成功，从今天的认识来看，王充以《史记》为“述”的评论并不中肯。王充此论，既有经学盛行的时代背景的原因，又受司马迁在答壶遂问时所说“余所谓述故事，整齐其世传，非所谓作也，而君比之于《春秋》，谬矣”[②] 的影响。因此，王充提出上述看法，也是可以理解的。

此外，王充认为司马迁《史记》有歌颂汉家盛德之功。他在《须颂》篇指出：“高祖以来，著书者不讲论汉。司马长卿为《封禅书》，文约不具。司马子长纪黄帝以至孝武。扬子云录宣帝以至哀、平。陈平仲纪光武。班孟坚颂孝明。汉家功德，颇可观见。”[③] 按此篇主旨，意在说明汉世功德盛广，但需要有“鸿

---

① 司马迁：《报任安书》，见班固：《汉书》卷六二《司马迁传》，中华书局 1962 年版，第 2735 页。

② 司马迁：《史记》卷一三〇《太史公自序》，中华书局 1982 年版，第 3299-3300 页。

③ 王充：《论衡·须颂》，黄晖《论衡校释》本，中华书局 1990 年版，第 854 页。

笔之臣”加以记载颂扬，否则后世不知汉德之盛。在王充看来，司马迁《史记》记载了黄帝至汉武帝之间的史事，其中有歌颂汉家功德的内容。联系司马迁在与壶遂辩论时所谈到的治世作史传统以及对于史家职责的理解，提出“余尝掌其官，废明圣盛德不载，灭功臣世家贤大夫之业不述，堕先人所言，罪莫大焉”[①]，可以认为，王充所讲有其积极的意义。当然，司马迁的《史记》并非仅仅记述“明圣盛德”，他的“见盛观衰”的思想和方法揭示了汉朝盛世景象背后的社会危机及种种衰象，具有同样重要的历史启示意义。

三、评《史记》的取材、体例和具体内容

两汉思想家对于《史记》的取材、体例及具体内容等也提出一些评论。扬雄认为司马迁在取材上具有“多知为杂”及“爱奇”的特点。他指出：“或曰：‘淮南、太史公者，其多知与？曷其杂也！’曰：‘杂乎杂！人病以多知为杂，惟圣人为不杂。’书不经，非书也；言不经，非言也。言、书不经，多多赘矣。”[②] 很明显，扬雄以是否符合经意来评论书和言论，他认为《淮南子》和司马迁《史记》虽然知识丰富，但却导致思想上的驳杂，有不符合经意之处，即所谓“多知为杂”。他在《君子》篇指出：“多爱不忍，子长也。仲尼多爱，爱义也；子长多爱，爱奇也。”在扬雄看来，司马迁撰《史记》多有偏爱而不忍割

① 司马迁：《史记》卷一三〇《太史公自序》，中华书局 1982 年版，第 3299 页。
② 扬雄：《法言·问神》，汪荣宝《法言义疏》本，中华书局 1987 年版，第 163–164 页。

舍，至于“多爱”的内容，扬雄将之与孔子作了比较，提出了二者本质上的不同，即孔子爱义，司马迁爱奇。

扬雄所评主要针对《史记》的取材特点而言，但从根本上来说是对司马迁思想的批评，与前述司马迁“是非颇谬于经”的评论相一致。关于司马迁“爱奇”的具体表现，可以从扬雄与司马迁对于历史人物的不同评论中反映出来。例如，关于苏秦、张仪，扬雄评为“诈人也，圣人恶诸”[①]，认为他们的狡诈违背了儒家的仁义道德；而司马迁则分别为二人立传，肯定了他们在战国时代合纵连横的才智，认为“此两人真倾危之士哉”[②]。又如关于聂政、荆轲等刺客，扬雄认为他们的所作所为“实壮士之靡也，焉可谓之义也”[③]，即不符合儒家之义；而司马迁却专立《刺客列传》，认为他们“其义或成或不成，然其立意较然，不欺其志，名垂后世，岂妄也哉”[④]。再如关于佞幸，扬雄认为“不料而已”[⑤]，即根本不值一提；而司马迁则为其立传，指出：“夫事人君能说主耳目，和主颜色，而获亲近，非独色爱，能亦各有所长。”[⑥] 从中可以看出，扬雄认为那些不符合儒家道德观念以及不值一提的历史人物，司马迁却为之立传并对其才智予以肯定。这些或许可以看作扬雄认为司马迁“爱奇”的表现，即在选择入传人物的标准上不合于正宗的儒学思想。正如

① 扬雄：《法言·渊骞》，汪荣宝《法言义疏》本，中华书局1987年版，第442页。
② 司马迁：《史记》卷七〇《张仪列传》，中华书局1982年版，第2304页。
③ 扬雄：《法言·渊骞》，汪荣宝《法言义疏》本，中华书局1987年版，第437页。
④ 司马迁：《史记》卷八六《刺客列传》，中华书局1982年版，第2538页。
⑤ 扬雄：《法言·渊骞》，汪荣宝《法言义疏》本，中华书局1987年版，第461页。
⑥ 司马迁：《史记》卷一三〇《太史公自序》，中华书局1982年版，第3318页。

北宋宋咸对扬雄的“爱奇”所作的注释：“迁之学不专纯于圣人之道，至于滑稽、日者、货殖、游侠，九流之技皆多爱而不忍弃之。”①

扬雄评司马迁“爱奇”，是其正宗儒学思想的体现，与其所处的时代有着密切关联。但“爱奇”之说并没有完全把握司马迁为众多人物立传的真正本意。司马迁在《史记·太史公自序》中讲到自己作七十列传的宗旨，即撰述那些“扶义俶傥，不令己失时，立功名于天下”的历史人物。可以看出，司马迁评价历史人物既有“义”的道德标准，也有“功”的事功标准。他为社会各个阶层的代表人物立传，突破等级的限制，更加全面、广泛地反映社会与历史发展的面貌，充分肯定各行各业的人在历史进程中的作用，这是司马迁的卓识所在，也是《史记》成为史学名著的一个重要原因。扬雄提出的司马迁“爱奇”说，得到后人的关注与评论，由此引发出关于批评的批评，不仅丰富了关于《史记》的评论，也进一步推动了史学批评的发展。如清冯班指出：“太史公曰：‘学者载籍极博，必取信于六艺。’又曰：‘诸家言黄帝，文多不雅驯，荐绅先生难言之。’其不爱奇也明矣，芟之或未尽耳，扬雄以为多爱不忍，非也。”② 在他看来，扬雄所讲司马迁的“爱奇”是针对《史记》所采用的一些神话传说而言。他充分肯定司马迁对于文献的辨析精神，并不认可扬雄的“爱奇”说。但以“芟之或未尽耳”来解释司马迁对

① 扬雄：《法言·君子》，汪荣宝《法言义疏》本，中华书局1987年版，第508页。
② 冯班：《钝吟杂录》卷八《遗言》，《丛书集成初编》本，中华书局1985年版，第100页。

传说材料的运用，却又有些牵强附会。

关于《史记》的体例特点，桓谭、王充和张衡都有一定的论述。桓谭认为："太史《三代世表》，旁行邪上，并效《周谱》。"[①] 在他看来，司马迁作《三代世表》，形式上是模仿《周谱》。王充在《超奇》篇评周长生之才能时指出他不仅"锐于牒牍"，且"作《洞历》十篇，上自黄帝，下至汉朝，锋芒毛发之事，莫不纪载，与太史公表、纪相似类也。上通下达，故曰《洞历》"。王充讲到了《洞历》的上下限及其记事详细的特点，认为其与《史记》的表、纪相近，而他赞《洞历》"上通下达"，也就是评《史记》的表、纪，说明了其通史的性质。张衡(78—139)，字平子，东汉南阳西鄂（今河南南阳）人，科学家、文学家和思想家。他作《应间》提到"故一介之策，各有攸建，子长谍之，烂然有第"[②]，即称赞司马迁所撰列传灿然有序。另外，张衡为侍中时，曾"条上司马迁、班固所叙与典籍不合者十余事"，唐李贤等注引《衡集》指出其中的一事为"《易》称宓戏氏王天下，宓戏氏没，神农氏作，神农氏没，黄帝、尧、舜氏作。史迁独载五帝，不记三皇，今宜并录"[③]。这就是说，张衡据《易》指出司马迁在《五帝本纪》之前还应记载三皇事迹，这实则涉及《史记》记事上限的问题。关于司马

① 桓谭：《新论·离事》，上海人民出版社1977年版，第45页。

② 范晔：《后汉书》卷五九《张衡列传》，中华书局1965年版，第1904页。按此篇唐李贤等的注解："《前书音义》曰：'谍，谱第也。'与'牒'通。司马迁字子长，作《史记》，著功臣等传，烂然各有第序也。"

③ 范晔：《后汉书》卷五九《张衡列传》，中华书局1965年版，第1940页。

迁不记三皇而以《五帝本纪》开篇，基于一种审慎的辨析精神，认为五帝有其文献上的根据，这在此篇后论中有着详细的说明。张衡熟悉古代典籍，但据《易》记三皇的看法似乎有失慎重。

关于《史记》的具体内容。王充在《案书》篇集中指出司马迁记事的三处失误。第一，对公孙龙、邹衍和商鞅、管仲所著不同性质的书一并记载，使世人疑惑不知所从。王充指出：

> 公孙龙著《坚白》之论，析言剖辞，务折曲之言，无道理之较，无益于治。齐有三邹衍之书，瀁洋无涯，其文少验，多惊耳之言。案大才之人，率多侈纵，无实是之验；华虚夸诞，无审察之实。商鞅相秦，作《耕战》之术。管仲相齐，造《轻重》之篇。富民丰国，强主弱敌，公赏罚，与邹衍之书并言，而太史公两纪，世人疑惑，不知所从。①

王充认为，公孙龙、邹衍的著作“华虚夸诞，无审察之实”，“无道理之较，无益于治”，而商鞅、管仲之书“富民丰国，强主弱敌”。这两种不同性质的著作不可并言，司马迁却都

---

① 根据黄晖的注解，文中的“公赏罚，与邹衍之书并言”疑为“与公孙龙、邹衍之书不可并言”之误。论证如下：“若此文有‘公赏罚’句，则当在‘富民’句上。知者，‘公赏罚’乃其治术；‘富民丰国，强主弱敌’乃其政治所致之效。先言其效，后言其术，无此文理。其证一。此节乃评司马迁《史记》之失，以公孙龙、邹衍之虚诞无益于治，不当与商鞅、管仲并言。今本作‘与邹衍之书不可并言’，则上文公孙龙云云于义无取矣。其证二。知脱‘不可’二字者，下文‘二者不可两传，而太史公兼纪不别’，立文相同，可证。《日抄》引作：‘公孙龙、邹衍书虚夸，与管、商书相反，而太史公兼纪。’虽约举此文，但可推证此文原谓管、商书与公孙龙、邹衍书不可并言也。则今本脱‘公孙龙’三字，‘不可’二字，甚明。”（参见王充：《论衡·案书》，黄晖《论衡校释》本，中华书局1990年版，第1167页）

加以记载，则使读者疑惑，不知如何依从。可以看出，王充的批评主要针对公孙龙、邹衍之书的虚妄，从而对司马迁的记载提出了异议。这与其求真求实的思想旨趣密切相关。王充生活的时代，谶纬迷信之学蜂起，他“幽居独处，考证虚实”，花了近三十年的时间作《论衡》，意在“铨轻重之言，立真伪之平”，他多次表明这一主旨，如“是故《论衡》之造也，起众书并失实，虚妄之言胜真美也”，“《论衡》篇以十数，亦一言也，曰‘疾虚妄’”。[①] 因此，他对司马迁记载公孙龙、邹衍之书进行批评。然而他没有探究司马迁撰《史记》的苦心所在。《史记》是中国史学上第一部纪传体通史，内容几乎涵盖了社会历史的所有领域，学术思想自然包括其中。战国时期的诸子百家争鸣是先秦学术思想的重要表现，也是中国思想史上的辉煌，司马迁作《孟子荀卿列传》加以总结。邹衍、公孙龙作为先秦诸子中阴阳家和名家的著名代表，司马迁岂有不论之理？可以说，王充对公孙龙、邹衍等书虚妄的批评有其可取之处，然以此指责司马迁则有欠稳妥。

第二，记载了关于苏秦之死的两种说法，但没有作出明确的结论。王充认为：“案张仪与苏秦同时，苏秦之死，仪固知之。仪知各审，宜从仪言，以定其实，而说不明，两传其文。东海张

---

① 分别参见王充《论衡》的《对作》《佚文》，黄晖《论衡校释》本，中华书局 1990 年版，第 1179、870 页。

（冯）商亦作列传，岂《苏秦》商之所为邪？何文相违甚也？”[①] 在王充看来，苏秦之死当采用张仪的说法，司马迁不应“两传其文”。他进而猜测其中的原因，认为《苏秦列传》或许是冯商所补撰，因此出现相违的情况。按，司马迁撰《史记》，在叙事上或“著其明，疑者阙之”[②]，或是采取两存的方法将相互矛盾的材料和观点如实记录下来，反映了一种审慎求实的精神。关于苏秦之死，他在不同的列传记载了两种说法，想必是难以取舍，故而疑以传疑，以求谨慎。王充认为著书立论当“剖破浑沌，解决乱丝”，而不应“不务全疑，两传并纪，不宜明处”[③]。他强调考订是非的精神应当肯定，但以此要求史书，则有时会忽略史书撰写的原则。

第三，《三代世表》与《殷本纪》《周本纪》所载有抵牾之处。王充讲道：

> 《三代世表》言五帝三王皆黄帝子孙，自黄帝转相生，不更禀气于天。作《殷本纪》，言契母简狄浴于川，遇玄鸟

---

① 王充：《论衡·案书》，黄晖《论衡校释》本，中华书局1990年版，第1167-1168页。据黄晖的注解，文中的“张商”当是“冯商”之误，《汉书·艺文志》春秋家、《史通·古今正史》皆载冯商续《太史公书》。又，司马迁关于苏秦之死的两种记载，一是《苏秦列传》所载被齐大夫谋害而死，其文曰：“齐大夫多与苏秦争宠者，而使人刺苏秦，不死，殊而走。齐王使人求贼，不得。苏秦且死，乃谓齐王曰：‘臣即死，车裂臣于徇于市，曰“苏秦为燕作乱于齐”，如此则臣之贼必得矣。’于是如其言，而杀苏秦者果自出，齐王因而诛之。燕闻之曰：‘甚矣，齐之为苏生报仇也！’”一是《张仪列传》所载被齐王车裂而死，其文曰：“凡天下而以信约从亲相坚者苏秦，封武安君，相燕，即阴与燕王谋伐破齐而分其地；乃详有罪出走入齐，齐王因受而相之；居二年而觉，齐王大怒，车裂苏秦于市。”（分别参见司马迁：《史记》卷六九《苏秦列传》、卷七〇《张仪列传》，中华书局1982年版，第2265-2266、2292页）

② 司马迁：《史记》卷一八《高祖功臣侯者年表》，中华书局1982年版，第878页。

③ 王充：《论衡·案书》，黄晖《论衡校释》本，北京：中华书局1990年版，第1172页。

坠卵，吞之，遂生契焉。及《周本纪》，言后稷之母姜嫄野出，见大人迹，履之，则妊身，生后稷焉。夫观《世表》，则契与后稷，黄帝之子孙也；读殷、周《本纪》，则玄鸟、大人之精气也。二者不可两传，而太史公兼纪不别。案帝王之妃，不宜野出，浴于川水。今言浴于川，吞玄鸟之卵；出于野，履大人之迹，违尊贵之节，误是非之言也。[①]

王充指出，《三代世表》与《殷本纪》《周本纪》所载契、后稷的身世不同，从中反映出截然相反的思想。具体说来，按《三代世表》，契与后稷为黄帝之子孙，“不更禀气于天”；但按《殷本纪》《周本纪》，契与后稷则“玄鸟、大人之精气也”，即为天所生。他认为司马迁对此未加区别，使得前后记载矛盾，更深入地讲实则是思想的矛盾。王充提出“帝王之妃，不宜野出”的解说，不管其解说是否准确，可以看出，他是认同《史记·三代世表》的观点，而且在《奇怪》篇中他也根据《三代世表》反驳“圣人禀气于天”的虚妄性[②]。从广泛的层面上来看，王充所剖析的司马迁《史记》在天人关系上的矛盾确实存在[③]，但就

① 王充：《论衡·案书》，黄晖《论衡校释》本，中华书局1990年版，第1168–1169页。

② 《论衡·奇怪》载：“案《帝系》之篇，及《三代世表》，禹，鲧之子也；契、稷皆帝喾之子，其母皆帝喾之妃也，及尧，亦喾之子。帝王之妃，何为适草野？古时虽质，礼已设制，帝王之妃，何为浴于水？夫如是，言圣人更禀气于天，母有感吞者，虚妄之言也。”（参见王充：《论衡·奇怪》，黄晖《论衡校释》本，中华书局1990年版，第165页）

③ 如司马迁提出“究天人之际”的宗旨，在《项羽本纪》《伯夷列传》中大胆怀疑“天命”，质问“倘所谓天道，是耶？非耶？”批评项羽“此天之亡我，非战之罪也”的思想“岂不谬哉”等。但他又没有完全摆脱神秘思想的影响，如在《天官书》中讲日、月、星、云、风的变化“与政事俯仰，最近天人之符。此五者，天之感动”等。关于司马迁在“究天人之际”上的贡献及其局限性，可参考白寿彝：《史记新论》，求实出版社1981年版，第20–37页。

殷、周始祖的来源问题而言，从表面上看，司马迁的记载是冲突的，但究其根本，可以识别出司马迁的真实思想。他撰《三代世表》，取《五帝系谍》《尚书》等可信文献为据，谱列出三代的世系，其辨析极为严谨，态度极为审慎，所载契、后稷等为高辛所生自然可信。他在《殷本纪》《周本纪》记载契、后稷感天而生的传说，主要是采用了《诗·大雅》及《商颂》中的史诗篇章而保留了其中传说的成分，在记述生动的同时，也通过这些史诗反映出殷周时代若干古史的踪影。

除了指出司马迁记事的失误之外，王充还在论证己说时讲到了司马迁为个别历史人物立传的原因。如《答佞》篇指出："苏秦约六国为从，强秦不敢窥兵于关外；张仪为横，六国不敢同攻于关内。六国约从，则秦畏而六国强；三秦称横，则秦强而天下弱。功著效明，载纪竹帛，虽贤何以加之？太史公叙言众贤，仪、秦有篇，无嫉恶之文，功钧名敌，不异于贤……太史公记功，故高来祀，记录成则著效明验，揽载高卓，以仪、秦功美，故列其状。"在王充看来，苏秦、张仪在特定的时代行合纵连横之术，建立了显著功绩，司马迁因为二人的功绩值得赞美，故而为之立传。联系《史记·太史公自序》中苏秦、张仪二传的小序，即"天下患衡秦毋餍，而苏子能存诸侯，约从以抑贪强。作《苏秦列传》第九"，"六国既从亲，而张仪能明其说，复散解诸侯。作《张仪列传》第十"，以及司马迁所说作七十列传的标准"扶义俶傥，不令已失时，立功名于天下"，可以看出，王充的认识符合司马迁的撰写旨趣。再如《幸偶》篇旨在说明人们遭遇祸福都是"有幸有不幸""有偶有不偶"，即具有侥幸性和偶然性，他举佞幸之人为例，指出："佞幸之徒，闳、籍孺之辈，无德薄才，以色称媚，不宜爱而受宠，不当亲而得附，非道理之宜，故太史公为之作传。邪人反道而受恩宠，与此同科，故合其名谓之《佞幸》。无德受恩，无过遇祸，同一实也。"王充认为，佞幸之人"以色称媚"，他们受到恩宠、亲信并不符合道理，因此司马迁为之立传。再来看司马迁所言为之立传的理由："夫事人君能说主耳目，和主颜色，而获亲近，非独色爱，能亦各有所长。作《佞幸列传》第六十五。"[①] 司马迁指出他们受恩宠"非独色爱"而是"各有所长"，并没有过分强调其中的偶然性。这里，王充主要是从论证自己的思想观点出发，在把握司马迁的立传宗旨上有所偏差。

值得注意的是，王充提到司马迁《史记》与班彪之续作的比较问题：

> 孔子生周，始其本；仲舒在汉，终其末。班叔皮续《太史公书》，盖其义也。
>
> 班叔皮续《太史公书》百篇以上，记事详悉，义浃理备，观读之者以为甲，而太史公乙。[②]

---

① 司马迁：《史记》卷一三〇《太史公自序》，中华书局1982年版，第3318页。

② 分别参见王充《论衡》的《案书》《超奇》，黄晖《论衡校释》本，中华书局1990年版，第1171、615页。

王充肯定班彪续作《史记》的成就，不仅将之比拟董仲舒继承、总结孔子学说，而且称赞班彪记事详赡，旨意完备，认为班彪所续居于司马迁《史记》之上。刘知幾据此讲道："逮《史》《汉》继作，踵武相承。王充著书，既甲班而乙马；张辅持论，又劣固而优迁。"[①] 如此看来，王充开后世马、班比较的先河，而他如此高度评价班彪的《后传》，或许与他曾师事班彪有关，或许缘于他主张宣扬汉德的思想。

第三节　两汉思想家评"五经"

一、关于《春秋》等五经的评论

两汉时期的思想家史学批评的另一个焦点，是对《诗》《书》《易》《礼》《春秋》等儒家五经的评论，尤其是对于《春秋》的评论，在继承先秦学人观点的基础上有了进一步发展。

陆贾是西汉初期的政治家和思想家，他撰述的《新语》十二篇，"粗述存亡之征"[②]，总结了秦何以失天下、汉何以得天下以及古成败之国的历史经验，包含着丰富的治国思想。在《新语》的第一篇《道基》中，陆贾阐述了《春秋》《诗》《书》《礼》等五经对于仁义的重视，以此作为撰述的一种准则：

---

① 刘知幾：《史通·鉴识》，浦起龙《史通通释》本，上海古籍出版社2009年版，第190页。
② 司马迁：《史记》卷九七《郦生陆贾列传》，中华书局1982年版，第2699页。

《春秋》以仁义贬绝，《诗》以仁义存亡，《乾》《坤》以仁和合，《八卦》以义相承，《书》以仁叙九族，君臣以义制忠，《礼》以仁尽节，乐以礼升降。

显然，这是从儒家五经的角度强调了仁义的重要性。在此基础上，陆贾进一步阐述了以仁义为本的治国思想，指出“仁者道之纪，义者圣之学”，“万世不乱，仁义之所治也”。此外，对于《春秋》的功用，陆贾也有明确的论述，他这样讲道：

道近不必出于久远，取其致要而有成。《春秋》上不及五帝，下不至三王，述齐桓、晋文之小善，鲁之十二公，至今之为政，足以知成败之效，何必于三王？①

在陆贾看来，《春秋》所记主要是齐桓、晋文及“鲁之十二公”时期的史事，从中可以“知成败之效”，汲取一定的历史经验教训。以《春秋》为例，陆贾讲到了借鉴历史经验的一个道理，即“道近不必出于久远，取其致要而有成”。这就是说，以历史经验为借鉴，是以获得成功为目的，而不必舍近求远，一味寻求古代的借鉴。即如《春秋》没有记述五帝三王，同样“足以知成败之效”。这里，陆贾关于《春秋》的认识，已经不同于先秦学人关于《春秋》在经世方面的惩劝功用，而是强调其对

① 陆贾：《新语·术事》，王利器《新语校注》本，中华书局1986年版，第41页。

现实政治的一种历史借鉴。而他关于借鉴历史经验道理的论述，与后来司马迁所讲“居今之世，志古之道，所以自镜也，未必尽同”[①] 基本相通。从中也可以看出，西汉学人在如何正确地认识历史并以历史观照现实的问题上有着许多共同的认识与思考。

西汉淮南王刘安组织人编写的《淮南子》，向来被视为西汉前期道家的代表作。书中提到对《诗》《书》《易》《礼》《乐》《春秋》等儒家六经的全面认识：

> 五行异气而皆适调，六艺异科而皆同道。温惠柔良者，《诗》之风也；淳庞敦厚者，《书》之教也；清明条达者，《易》之义也；恭俭尊让者，礼之为也；宽裕简易者，乐之化也；刺几辩义者，《春秋》之靡也。故《易》之失鬼，乐之失淫，《诗》之失愚，《书》之失拘，礼之失忮，《春秋》之失訾。六者，圣人兼用而财制之。[②]

这段论述主要涉及儒家六经的要义与特点。从其具体的表述语句，以及基本的思想内涵，都让人很自然地联想到《礼记·经解》中孔子关于诗教、书教、易教、礼教、乐教、春秋教的那段论述。此外，《淮南子》还有关于《春秋》的一些论述，主要谈及《春秋》产生的原因及其功用。如《淮南子·氾论训》从时代的角度看待《春秋》的产生，指出《春秋》乃“衰世之

① 司马迁：《史记》卷一八《高祖功臣侯者年表》，中华书局 1982 年版，第 878 页。
② 《淮南子·泰族训》，何宁《淮南子集释》本，中华书局 1998 年版，第 1392–1393 页。

造”，“周室废，礼义坏而《春秋》作”。另如《淮南子·主术训》指出孔子作《春秋》“采善钼丑，以成王道，论亦博矣”，肯定了《春秋》在辨善恶、明王道方面的功用。

扬雄不仅对司马迁《史记》有诸多评论，对于《春秋》《尚书》等五经也有一些论述。关于五经，扬雄在《法言》中多次讲到五经的重要性，诸如“舍五经而济乎道者，末矣”，“大哉！天地之为万物郭，五经之为众说郛”，[①] 充分肯定了五经的博大，反映了扬雄对五经的推崇。正因如此，扬雄提出了“惟五经为辩”的观点。《法言·寡见》指出：“惟五经为辩。说天者莫辩乎《易》，说事者莫辩乎《书》，说体者莫辩乎《礼》，说志者莫辩乎《诗》，说理者莫辩乎《春秋》。”在扬雄看来，《易》《书》《礼》《诗》《春秋》各自在讲说天道、政事、体制、志向与义理方面都是最经典的、无法超越的。这实则论及五经各自的特点与要旨。联系先秦时期孔子、荀子及《庄子》等对五经的阐述，像《庄子·天下》所说“《诗》以道志，《书》以道事，《礼》以道行，《乐》以道和，《易》以道阴阳，《春秋》以道名分”，显然，扬雄的认识沿袭了先秦学人的思想。值得关注的是，扬雄提出了五经可损益的一种认识，《法言·问神》这样讲道：

或曰：“经可损益与？”

曰：“《易》始八卦，而文王六十四，其益可知也。

① 参见扬雄《法言》的《吾子》《问神》，汪荣宝《法言义疏》本，中华书局1987年版，第67、157页。

《诗》《书》《礼》《春秋》，或因或作而成于仲尼，其益可知也。故夫道非天然，应时而造者，损益可知也。”

在扬雄看来，五经的最终形成都有一损益的过程，正所谓“应时而造者”。宽泛地讲，这一认识提出了“时”对于思想学说的重要性。思想学说的产生需要顺应时代的需求，同时又要随着时代的变化而有所损益。这对于认识思想与时代的关系有一定的启发意义。此外，扬雄还专门论及《尚书》的特点，指出：“虞、夏之《书》浑浑尔，《商书》灏灏尔，《周书》噩噩尔。”[①] 这里的虞、夏之《书》和《商书》《周书》，是指《尚书》的组成部分，而“浑浑”“灏灏”“噩噩”是指一种浑厚、开阔和严肃的气魄。《书》主要记载历代先王政事，内容广博。孔子有“疏通知远，《书》教也”[②] 的说法，扬雄讲“说事者莫辩乎《书》”。这里，扬雄对《书》之气魄的认识，当是和《书》的性质特点相联系。

此外，桓谭和王充也有诸多关于《春秋》的评论。桓谭指出“诸儒睹《春秋》之记，录政治之得失，以立正义”，“余为《新论》，术辨古今，亦欲兴治也，何异《春秋》褒贬邪”。[③] 桓谭从经世的角度谈到了《春秋》的“褒贬”与“立正义”，指出所作《新论》与《春秋》同样着眼于现实的政治，即“亦欲

① 扬雄：《法言·问神》，汪荣宝《法言义疏》本，中华书局1987年版，第155页。
② 《礼记·经解》，《十三经注疏》本，中华书局1980年版，第1609页。
③ 参见桓谭《新论》的《正经》《本造》，上海人民出版社1977年版，第37、1页。

兴治也”。王充极为推崇桓谭，多次将《新论》比于《春秋》，认为：“孔子不王，素王之业，在于《春秋》。然则桓君山不相，素丞相之迹，存于《新论》者也。”“《新论》之义，与《春秋》会一也。”[①] 除比较《新论》与《春秋》以外，王充在《论衡》中也多次论及孔子作《春秋》，诸如：

孔子作《春秋》，周民弊也。故采求毫毛之善，贬纤介之恶，拨乱世，反诸正，人道浃，王道备，所以检柙靡薄之俗者，悉具密致。

《春秋》之作，起周道弊也。

孔子得《史记》以作《春秋》，及其立义创意，褒贬赏诛，不复因《史记》者，眇思自出于胸中也……孔子作《春秋》，以示王意。

孔子作《春秋》，采毫毛之善，贬纤介之恶，采善不逾其美，贬恶不溢其过。

案孔子作《春秋》，采毫毛之善，贬纤介之恶。可褒，则义以明其行善；可贬，则明其恶以讥其操。[②]

这些论述主要涉及孔子作《春秋》的原因、立义及其功用等。首先，王充从时代的角度解释《春秋》的产生，指出孔子

---

① 参见王充《论衡》的《定贤》《案书》，黄晖《论衡校释》本，中华书局1990年版，第1122、1173页。

② 分别见王充《论衡》的《对作》《定贤》《超奇》《感类》《案书》，黄晖《论衡校释》本，中华书局1990年版，第1177、1121、606-609、802、1172页。

作《春秋》缘于“周道弊”。其次，王充讲到了孔子对各诸侯国史记的参考，同时又有“不复因《史记》者”，有个人的“立义创意”，明确《春秋》寄寓着孔子的王道思想。再次，王充反复强调《春秋》“采毫毛之善，贬纤介之恶”，以惩劝褒贬之义矫正世俗，“拨乱世，反诸正”。王充如此诠释孔子作《春秋》，显然承袭了前人的一些观点，比如孟子的“世衰道微”说，《左传》所评“惩恶而劝善”，《公羊传》所讲“拨乱世，反诸正”，以及司马迁所评“王道备，人事浃”等。

以上所讲两汉思想家对《春秋》等五经的评论，无论是从时代的角度论说孔子作《春秋》的原因，从经世的角度讲《春秋》的惩劝与明王道的功用，还是讲五经各自的性质、特点等，都在一定程度上沿袭了先秦学人的见解与观点。这从一个侧面可以看出，降至两汉，经汉武帝“罢黜百家，独尊儒术”，《春秋》等五经始终受到学人的关注，继续丰富着学人研讨、评论的内容，推动着两汉时期史学批评的发展。尽管如此，从更广泛的角度来看，两汉学人史学评论的焦点更多地着眼于司马迁《史记》，从而促使两汉史学批评的发展呈现出新的面貌。

二、王充论著述功用及“实事疾妄”

王充在评孔子《春秋》与司马迁《史记》之外，在史学批评领域还提出了其他一些有价值的问题与见解，推动着两汉史学批评的发展。

第一，王充明确论及著述的社会功用，指出：“文人之笔，劝善惩恶也。”“圣人作经，艺者传记，匡济薄俗，驱民使之归实诚也。案《六略》之书，万三千篇，增善消恶，割截横拓，驱役游慢，期便道善，归正道焉。”[①] 在王充看来，著述具有劝善惩恶或增善消恶的功用，可以“匡济薄俗，驱民使之归实诚”，这是强调了著述有益于社会教化，淳朴民风。王充所说的“文”，范围广泛，诚如他所讲“五经六艺为文，诸子传书为文，造论著说为文，上书奏记为文，文德之操为文”[②]，自然包含了史学著述在内。这也反映在他所讲的《六略》著录之书中。《六略》即刘歆的《七略》，是中国史学上第一部目录学著作，后被班固采用写成《汉书·艺文志》。《汉书·艺文志》有载：“大凡书，六略三十八种，五百九十六家，万三千二百六十九卷。”其中包含着《世本》《国语》《战国策》《楚汉春秋》《太史公》《汉大年纪》等诸多史书。另外，在《论衡·正说》中，王充针对《春秋左氏传》中“桓公十有七年冬十月朔，日有食之，不书日，官失之也”一事，如此诠释史官记事的要旨：“史官记事，若今时县官之书矣，其年月尚大难失，日者微小易忘也。盖纪以善恶为实，不以日月为意。”根据相关注解，“县官谓天子”[③]。在王充看来，史官记载天子的言行举止，要在明其善恶，而非拘泥于事情发生的具体时间。应当讲，时间提供了历史事实发生的时代背景，是历史记载中不可缺少的要素。这里王充所

---

① 参见王充《论衡》的《佚文》《对作》，黄晖《论衡校释》本，中华书局1990年版，第869、1177页。

② 王充：《论衡·佚文》，黄晖《论衡校释》本，中华书局1990年版，第867页。

③ 王充：《论衡·正说》，黄晖《论衡校释》本，中华书局1990年版，第1140页。

述，更侧重于史书记述的善恶内容，与他主张的“文人之笔，劝善惩恶也”的著述功用相一致。

著述为何具有惩恶劝善之功用，王充对此作了详尽的阐述：

> 夫文人文章，岂徒调墨弄笔，为美丽之观哉？载人之行，传人之名也。善人愿载，思勉为善；邪人恶载，力自禁裁。然则文人之笔，劝善惩恶也。谥法所以章善，即以著恶也。加一字之谥，人犹劝惩，闻知之者，莫不自勉。况极笔墨之力，定善恶之实，言行毕载，文以千数，传流于世，成为丹青，故可尊也。[①]

这里，王充指出著述可以记载人们的行为，传播人们的名声，由此“定善恶之实”并流传后世。他讲到了善人与邪人对待著述的不同心理活动，由此肯定了著述的惩劝功用以及对于人的一种教育作用，即“思勉为善”“力自禁裁”。王充之前，学人论史书的惩劝，多着眼于具体的史书，如《左传》评《春秋》“惩恶而劝善”，“上之人能使昭明，善人劝焉，淫人惧焉”，[②] 且没有明确引申至对人的教育作用。这里，王充从著述的宽泛意义出发，将其惩劝及教化功用阐述得更为具体。六百多年后，唐代刘知幾阐说史籍功用，由“史官不绝，竹帛长存”，讲到后世学

---

① 王充：《论衡·佚文》，黄晖《论衡校释》本，中华书局1990年版，第868-869页。

② 参见《左传》成公十四年、昭公三十一年，杨伯峻《春秋左传注》本，中华书局1990年版，第870、1513页。

者通过“穷览千载”而“见贤而思齐，见不贤而内自省”[①]，则将史书对于人的启迪和教育作用论说得更加明确、更加全面。

第二，围绕着“实事疾妄”的主旨，王充批判了史学领域中失实虚妄的现象，并称赞史家秉笔直书的精神。王充在《论衡》中多次申明其书主旨在于实事求是，诸如：“《论衡》篇以十数，亦一言也，曰：‘疾虚妄。’”“《论衡》者，所以铨轻重之言，立真伪之平。”“《论衡》实事疾妄。”[②] 因此，他在史学领域中对于五经、史书及史家的评论亦是围绕着这一“实事疾妄”的主旨。

一方面，他指出《诗》《书》《易》等“增过其实”之处，批判说经之传的虚妄之言。《论衡·正说》讲：“经之传不可从，五经皆多失实之说。”“儒者说《五经》，多失其实。”这就是说，五经以及说经之传中都有许多失实之处。然而，王充对于二者采取了不同的态度。关于五经，王充认为：

> 言审莫过圣人，经艺万世不易，犹或出溢，增过其实。增过其实，皆有事为，不妄乱误以少为多也。然而必论之者，方言经艺之增与传语异也。经增非一，略举较著，令恍惑之人，观览采择，得以开心通意，晓解觉悟。[③]

---

① 刘知幾：《史通·史官建置》，浦起龙《史通通释》本，上海古籍出版社 2009 年版，第 280-281 页。

② 参见王充《论衡》的《佚文》《对作》，黄晖《论衡校释》本，中华书局 1990 年版，第 870、1179、1185 页。

③ 王充：《论衡·艺增》，黄晖《论衡校释》本，中华书局 1990 年版，第 381 页。

在王充看来，五经虽有“出溢”“增过其实”之处，但都是有目的有原因的，并非虚妄之言。而他对于五经“增过其实”的论说，是为了“开心通意，晓解觉悟”，帮助迷惑之人更好地理解五经。为此，他在《艺增》篇列举了《书》《诗》《易》等较为明显的例子予以说明。比如《尚书》讲“协和万国”，“言万国，增之也”，“褒增过实，以美尧也”；“《武成》言‘血流浮杵’，亦太过焉”，其目的是为了说明周武王讨伐商纣的战争中士兵死伤很多。又如《诗》讲周宣王时“子孙千亿”，“言千亿，增之也”，目的在于“美周宣王之德，能慎天地，天地祚之，子孙众多，至于千亿”。《诗》说周宣王时遭受大旱之灾，“维周黎民，靡有孑遗”，“言无孑遗一人，增之也”，“增益其文，欲言旱甚也”。再如《易》讲“丰其屋，蔀其家，窥其户，阒其无人也”，王充说明“非其无人也，无贤人也”，“以‘少’言之，可也；言空而无人，亦尤甚焉”，而其目的是为了讥讽那些无能的官吏。另如未修《春秋》时《鲁史记》曰“雨星，不及地尺如复”，王充指出“《史记》言‘尺’，亦似太甚矣。夫地有楼台山陵，安得言‘尺’？”孔子作《春秋》改为“如雨”，王充认为“孔子言如雨，得其实矣”。与对五经“增过其实”的论说不同，王充将说经之传的失实处看作是虚妄之言，指出“虚说传而不绝，实事没而不见，《五经》并失其实”①。这些虚妄之说不仅影响到对事实的认知，也会影响到对五经的认识，故

① 王充：《论衡·正说》，黄晖《论衡校释》本，中华书局1990年版，第1123页。

而王充对此进行了批判和纠正，这主要见于《论衡·正说》。比如关于《尚书》二十九篇的来历，有的说经之传指出“法曰斗七宿也。四七二十八篇，其一曰斗矣，故二十九”，即认为《尚书》二十九篇效法天上的二十八宿和北斗。王充从《尚书》的流传中对此说法进行了反驳，指出：“二十九篇残而不足，有传之者，因不足之数，立取法之说，失圣人之意，违古今之实。”又如关于孔子《春秋》所记鲁国十二公、二百四十二年的历史，儒者又有不同的说法，“或说《春秋》十二公，法十二月也”；“或说《春秋》二百四十二年者，上寿九十，中寿八十，下寿七十，孔子据中寿三世而作，三八二十四，故二百四十年也”；等等。对此，王充指出圣人立篇“种类相从，科条相附”，“意异则文殊，事改则篇更。据事意作，安得法象之义乎”。关于记事之年数，王充认为“凡纪事言年月日者，详悉重之也”，“夫《春秋》之有年也，犹《尚书》之有章，章以首义，年以纪事”。王充从圣人立篇、记事的道理出发予以说明，指出这些说法皆虚妄之言，毫无根据。王充对这些虚妄之说的批判，有益于揭开笼罩在《尚书》《春秋》上的神秘色彩，对于人们正确认识《尚书》《春秋》具有重要意义。

另一方面，他称赞司马迁、班彪等史家秉笔直书的精神。前面已述王充对司马迁直书的肯定，称“太史公书汉世实事之人”“子长少臆中之说”[①]。此外，他也极为推重史家班彪“不为恩

① 参见王充《论衡》的《感虚》《案书》，黄晖《论衡校释》本，中华书局1990年版，第236、1170页。

挠”的态度。《论衡·佚文》有载：

> 扬子云作《法言》，蜀富贾人赍钱十万，愿载于书。子云不听，曰：“夫富无仁义之行，犹圈中之鹿，栏中之牛也，安得妄载?”班叔皮续《太史公书》，载乡里人以为恶戒。邪人枉道，绳墨所弹，安得避讳？是故子云不为财劝，叔皮不为恩挠。文人之笔，独已公矣！贤圣定意于笔，笔集成文，文具情显，后人观之，见以正邪，安宜妄记？

这里，王充主要讲述了扬雄“不为财劝”、班彪“不为恩挠”的两个故事。思想家扬雄著《法言》，拒绝接受富商的钱财而为之妄载史事；史家班彪续写《太史公书》，不会避讳乡里人的恶行意在“恶戒”。由此，王充指出“文人之笔”的公正性，而其意义在于使后人观之以辨善恶正邪。这就又回到前述王充所讲著述的惩劝功用以及对于人的教育作用。可以认为，在王充那里，所作《论衡》“实事疾妄”的主旨与著述的惩劝功用以及史家的直书精神是紧密联系在一起的。

史学批评不仅反映在史学发展中，而且与思想的发展密切联系。一方面，思想家在运用历史知识论证自己的思想观点时包含着对史书、史官和史学现象的评论，成为中国古代史学批评发展中的一个重要内容。另一方面，思想家在进行史学批评中得以丰富、完善其思想乃至思想体系，本身又成为史学批评的获益者。这是思想家与史学批评之间的辩证发展关系。在中国古代史学批评的开端时期，无论是先秦诸子，还是两汉思想家，皆在不同程度上显示出史学批评与思想发展的互动局面。此外，他们作为思想家，从不同的认识角度提出了一些重要的问题，如孔子论良史、孟子评史书与时代之关系，荀子、《庄子》、《淮南子》评五经，《吕氏春秋》谈史学方法，陆贾讲借鉴历史经验的道理，扬雄的实录论及“经可损益”“应时而造者”的观点，王充提出马班比较的问题以及论著述的惩劝功用和“实事疾妄”的精神等，大致显现出思想家史学批评的特色，并为先秦两汉时期史学批评的发展创造了新的形式，注入了新的内涵。

结 语

从事物发展规律来看，尤其是从某一事物发展的早期阶段来看，揭示其中带有规律性的现象，对于进一步研究这一事物的发展，都会有所启示。先秦秦汉时期是为中国古代史学批评的开端。总体来看，这一时期史学批评的发展，从史学批评中主体与对象之间的关系出发，可以概括为三个基本路径，即对史官职守和史家修养的认识、对史学社会功用的认识以及对史学发展与时代变革之关系的认识，同时在促进史学发展方面显示出重要的作用。

路径之一，批评者对史官职守和史家修养的认识。在中国史学兴起、发展的每一个阶段，历代史官、史家都以其思想旨趣、撰述成就等有着不同程度的影响。与此相对应的是，关于史官、史家的认识与评论，必然构成历代史学批评的一个重要内容，其中所涉及的一些问题随着史学及史学批评的发展而逐渐丰富和深入。

在中国古代史学批评的开端时期，人们已经明确认识到先秦史官记言、记事的神圣职责，以及所应遵循的书法原则，并从不同的角度提出对于史官职守的认识。《左传》中的两段史料在中国史学上最早明确提出了“良史”的概念。一则出自《昭公十二年》，楚灵王称左史倚相为良史，因其能读《三坟》《五典》《八索》《九丘》。一则出自《宣公二年》，孔子因晋国史官董狐据法直书“赵盾弑其君”而称赞他“古之良史也，书法不隐”；倚相和董狐分别是春秋时期楚国、晋国的著名史官，这里楚灵王和孔子对二人的具体评论，实则提出了认识、权衡良史的两个重要标准。前者基于对古代典籍的熟读，是一种知识上的素养；后者是指作史态度，是一种道德上的素养。而所谓的“书法不隐”，又以符合那个时代的意识形态为前提，即遵循周王朝的礼法制度。人们对这样的史官高度赞颂，也突出了他们那种据法而书、忠于史职的崇高责任感，这鲜明地反映在《左传》所载晋国史官董狐、齐国太史诸兄弟和南史氏的事迹中。逮至西汉司马谈、司马迁父子那里，在中国史学史上第一次从史家自身的主体意识出发，从自觉的史学发展意识出发，对史家职责作了明确而庄严的表述。这种职责包含着对撰史传统的继承，对孔子《春秋》的向往，对所处盛世的记载以及对历史、对社会的深刻思考，反映了司马氏父子二人对于历史撰述的严肃态度和对史职的虔诚与忠贞，正是这种虔诚与忠贞，孕育了《史记》这部史学巨著。可见，史家责任感的日益明确，对于史学的发展具有重要的意义。《史记》的问世，引起了巨大反响，进而推动着学人在新的史学发展面貌下去思索何为“良史”。从刘向、扬雄、班彪、班固等人所评司马迁为“良史之才”的叙述中可以看出，这时期的“良史”标准更为全面，不仅包含着“其文直，其事核，不虚美，不隐恶”的直书精神，也有善叙事理和文风上“辨而不华，质而不俚”的具体要求。他们还提出了“实录”的概念，不仅是对先前“书法不隐”的继承，而且有了新的发展。“书法不隐”更多地受到时代意识形态的规范，而“实录”则更注重表述历史的客观性，具有了严格意义上的秉笔直书的内涵。这也反映出随着史学的发展，史家的主体意识逐渐增强，这是史学的一个进步，也是人们在史学批评认识上的一个进步。

这一时期，史官对于政治统治的重要意义也得到了人们的广泛认同。《国语·楚语下》记春秋时期楚国大夫王孙圉将左史倚相视为楚国之宝，因为他熟悉典章制度、经常向楚王讲述历史上的成败得失，对政治多有裨益，故获此殊荣。[①]《吕氏春秋·先识览·先识》将殷内史向挚、晋太史屠黍等史官视为有道之人，肯定他们对于国家治乱兴亡之道的分析，提出统治者不可不重视“有道者之言”。西汉思想家贾谊指出，殷、周王朝统治长久的原因之一是对太子教导有方，其中的一个具体表现是太子成人后“有司直之史”，“太子有过，史必书之”[②]，这讲到了史官对于太

① 原文如下：王孙圉曰：“楚之所宝者，曰观射父，能作训辞，以行事于诸侯，使无以寡君为口实。又有左史倚相，能道训典，以叙百物，以朝夕献善败于寡君，使寡君无忘先王之业；又能上下说于鬼神，顺道其欲恶，使神无有怨痛于楚国。”（参见《国语·楚语下》，韦昭注本，上海古籍出版社1978年版，第580页）

② 贾谊：《新书》卷五《保傅》，阎振益、钟夏《新书校注》本，中华书局2000年版，第184页。

子言行的规范，也是从继承者的角度肯定了史官在政治活动中的重要地位。《汉书·艺文志》认为古代史官有裨于君主“慎言行，昭法式”，而他们对于古今成败存亡之道的记载自然为政治统治提供了历史经验教训。

总的来说，先秦秦汉时期，人们对于史官职守和史家修养的认识构成了这一时期史学批评发展的一条主线。人们的认识主要围绕着何为良史而展开，其具体表现形式是对先秦史官和司马迁的评论。尽管这种评论不是针对史家这样一个群体，尽管史家修养未被明确提出并作出系统概括，却也反映出人们对这一问题的最初的不自觉的思考。随着史学的进一步发展，人们明确提出史家修养的问题并进行自觉的探索，乃至出现刘知幾的“史才三长”论以及章学诚的史德说，史家修养论更为成熟、系统和理论化，但这一理论最初的发展轨迹还是应当受到重视。

路径之二，批评者对史学社会功用的认识。史学究竟有何功用，这是自古以来学人不断探讨的一个问题，也是贯穿中国古代史学批评史发展的一个重要问题。在中国古代史学批评的开端时期，人们初步提出了关于史学功用的一些见解，大致可以概括为以下几点。

第一，史学与人生修养。这个认识可以上溯到人们对于最早的史诗的引用与感受，而在随后的史学发展中逐渐明确。西周、春秋时期，人们往往引《诗》为教，用以指导施政、规范人生，诗教成为中国最早的历史教育。楚国大夫申叔时论教导太子，阐发了“春秋”“世”“语”“故志”“训典”等历史文献在修身理政、蓄德明道方面的教育意义，其核心思想在于“以史为工具而求成其德”。孔子十分重视诗教，也谈到其他史书的教育意义，所称“温柔敦厚，《诗》教也”，“疏通知远，《书》教也”[①]，发人深省。《易·大畜·象传》讲“君子以多识前言往行，以畜其德”，“前言往行”蕴含着史学的内容，这也就笼统地总结了史学与人生修养的关系。荀子提出《诗》《书》《礼》《乐》“以治情则利，以为名则荣，以群则和，以独则足”[②]，也是以人生修养为旨趣。司马迁在前人的基础上进一步论说《春秋》，提出《春秋》的旨趣在于“治人”和“道义”，并从君、臣、父、子的角度阐说《春秋》作为“礼义之大宗”的作用，这就从更广泛的意义上阐明了史学对于人之修身、立事的重要性。

第二，史学与政治统治。这最初反映在人们对史书经世作用的认识上。春秋末年，孔子撰《春秋》以代王法，所寄寓的褒贬大义包含着政治伦理、等级观念等，以史书经世的旨趣由此萌发，而其目的在于维护政治统治。从史学的发展来看，孔子《春秋》问世后，不仅带动了史学批评的发展，也让人们更深刻地感受到史学对于政治统治的积极意义。战国时期，从思想家孟子的“孔子成《春秋》而乱臣贼子惧”[③]，到《左传·成公十四年》所评《春秋》“惩恶而劝善”，再到《公羊传·哀公十四年》所说“拨乱世，反诸正，莫近诸《春秋》”，皆从史书经世

① 《礼记·经解》，《十三经注疏》本，中华书局1980年版，第1609页。
② 《荀子·荣辱》，王先谦《荀子集解》本，中华书局1988年版，第82页。
③ 《孟子·滕文公下》，杨伯峻《孟子译注》本，中华书局1960年版，第155页。

的角度肯定了《春秋》在政治统治中的价值。而将这一认识提升到一个新的高度的，是伟大的史学家司马迁。在司马迁看来，《春秋》是“为天下制仪法”、是为“王道”而作，为“拨乱反正”而作，把《春秋》在政治统治中的地位看得更加明确。更重要的是，司马迁还将史学对于政治统治的意义，从史书经世的层面进一步发展到以历史“自镜”的层面，并显示出一定的理论色彩。他在中国史学上第一次提出了这样一个真理性的认识：“居今之世，志古之道，所以自镜也，未必尽同。帝王者各殊礼而异务，要以成功为统纪，岂可绲乎？”[①]他既强调总结历史经验作为政治统治的参考，又说明古今“未必尽同”，不可生硬照搬历史上的做法，显现出鲜明的辩证性，也为政治统治者如何以历史“自镜”提供了理论基础。东汉末年，荀悦受诏撰《汉纪》，在书中多处表明其旨趣在于为政治统治提供鉴戒，强调《汉纪》一书“有法式焉，有鉴戒焉”，“得失之轨，亦足以鉴”，“综往昭来，永鉴后昆”，[②] 反映了他对所作之书的期望，其重要意义在于继司马迁之后进一步明确了史书鉴政、资治的价值。

第三，史学与认识历史。这无疑是史学最基本的一个功用，反映在先秦秦汉时期，人们的认识由朦胧逐渐明确。从春秋时人论述史官“君举必书，书而不法，后嗣何观”[③] 的见解中，可以感受到一种向后人传承历史的意识，这种意识是不自觉的，却是

---

① 司马迁：《史记》卷一八《高祖功臣侯者年表》序，中华书局1982年版，第878页。

② 参见荀悦《汉纪》的序以及卷三〇《孝平皇帝纪》后论，中华书局2002年版，第2、547页。

③ 《左传·庄公二十三年》，杨伯峻《春秋左传注》本，中华书局1990年版，第226页。

强烈的。战国时期墨子讲古之圣王通过“书之竹帛”而传道给后世子孙，已经蕴含着一种通过历史记载来认识圣王之道的思想。司马迁撰《史记》，是为了“述往事，思来者”，自觉地将记述历史与传承历史联系起来，让后人有所思、有所考。班彪在回顾唐虞以来至司马迁时的一些史籍中，明确概括出史书“今之所以知古，后之所由观前”的性质与功用，进一步明确了史书在帮助后人认识历史的重要价值，即联系历史与现实之间的桥梁。

路径之三，批评者对史学发展与时代变革之关系的认识。史学的发展以社会历史的发展为前提和基础，其中一个具体表现是任何一部有较大影响的史书的产生都脱离不了它所处的时代。而对这种史学现象的认识是史学家、思想家之思想敏感的突出表现之一，它丰富了中国古代史学批评的内涵。在中国古代史学批评的开端时期，人们已经认识到史诗的创造、孔子《春秋》以及《战国策》等历史撰述都是一定历史时代的产物，其中又以对孔子作《春秋》的认识更为突出。战国思想家孟子敏锐地指出“王者之迹熄而《诗》亡，《诗》亡然后《春秋》作”[①]，说明了历史形势变化下史诗为《春秋》所取代的趋势，较早揭示了时代变革与史学发展之间的关系。他还认识到孔子的《春秋》是因“世衰道微，邪说暴行有作”的时代而作。应当说，在这一问题上，孟子是一个先行者，并表现出一个思想家的敏感和理论

① 《孟子·离娄下》，杨伯峻《孟子译注》本，中华书局1960年版，第192页。

深度。西汉淮南王刘安主纂《淮南子》，认为《诗》与《春秋》皆“衰世之造”①，也是着眼于时代的角度来看待《诗》与《春秋》的产生，但其结论不如孟子所言来得明确、恢宏。司马迁撰《史记》，继承了《春秋》，也真正理解了《春秋》。他在《史记》中多处论及孔子作《春秋》乃是“周道衰废”的时代使然，他还在《十二诸侯年表》序中详细叙述了孔子作《春秋》的时代特点，无疑是对孟子所论史书与时代关系的进一步解说，也让后人超越时空的界限更加深刻地了解孔子作《春秋》的心志。不仅如此，司马谈、司马迁父子都具有鲜明的时代感，他们父子的诀别之言，于悲壮之中闪现出中国史学上的一道光芒，《史记》这部伟大著作的产生，自与此相关。刘向受诏校理群书，开创了书录之作，也开创了一种史学批评的模式。在他所撰写的书录中，注重从时代特点的角度来评论史籍，从今存《战国策书录》可以想见他的《别录》的见识和气势。班彪对时代变动与史书撰写的关系有更为明确的阐发，他论《战国策》《楚汉春秋》之作分别是七国争雄、西汉之兴历史形势下的产物，他还充分肯定了司马迁对于汉兴以来历史的记载之功，这些都反映了班彪读史、评史的历史感与时代感。王充是一个思想家，他认为圣贤著书都有一定的目的，即“贤圣不空生，必有以用其心”，他睿智地指出：

① 《淮南子·氾论训》，何宁《淮南子集释》本，中华书局1998年版，第922页。

周道不弊，则民不文薄；民不文薄，《春秋》不作。杨、墨之学不乱传义，则孟子之传不造；韩国不小弱，法度不坏废，则韩非之书不为；高祖不辨得天下，马上之计未转，则陆贾之语不奏；众事不失实，凡论不坏乱，则桓谭之论不起。故夫贤圣之兴文也，起事不空为，因因不妄作。[①]

显然，王充是从时代特点以及这个时代下的学术背景出发，去看待《春秋》及诸子之书的产生，字里行间饱含着朴素的社会存在与社会意识之辩证关系的认识。尽管他所论多是子书，但对于认识史学发展与时代变革的关系是有启发意义的。

还应注意的是，史学以历史的发展为基础，自然受到那个时代的意识形态的影响，这也是关于史学与时代关系的一种更深层的表现。那么，在史学基础上产生与发展的史学批评自然也受到时代意识形态的影响，这主要表现在批评的标准和原则上。西周至春秋时期以及两汉时期，史学批评受时代意识形态的影响十分鲜明。具体说来，西周至春秋时期，周礼不仅是国家制度的基本规范，也是社会伦理的基本准则，人们的言行举止需要遵循周礼。反映在史学批评上，孔子称赞董狐“书法不隐”，就是以周礼为准绳。西汉时期，秦朝所开创的政治大一统局面得到了真正的巩固与发展，在此基础上，意识形态领域出现了思想上的统一。汉武帝接受董仲舒的建议“罢黜百家，独尊儒术”，儒学的

① 王充：《论衡·对作》，黄晖《论衡校释》本，中华书局1990年版，第1177-1178页。

正宗化形成。此后，经过汉宣帝时的石渠阁奏议，汉章帝时的白虎观会议，儒学的正宗化、神学化进一步突出和强化。反映在史学批评上，扬雄、班彪、班固等学者指责司马迁“是非颇谬于经”，就是以皇家认可的正宗儒学为准则，而他们在各自的撰述中则明确地遵循《五经》之义。因此，在这一时期的史学和史学批评中出现的某些异趣以至于分歧，都是时代使然，不足为怪。从另一方面来看，这种异趣与分歧，正是史学批评不断发展的一个积极因素。

以上所归纳的三个路径，实则是三个基本的史学理论问题，它们随着其后的史学以及史学批评的发展得到进一步丰富与深入。这一方面说明，一些史学理论问题可以在史学批评的早期发展中找到其渊源，另一方面也说明了史学批评是探讨史学理论的一个重要途径。诚如瞿林东先生所说，“史学批评的发展在很大程度上推动了史学理论的发展”，“中国古代史学理论的发展，虽非全然是但却往往是在史学批评中实现的，并取得了自己的表现形式”。[①] 史学批评作为探讨史学理论的一个重要途径，现今已为越来越多的学者所关注和认同。事实上，史学批评的这一功用在先秦秦汉时期就已经显现出来。

先秦秦汉时期史学批评发展的路径表明，史学批评的萌生与成长，都与时代息息相关，同时它也与史学自身的发展密切联系，形成相互促进的辩证关系。一方面，史学批评是在史学产生

① 瞿林东：《中国古代史学批评纵横》，中华书局1994年版，第1、270页。

和发展的基础上萌生，并随着史学的进一步发展而不断发展。从史学兴起的具体表现来说，有了史诗、史官的设置、国史的出现，才有了对其之认识和评论，史学批评开始滋生，如人们的引《诗》言志、楚灵王评左史倚相、孟子讲“晋之《乘》，楚之《梼杌》，鲁之《春秋》，其实一也”等。随着私人历史撰述的兴起与发展，也为史学批评增加了更丰富的内容，如孔子作《春秋》，司马迁撰《史记》，成为引发后世史学批评的兴趣和显著目标，极大地推动了史学批评的发展。另一方面，史学批评为史学的发展提供新的“生长点”，成为史学发展的一个内在动力。综观先秦秦汉时期的史学批评，在促进史学发展方面最为突出的事例便是催生出新的历史撰述形式，推动了历史编纂学的发展。比如班固因批评司马迁《史记》采用通史的撰述形式将西汉“编于百王之末，厕于秦、项之列”，不足以凸显汉皇朝的历史地位，故断代为史撰成《汉书》，成为历代纪传体皇朝史的楷模。又如汉献帝因班固《汉书》“文繁难省”而令荀悦效法《左传》体例而作《汉纪》，开编年体皇朝史的先声。《汉书》与《汉纪》这两部不同体裁的皇朝史的产生，皆与史学批评有着一定的联系。这种批评不仅在客观上扩大了所评史书的影响，同时在主观上催生出新的撰史形式，推动了历史编纂学的进一步发展。与此同时，在中国古代史学批评的开端时期，形成了一些相对稳定的范畴和标准，如“书法不隐”的董狐精神、“疑以传疑，信以传信”的“信史”原则、“不虚美、不隐恶”的“实录”境界以及“辨而不华，质而不俚”的叙事风格等。它们多为后世所接受、认同、延续和发展，成为中国史学史上的优良传统，对史学的进步和史学批评的进一步发展发挥着积极的作用。

还需注意的是，在中国古代史学批评的开端时期，呈现出一部史书推动一个时代史学批评发展的突出现象。先秦时期，孔子《春秋》作为中国史学上第一部私人历史撰述，同时也成为先秦学人史学评论的焦点。无论是史学领域中的《左传》《公羊传》和《穀梁传》，还是思想领域中的孟子、荀子等诸子，他们对《春秋》的评论构成这一时期史学批评发展的主要内容。降至两汉，司马迁的《史记》问世后在汉代学人中引起了巨大反响，无论是史学家班彪、班固父子和荀悦，文献学家刘向、刘歆，还是思想家扬雄、桓谭、王充等，都从不同的角度关注、评论《史记》，奠定了两汉时期史学批评发展的基础，也继孔子《春秋》之后再一次呈现出一部史书与一个时代史学批评发展的密切关联。《春秋》和《史记》在先秦两汉史学批评发展中的显著地位表明，一部有影响的历史撰述，不仅在史学发展上具有重要意义，而这一重要性所引发的关注与评论，自然而然地成为史学批评发展的一个新契点。需要指出的是，一部史书推动一个时代史学批评发展的这种现象仅仅在先秦秦汉时期表现得最为鲜明。这是因为先秦秦汉处于史学的兴起时期，此时问世的历史撰述相对较少，史学发展的内容相对集中，故而一部重要史书所引发的较为集中的评论，构成了这一时期史学批评发展的主要内容。随着时代的进步，不同体裁的历史撰述日益增多，史学发展的内涵不断丰富，史学批评发展的主要内容已不限于围绕着一部重要史书的相关评论而展开，还涉及史书、史家间的相互比较，史学批评标准、方法的提出，乃至于一些史学理论问题的探讨等。先秦秦汉时期关于一部史书与一个时代史学批评发展的这种密切关系，也可以看作是中国古代史学批评在开端时期的一种规律性现象。

综之，先秦秦汉时期是中国古代史学批评的开端。此后，人们的批评意识更加自觉，史学批评的范围进一步开拓，史学批评的路径也愈加明朗，史学批评在推动时代进步及史学发展方面的作用也越来越明确、越来越突出。诚如瞿林东先生所言："在中国史学的发展过程中，史学批评总是同它结伴而行的，并成为它的整体中的一个充满活力的组成部分。"①

① 瞿林东：《史学批评和史学发展》，《中学历史教学》1998年第8期。

主要参考文献

一、马克思主义经典著作

中共中央马克思恩格斯列宁斯大林著作编译局：《马克思恩格斯文集》，北京：人民出版社 2009 年版。

中共中央马克思恩格斯列宁斯大林著作编译局：《列宁文集》，北京：人民出版社 2009 年版。

毛泽东：《毛泽东选集》，北京：人民出版社 1991 年版。

二、历史文献

《十三经注疏》，北京：中华书局 1980 年版。

《尚书》，王世舜《尚书译注》本，成都：四川人民出版社 1982 年版。

《诗经》，周振甫《诗经译注》本，北京：中华书局 2002 年版。

《论语》，杨伯峻《论语译注》本，北京：中华书局 1980

年版。

《左传》，杨伯峻《春秋左传注》本，北京：中华书局 1990 年版。

《国语》，韦昭注本，上海：上海古籍出版社 1978 年版。

《战国策》，上海：上海古籍出版社 1985 年版。

《墨子》，孙诒让《墨子间诂》本，北京：中华书局 2001 年版。

《孟子》，杨伯峻《孟子译注》本，北京：中华书局 1960 年版。

《庄子》，郭庆藩《庄子集释》本，北京：中华书局 1961 年版。

《荀子》，王先谦《荀子集解》本，北京：中华书局 1988 年版。

《韩非子》，王先慎《韩非子集解》本，北京：中华书局 1998 年版。

《吕氏春秋》，许维遹《吕氏春秋集释》本，北京：中华书局 2009 年版。

陆贾：《新语》，王利器《新语校注》本，北京：中华书局 1986 年版。

贾谊：《新书》，阎振益、钟夏《新书校注》本，北京：中华书局 2000 年版。

韩婴：《韩诗外传》，《丛书集成初编》本，北京：中华书局 1985 年版。

董仲舒：《春秋繁露》，苏舆《春秋繁露义证》本，北京：中华书局1992年版。

《淮南子》，何宁《淮南子集释》本，北京：中华书局1998年版。

司马迁：《史记》，北京：中华书局1982年版。

桓宽：《盐铁论》，王利器《盐铁论校注》本，北京：中华书局1992年版。

刘向：《新序》，石光瑛《新序校释》本，北京：中华书局2001年版。

扬雄：《法言》，汪荣宝《法言义疏》本，北京：中华书局1987年版。

桓谭：《新论》，上海：上海人民出版社1977年版。

王充：《论衡》，黄晖《论衡校释》本，北京：中华书局1990年版。

班固：《汉书》，北京：中华书局1962年版。

班固：《白虎通》，陈立《白虎通疏证》本，北京：中华书局1994年版。

刘珍等：《东观汉记》，吴树平《东观汉记校注》本，北京：中华书局2008年版。

应劭：《风俗通义》，王利器《风俗通义校注》本，北京：中华书局2010年版。

荀悦：《汉纪》，《两汉纪》，北京：中华书局2002年版。

荀悦：《申鉴》，黄省曾、孙启治《申鉴注校补》本，北京：

中华书局2012年版。

袁宏：《后汉纪》，北京：中华书局2002年版。

范晔：《后汉书》，北京：中华书局1965年版。

刘勰：《文心雕龙》，周振甫《文心雕龙今译》本，北京：中华书局1986年版。

房玄龄等：《晋书》，北京：中华书局1974年版。

魏徵等：《隋书》，北京：中华书局1973年版。

刘知幾：《史通》，浦起龙《史通通释》本，上海：上海古籍出版社2009年版。

朱熹：《四书章句集注》，北京：中华书局1983年版。

高似孙：《史略》，《丛书集成初编》本，北京：中华书局1985年版。

顾炎武：《日知录》，黄汝成《日知录集释》本，上海：上海古籍出版社2006年版。

顾栋高：《春秋大事表》，吴树平、李解民点校本，北京：中华书局1993年版。

赵翼：《陔余丛考》，上海：上海古籍出版社2011年版。

章学诚：《文史通义》，叶瑛《文史通义校注》本，北京：中华书局1985年版。

梁玉绳：《史记志疑》，北京：中华书局1981年版。

严可均辑：《全上古三代秦汉三国六朝文》，北京：中华书局1958年版。

王先谦：《汉书补注》，上海：上海古籍出版社2012年版。

吴增祺：《国语韦解补正》，上海：商务印务书馆 1933 年版。

三、近人及今人专书

杜国庠：《先秦诸子思想概要》，北京：生活·读书·新知三联书店 1955 年版。

侯外庐、赵纪彬等：《中国思想通史》第一、二卷，北京：人民出版社 1957 年版。

王国维：《观堂集林》，北京：中华书局 1959 年版。

金德建：《司马迁所见书考》，上海：上海人民出版社 1963 年版。

白寿彝主编：《中国通史纲要》，上海：上海人民出版社 1980 年版。

朱杰勤：《中国古代史学史》，郑州：河南人民出版社 1980 年版。

白寿彝：《史记新论》，北京：求实出版社 1981 年版。

刘节：《中国史学史稿》，郑州：中州书画社 1982 年版。

吕思勉：《秦汉史》，上海：上海古籍出版社 1983 年版。

杨向奎：《绎史斋学术文集》，上海：上海人民出版社 1983 年版。

李宗侗：《中国史学史》，北京：中国友谊出版公司 1984 年版。

傅隶朴：《春秋三传比义》，北京：中国友谊出版公司 1984 年版。

肖黎：《司马迁评传》，长春：吉林文史出版社 1986 年版。

杨燕起、陈可青、赖长扬编：《历代名家评〈史记〉》，北京：北京师范大学出版社 1986 年版。

杨翼骧编：《中国史学史资料编年》第一册，天津：南开大学出版社 1987 年版。

聂石樵：《司马迁论稿》，北京：北京师范大学出版社 1987 年版。

刘乃和主编：《司马迁和史记》，北京：北京出版社 1987 年版。

梁启超：《饮冰室合集》，北京：中华书局 1989 年版。

白寿彝主编：《中国通史》第一卷（导论），上海：上海人民出版社 1989 年版。

周一平：《司马迁史学批评及其理论》，上海：华东师范大学出版社 1989 年版。

李振宏：《历史学的理论与方法》，开封：河南大学出版社 1989 年版。

仓修良主编：《中国史学名著评介》，济南：山东教育出版社 1990 年版。

张新科、俞樟华：《史记研究史略》，西安：三秦出版社 1990 年版。

王宗石编著：《诗经分类诠释》，长沙：湖南教育出版社 1991 年版。

张三夕：《批判史学的批判：刘知幾及其史通研究》，台北：

文津出版社 1992 年版。

曾勤良：《左传引诗赋诗之诗教研究》，台北：文津出版社 1993 年版。

白寿彝：《白寿彝史学论集》，北京：北京师范大学出版社 1994 年版。

瞿林东：《中国古代史学批评纵横》，北京：中华书局 1994 年版。

陈其泰：《再建丰碑：班固和〈汉书〉》，北京：生活·读书·新知三联书店 1994 年版。

张大可：《司马迁评传》，南京：南京大学出版社 1994 年版。

安作璋：《班固评传》，南宁：广西教育出版社 1996 年版。

杨燕起：《〈史记〉的学术成就》，北京：北京师范大学出版社 1996 年版。

乔治忠、姜胜利编：《中国史学史研究述要》，天津：天津教育出版社 1996 年版。

王树民：《中国史学史纲要》，北京：中华书局 1997 年版。

陈其泰：《清代公羊学》，北京：东方出版社 1997 年版。

瞿林东：《史学与史学评论》，合肥：安徽教育出版社 1998 年版。

瞿林东：《中国史学史纲》，北京：北京出版社 1999 年版。

吴怀祺：《中国史学思想史》，合肥：安徽人民出版社 1999 年版。

袁长江：《先秦两汉诗经研究论稿》，北京：学苑出版社1999年版。

白寿彝主编：《中国史学史教本》，北京：北京师范大学出版社2000年版。

金毓黻：《中国史学史》，石家庄：河北教育出版社2000年版。

陈桐生：《史记与诗经》，北京：人民文学出版社2000年版。

马承源主编：《上海博物馆藏战国楚竹书（一）》，上海：上海古籍出版社2001年版。

洪湛侯：《诗经学史》，北京：中华书局2002年版。

杨海峥：《汉唐〈史记〉研究论稿》，济南：齐鲁书社2003年版。

胡宝国：《汉唐间史学的发展》，北京：商务印书馆2003年版。

黄怀信：《上海博物馆藏战国楚竹书〈诗论〉解义》，北京：社会科学文献出版社2004年版。

彭忠德：《秦前史学史研究》，武汉：湖北人民出版社2004年版。

张桂萍：《〈史记〉与中国史学传统》，重庆：重庆出版社2004年版。

赵伯雄：《春秋学史》，济南：山东教育出版社2004年版。

姚名达：《中国目录学史》，上海：上海古籍出版社2005

年版。

陈梦家：《尚书通论》，北京：中华书局 2005 年版。

刘家和：《史学、经学与思想》，北京：北京师范大学出版社 2005 年版。

瞿林东：《中国史学的理论遗产》，北京：北京师范大学出版社 2005 年版。

白寿彝：《中国史学史》第一卷，上海：上海人民出版社 2006 年版。

许殿才：《中国史学史》第二卷，上海：上海人民出版社 2006 年版。

蒙文通：《中国史学史》，上海：上海人民出版社 2006 年版。

童书业：《春秋史》（校订本），北京：中华书局 2006 年版。

许兆昌：《先秦史官的制度与文化》，哈尔滨：黑龙江人民出版社 2006 年版。

陈虎：《远古传说与史学的产生》，北京：知识产权出版社 2006 年版。

金春峰：《汉代思想史》，北京：中国社会科学出版社 2006 年版。

柳诒徵：《国史要义》，上海：上海古籍出版社 2007 年版。

龚书铎、瞿林东主编：《中华大典·历史典·史学理论与史学史分典》，上海：上海古籍出版社 2007 年版。

周祥森：《史学的批评与批评的史学》，开封：河南大学出版社2007年版。

叶志衡：《战国学术文化编年》，杭州：浙江大学出版社2007年版。

白云：《中国古代史学批评史论纲》，北京：人民出版社2008年版。

施丁、廉敏编：《〈史记〉研究》，北京：中国大百科全书出版社2009年版。

陈其泰、张爱芳编：《〈汉书〉研究》，北京：中国大百科全书出版社2009年版。

瞿林东、葛志毅主编：《史学批评与史学文化研究》，哈尔滨：黑龙江人民出版社2009年版。

俞志慧：《古"语"有之：先秦思想的一种背景与资源》，上海：华东师范大学出版社2010年版。

杜维运：《中国史学史》（全三册），北京：商务印书馆2010年版。

瞿林东主编：《中国古代历史理论》（上中下卷），合肥：安徽人民出版社2011年版。

李学勤：《〈史记·五帝本纪〉讲稿》，北京：生活·读书·新知三联书店2012年版。

李长之：《司马迁之人格与风格》，北京：生活·读书·新知三联书店2013年版。

晁福林：《上博简〈诗论〉研究》，北京：商务印书馆2014年版。

泷川资言：《史记会注考证》，上海：上海古籍出版社 2015 年版。

朱自清：《诗言志辨》，芜湖：安徽师范大学出版社 2016 年版。

杨宽：《西周史》，上海：上海人民出版社 2016 年版。

杨宽：《战国史》，上海：上海人民出版社 2016 年版。

谢保成：《增订中国史学史》（先秦至唐前期），北京：商务印书馆 2016 年版。

瞿林东：《瞿林东文集》（全十卷），北京：北京师范大学出版社 2017 年版。

陈来：《古代思想文化的世界：春秋时代的宗教、伦理与社会思想》，北京：北京大学出版社 2017 年版。

钱穆：《中国史学名著》，北京：生活·读书·新知三联书店 2018 年版。

吴怀祺、林晓平：《中国史学思想会通·先秦史学思想卷》，福州：福建人民出版社 2018 年版。

汪高鑫：《中国史学思想会通·秦汉史学思想卷》，福州：福建人民出版社 2018 年版。

雷家骥：《中国古代史学观念史》，北京：北京师范大学出版社 2018 年版。

索　引

D

F

J

K

L

M

N

P

Q

R

T

W

X

Y

Z

图书在版编目（CIP）数据

中国古代史学批评的开端：先秦秦汉时期 / 阎静著．—长沙：湖南人民出版社，2020.7（中国古代史学批评史 / 瞿林东主编；第一卷）

ISBN 978-7-5561-2435-0

I. ①中… II. ①阎… III. ①史学史—研究—中国—先秦时代 ②史学史—研究—中国—秦汉时代 IV. ① K092.22 ② K092.32

中国版本图书馆 CIP 数据核字（2020）第 036442 号

ZHONGGUO GUDAI SHIXUE PIPING DE KAIDUAN（XIANQIN QINHAN SHIQI）

中国古代史学批评的开端（先秦秦汉时期）

主　　编　瞿林东
著　　者　阎　静
责任编辑　黎晓慧　贺　娅
装帧设计　杨发凯
责任印制　肖　晖
责任校对　曾诗玉

发行出版　湖南人民出版社［http://www.hnppp.com］
地　　址　长沙市营盘东路3号
邮　　编　410005
经　　销　湖南省新华书店

印　　刷　长沙超峰印刷有限公司
版　　次　2020年7月第1版
　　　　　2020年7月第1次印刷
开　　本　710 mm × 1000 mm　1/16
印　　张　24.5
插　　页　1
字　　数　254千字
书　　号　ISBN 978-7-5561-2435-0
定　　价　122.00元

营销电话：0731-82681529　（如发现印装质量问题请与出版社调换）